U0452236

东莞理工学院学术著作出版基金资助

全球化与乡村变迁
——珠三角南村的实践

邹琼 著

商务印书馆
2012年·北京

图书在版编目(CIP)数据

全球化与乡村变迁：珠三角南村的实践/邹琼著.
—北京：商务印书馆，2012
ISBN 978-7-100-09324-8

Ⅰ.①全… Ⅱ.①邹… Ⅲ.①村史—广东省 Ⅳ.
①K296.55

中国版本图书馆CIP数据核字(2012)第167057号

所有权利保留。

未经许可，不得以任何方式使用。

全球化与乡村变迁
——珠三角南村的实践

邹琼 著

商 务 印 书 馆 出 版
(北京王府井大街36号　邮政编码 100710)
商 务 印 书 馆 发 行
三河市尚艺印装有限公司印刷
ISBN 978-7-100-09324-8

2012年11月第1版　　开本 880×1230 1/32
2012年11月北京第1次印刷　印张 11 3/4
定价：30.00元

目录 Contents

序言 001

第一章　导论 005

　　第一节　研究缘起 005

　　第二节　进入田野 007

　　第三节　理论回顾与文献综述 009

　　第四节　研究思路：认识论与方法论的问题 034

　　第五节　具体的工作方法 048

第二章　珠江三角洲与南村社会 050

　　第一节　珠江三角洲与东莞 050

　　第二节　茶山镇概况 058

　　第三节　南村的历史与现状 063

　　第四节　区域关系：村—镇—市—珠三角 069

第三章　社区的边界与分层......079

第一节　南村的边界 079

第二节　地域身份的扩展 089

第三节　职业身份的分化 102

第四节　乡村中的社会分层 111

第四章　南村经济......119

第一节　南村的传统经济 119

第二节　全球化与南村的新经济 126

第三节　新集体经济 144

第五章　家族的记忆......162

第一节　慎终追远：家族起源的记忆 162

第二节　家族的苦难记忆 175

第三节　"事实的记忆"与"表述的记忆" 185

第四节　记忆：人格的文化背景 196

第六章　信仰、仪式与变迁......200

第一节　南村人的神灵体系 200

第二节　南村的传统习俗 223

第三节　信仰、仪式与社会变迁 235

第七章　村落家族的文化与权力......244

 第一节　宗族与家族...... 245

 第二节　村庄的权力网络...... 262

 第三节　性别与权力...... 275

第八章　古村落与旅游业......290

 第一节　从无到有的古村旅游业...... 290

 第二节　古村的规划与保护...... 305

 第三节　古村·印象...... 318

 第四节　文化资本的流动与古村旅游的未来...... 327

结论与思考...... 333

主要参考文献...... 351

附录一　南村民用建设管理规定...... 359

附录二　南村关于保护古民居古建筑及征集有关文件的通知...... 362

附录三　南村祠堂楹联节选...... 365

后记...... 367

序言

广东省东莞在1978年改革开放之前还名不见经传,虽然林则徐虎门销烟震惊中外,但很少人知道虎门属于东莞。今天的东莞对世人来说并不陌生,东莞有"世界工厂"之称,据说全世界的电子产品、服装、鞋,有一大半是在这里生产的。东莞也可以说是"外来工之都",大量的制造业工厂吸引了近800万来自全国各地的打工者。改革开放后的30年,也使东莞从一个贫困落后的农业县,变成全国最发达富裕的地级市。如果以1978年为一个基点,那么它的前30年可以称为"革命时代",后30年则是"改革时代"。邹琼博士关于东莞南村的著作,可以说是真实反映了东莞改革开放30年急剧变迁的历程。

对于东莞"革命时代"的描述是由一位美国人类学家完成的。1979年美国人类学家波特夫妇(Sulamith Heins Potter & Jack M. Potter)来到东莞茶山的增埗调查,其后写出了《中国农民:革命的人类学》(*Chinas Peasants: The Anthropology of a Revolution*,以下简称《革命的人类学》)一书,并于1990年公开出版。这本书受到西方同行们的盛赞,有学者这样评介,"如果你打算通过阅读一本书来了解革命在社会、政治、经济和文化等层面对中国农村产生的影响,以及革命之后中国农村的发展趋势，那么《革命的人类学》一书就是你最好的选择"。[1] 因此，这本书问世后成为西方世界了解中国农村，特别是中国农村从1949年到改革开放这个时期的一个重要窗口，为中国人类学史增添了浓墨重彩的一笔。[2] 东莞这个普通的中国华南地区的一个县，也因波特夫妇的调查研究而进入了国际视野。

笔者从20世纪90年代开始，在东莞作过一系列调查研究。1991年选择虎门作乡村都市化比较的调查点，我们把虎门看做"乡村集镇市镇化"[3] 的典型。当时，在虎门看到蜂拥而至的农民工，以及正在拍摄的《外来工》电影，于是我们开始筹划外来工的课题。1995年开始作外来工的研究，选择了虎门、厚街、长安等镇作外来工调查点。[4] 1996年选择茶山，对波特夫妇的研究作了追踪调查，后来覃德清博士将此研究作为他博士论文的一部分。2008年，我主持教育部重大攻关课题"城市新移民问题与对策"，东莞也是调查点之一。2003年后，我开始重新对乡村都市化进行研究，田洁完成了虎门大宁的研究，骆腾完成了茶山的追踪研究，邹琼对南村的研究亦是总体计划的一部分。当时选择南村，是因为南村的古村落比较完整地保存下来，这在飞速发展的东莞可以说是个奇迹。邹琼进入

---

[1] Kearney, Michael, "Book Review of China's Peasants: The Anthropology of a Revolution," *Journal of Anthropological Research*, Vol. 49, Iss. 2 (Summer 1993), p. 177.
[2] 《革命的人类学》一书于1990年在剑桥大学出版后，由于当时的中国人类学正处于学科重建时期，需要关注和解决的问题很多，这本书并没有引起中国学术界的过多关注。近年来开始有学者在论著中提及，但也仅限于概貌性的简单介绍。（参见庄孔韶：《中国乡村人类学的研究进程》，《广西民族学院学报》2004年第1期；覃德清：《波特夫妇华南茶山调查的追踪研究》，《广西民族学院学报》2004年第1期；孙庆忠：《海外人类学的乡土中国研究》，《社会科学》2005年第9期。）
[3] 周大鸣、郭正林等：《中国乡村都市化》，广东人民出版社1996年版。
[4] 周大鸣：《渴望生存——农民工流动的人类学考察》，中山大学出版社2005年版。

这个村落，前后作了三年调查，并完成了她的博士论文。本书是邹琼在其博士论文的基础上、经过补充调查修改而成的。

对于东莞发展的奇迹，早引起了海内外学术界的广泛关注，各个学科所发表的相关成果已经不少。在众多研究中，邹琼博士的这本书有什么价值？为什么值得一读呢？我觉得主要有以下几点：第一，关于东莞的研究虽然很多，但真正以一个村落为研究目标并进行长时间调查的研究罕见。本书完整地展现了一个村落1949年后，尤其是1978年后的变迁过程。它围绕着南村，从村庄历史、边界与分层、政治与经济、社会记忆、信仰与仪式、旅游业发展等几个方面进行了分析。尤其是对家族在现代村落社区的作用，宗族与国家权力、传统组织所构成的社会文化网络的关系的分析很有新意。

第二是在研究的视角上，作者突破了传统的"国家—地方"分析框架，而是从全球化的视野来看南村。从1979年第一家香港企业进驻村里开始，南村的非农经济逐渐超越传统农业经济成为村庄的主要经济力量，村庄也跃入了全球性变迁的潮流中。20世纪80年代的港人投资潮为南村经济奠定了非农经济的基础，尽管这些前店后厂的小企业现在几乎都已不见踪影；20世纪90年代以来"台湾接单、大陆生产、香港转口、海外销售"的模式，使南村成为了台资企业的制造基地之一；2000年以来，南村的工业与韩国、日本、英国等地的国际投资商开始直接接触，南村也更深一层次地嵌入了全球网络中，而南村人的日常生活、社会结构、人际互动无不受全球化的影响。同时，作者也讨论了全球化与地方化的同构过程中的矛盾和冲突，以及更多的互动与发展。正如作者所断言：南村的历史还让我们看到，地方文化的生命力如此强大，国家意识形态的强力压制都无法消除它们的潜在影响，全球化也无法使之同质。当然，有些时候，地方文化也会适时地适应时代的需要作出一些改变来获得生存空间，这来源于乡民们的生活策略。

第三是在方法论上，作者用吉尔兹的"更有活力的功能主义方法"分析南村社会的变迁。对南村的理解和解释，也是从它的社会结构与文化结构两个方面分开做的。在现代化的路径上，20世纪80年代以来的南村，分化的职业结构取代了乡村原本几乎完全属于农业的职业结构，现代意义上的社会组织形式取代了传统的地方组织，社会的阶层分化更趋复杂，资本主义和全球性经济模式影响日趋增大，等等。而在文化层面，南村的村民们还基本上保留着那些在传统社会指导他们及祖辈的信仰、仪式、价值观和集体人格等。这些相似的状态也许存在众多经历着全球化变迁的地方社会中，在资本挟带着强势文化及其经济体系的冲击中，个人、家庭和社会的各种组织形态都将融入这种时代变化之内。

邹琼本科、硕士、博士都是在中山大学人类学系就读，受过系统的人类学训练，本书的出版充分显示出邹琼的才气和学术水准。我常常把邹琼称为家庭、学习、工作三不误的例子，她的实践比起一些女权主义的空谈更有意义。所以邹琼要我为本书写个序，我没有什么推辞，利用国庆节长假完成了任务。最后祝邹琼博士不断成长进步！

是为序。

周大鸣

2011年10月8日

第一章 导论

第一节 研究缘起

作为一个在东莞生活了一段时间的人，选择东莞的一个村庄作田野调查点有些冒险，在后现代的民族志反思潮流中难免要面对一些质疑。虽然这个村庄对于我来说并不是吉尔兹认可的对于研究者来说属于外部经验的客体[1]那种"绝然的他者"，不过在全球化的时代，"绝然的他者"显然太难再现了。作为人类学研究的对象，传统意义上的社区已经难以寻觅，不过在考虑调查点的选择的时候，研究者和调查点的距离与关系仍是最需要慎重考虑的因素。让·卢·昂塞勒指出，田野工作方法的选择乃是适应目标社会内在特性的一种功能，[2]因此，全球化时代的田野工作所要考虑的社会距离就应该与传统研究有所不同，正如越来越多的学者认同的那样，"客观性"并非距离的作用，"他者"也不是地域上而是理论上的观点。[3]

---

[1] 〔美〕克利福德·吉尔兹著，王海龙、张家瑄译：《地方性知识——阐释人类学论文集》，中央编译出版社2004年版，第78页。
[2] 〔法〕让·卢·昂塞勒：《全球化与人类学的未来》，《世界民族》2004年第2期。
[3] 〔美〕柏萨洛：《你不能乘地铁去田野：地球村的"村落"认识论》，〔美〕古塔弗格森编著、骆建建等译：《人类学定位》，华夏出版社2005年版，第156页。

南村有个古村落的旅游点，是国家重点文物保护单位，被评为"岭南最美乡村"。在决定将它作为田野调查点之前，我作为游客去过两次，最早一次是2003年，那时南村还不太有名，古村落刚被文化部门发现，在东莞的本地报纸上作了些介绍，我无意中看到报纸，觉得很有意思，在东莞这个到处是厂房和出租屋的城市里，居然还有保存完整的古村落，那真是不可不看的。于是在一个周末，我带上相机，找了很久的路才到达南村。车一直开到村中心的大榕树下，那时古村落和现在很不一样，还没有任何新的修葺，没有路牌，没有展厅，也没有收门票的和讲解员，所有的祠堂都上着锁。看到顺着水塘排列的几十间祠堂静默地肃立，村民三五成群地打牌、闲逛，感觉是个有意思的地方。2005年接待朋友，也将其带去看了南村，南村那时经大力宣传，已经成为东莞一个有名的景点了，村落也变了模样，开放了一些祠堂供人参观，围墙和道路开始了翻新和整修。后来，我带着要作人类学村落研究的目的跑了东莞的几个村子，又去了一次南村，接触了一些村干部和村民，翻阅了村中的各种资料，经过比较后选定了南村作为我的有关珠三角乡村变迁研究博士论文的田野调查点。

之所以选择这个村子作为调查点，与我所感受到的它集共性与个性于一身的优势相关。一方面它是东莞众多乡村中的的一个，和其他珠三角农村之间有着许多共性。它的产业结构、经济成分、政治组织、居民生计，以及裹挟入全球化潮流的时机与动力等各方面都与众多的珠三角乡村相类似，表现出许多同质性的特征，因而一定程度上能将这个村落社区作为一个观察点，通过对南村的历程与实践的研究获得对珠三角农村的理解。

另一方面，南村自身有较突出的特点。南村历史较长，其中的谢姓宗族有800多年的历史。从社会经济看，南村各项经济指标均在镇里排名居前，在东莞市也属百强之列。村庄经济以物业出租为主，工业区里工厂和出租屋鳞次栉比，外来人口熙来攘往，是乡村都市化的典型。同时村中却还保留着大量明清时期古建筑群，明显形成了旧村和新村两块区域。南村既不缺乏在全球化时期与时俱进的动力，又对传统历史文化传承得比较持久，传统与现代的交替在南村显得格外突出。

第二节　进入田野

南村是个有着3000多人的大村，居民居住得比较分散，要在短时间内全部熟悉和了解他们几乎不可能。为了解概况和查阅文献，我通过熟人走行政渠道被介绍给了村中一个年轻的村委委员，这为我到村档案室查阅复印各类文献提供了便利。

一开始我很担心自己的语言问题，怕与村民们交流有障碍，不过我事先打听过，南村人讲的话与广州话很相近，较少土音。去村里的第一天，与修族谱的江叔见面时，聊了一会儿后江叔问我是不是外地人，我赶紧承认自己的白话讲得不好，没想到江叔竖起大拇指说，我是他见过的外地人中白话讲得最好的，而且我居然能听懂他们这些老人家讲的话，很厉害。虽然江叔可能有安慰我的意思而夸大了些，但我说起白话来的信心增加不少，不管怎么样我这语言关算是过了。后来与祠堂中的老人们聊天时也基本没有太大问题。因为南村的古村落的名气在外，之前也有过文物普查之类的行动，南村的人们都认为我是来作南村历史文化方面的调查，我也无意更正他们的这种看法,毕竟这是不那么敏感的话题。

2007年8月,我作为调查者正式开始在南村进行调查,最早的调查是走访式的,主要是在档案部门收集各种类型的文献,重点访谈了部分可作为主要报道人的村民,如修村史的林叔、修族谱的江叔、负责关帝庙的运叔和村支书等村干部,对南村情况有了初步的了解和熟悉。之后利用休息日与节假日跑遍了南村的几个村民小组居住区和村内的工业区、街道,对南村有了更深的了解。

2008年7月初,我住入了村中的一户村民家,近距离的参与观察使我获得了更深入的调查资料,也对南村人的日常生活有了真切的体会。南村是比较富裕的村庄,村民对外来人有一定的戒备,最初请镇里熟悉的干部帮忙想找一户村民借住时,我自己也认为难度挺大,一般人家都不愿意自己家中住进陌生人,如果实在不行,我便租间村里的房子住。谁知那日运气很好,去找人帮忙时刚好遇上南村的一个在广州读书的女大学生来镇里想参加社会实践,于是我主动上前,详细解释了自己的调查与想住入村内的愿望,这位女大学生阿枝,后来成了我的好友,答应回去问一下父母再回复我,第二天她就致电我表示欢迎。我兴高采烈地便搬过去,去了后才知道我的入住确实给阿枝家带来许多不便。他们一家都是非常善良的人,非常热情地接纳了我,他们把最好的床位让给我住,凡我所问所做之事,他们都是尽所能来帮助我,阿枝更是在整个暑假一有空就陪着我去村中各户访问,这也使得我能更快地被村民接受,得到更有价值的资料。阿枝爸爸加叔曾当过多年的村民小组长,对村内事务相当熟悉,也很有自己的看法。在这段参与观察的时期内我收获颇丰,与村中不同类型、不同阶层的村民以及生活在村中的外来人员都有沟通与交往。

除了利用寒暑假所作的中长期参与观察以外，重要的村庄节庆也是我重点观察的内容，比如春节期间在村里住了一星期，主要是了解在春节这样重要的传统节日中村庄的运行状态和节庆活动变化等。我平时也一直与当地主要报道人保持联系，有时电话交流一些问题，有时前往村中参与一些村庄事务与活动。点面结合的调查方式和观察角度，为我的研究打下了比较扎实的基础。

第三节　理论回顾与文献综述

一、人类学变迁理论的发展与应用

文化的概念尽管复杂多变且莫衷一是，但文化是动态发展的这一观点已经成为共识，文化的积累与传递、传播与交流、融合与冲突是人类社会不断变迁发展的动力。作为研究人及其文化的人类学，社会文化变迁一直以来都是其研究的主题之一，在人类学并不漫长的学科发展史中，几乎每个学派都有关于社会文化变迁的理论及观点。

早期的古典进化论试图建立人类历史文化的进化图式，他们关注漫长的历史时序中的文化变迁，将所有人类的文化变迁过程简化为从低级到高级、从简单到复杂的单系、直线进化模式，认为人类社会像生物有机体一样遵循自然法则，按统一进化顺序发展。传播学派认为文化传播就是文化变迁，变迁是横向的地理区域间的相互作用。世界各族的联系及其文化的融合，是发动各种导致人类进步的力量的主要推动力。这些关于变迁的理论有其历史局限性，主要是与当时西方国家向外殖民的过程联系在一起，并且已经遭受了众多的批判。

马林诺斯基曾经感叹说人类学处在一个既可悲又荒谬的位置，因为在它刚开始成型并具备适当的研究工具时，它所研究的对象正以无可救药的速度消失。殖民统治的扩张使得大量原生态社会形貌被迫产生变化，因此，这些被动变迁的破坏性的迫切感触反而使当时的人类学专注于传统的社会文化的重建，一定程度上忽略了对变迁本身的研究。功能学派虽然惯于将研究对象看做静态的整体来分析其功能，但并非摒弃了变迁的存在，而是通过研究文化因素功能的变化、替代和消失来实现对变迁的关注。拉德克利夫－布朗在《社会人类学方法》中论述了文化接触产生的相互作用，提出要找出文化变迁的规律必须共时性研究与历时性研究并重。马林诺斯基则写作了《文化变迁的动力》，对文化变迁作了具体的论述。[1] 拉氏和马氏都认为社会文化变迁即是不同文化间接触的结果，尤其是强势文化对弱势文化的传播与渗透的结果，这一观点也是当时的主流观点。一部分人类学家开始把文化变迁作为专门的研究课题，主要关注西方文化与殖民地的土著文化之间的横向变迁。如以赫斯科维茨为代表的美国人类学家着重研究美洲印第安人与白人文化接触所引起的变迁，而英国人类学家则着重研究非洲和亚洲殖民地土著居民与白人文化接触所引起的变迁过程。

马克思的历史唯物主义中关于变迁的理论也对人类学中的马克思主义学派影响深远，它主要从一般性规律上指出了人类社会变迁的方向与路线，即经历原始社会、奴隶社会、封建社会、资本主义

---

[1] 黄淑娉、龚佩华：《文化人类学理论方法研究》，广东高等教育出版社1996年版，第212页。

社会，最后进入共产主义社会，并认定生产力与生产关系之间的矛盾统一关系是社会变迁的根本动力。这种理论在18、19世纪是指导西方社会改革运动的主要思想，也为当时西方资本主义国家由原始积累模式向福利国家模式的转型奠定了基础。

在美国历史学派的传统中，从"历史的方法"出发，强调对各种文化中具体事实的描述和记录，也一直存在对社会和文化变迁的关注。博厄斯在《原始艺术》中就提出"一切文化现象都是历史发展的结果"，并开始重视地方文化纵向传承过程中的变迁现象。如克虏伯所作的欧洲妇女裙子长度变化与社会政治稳定形势的相关程度的研究，奥斯卡·刘易斯对雷德菲尔德的特波兹特兰人村庄的追踪调查等。而20世纪60年代居主流的结构主义虽然专注的是建构抽象的研究框架，但也并非完全抛弃考虑文化变迁的因素，而是强调在人类学所研究的社会中，结构如何将新的要素与历史情境纳入原有的范畴之内，以达成结构的连续性或再生产。例如列维－斯特劳斯认为历史不是一个发展过程，而只是一连串的结构，他对美洲印第安人神话传播的研究表明，神话在从一个部落到另一个部落的传播中发生了变化，这些变化是与不同部落的社会文化结构相一致的，每个部落所接纳的神话结构与它的传奇传统和政治之间存在着显而易见的有机接近。[1]

应该说，变迁的话题一直存在于人类学的语境中，只是在以上所述及的各种理论中，社会文化变迁大多数时候只是作为研究内容的组成部分或是背景出现。但是，由于社会变迁逐渐成为人们所接

---

[1]〔法〕克劳德·列维－斯特劳斯著，陆晓禾、黄锡光等译：《结构人类学：巫术·宗教·艺术·神话》，文化艺术出版社1989年版，第272页。

受的准则，社会变化本身也越来越被看做是一个值得以其特有方式加以研究的主题，所以一些新的理论观点开始直接关注社会文化变迁的研究领域，震荡变迁、整体变迁等概念的提出进一步丰富了变迁理论的内容。曼彻斯特学派的代表人物格拉克曼延续了早期英国人类学家对非洲殖民地区的研究兴趣，主要研究非洲当地社会变迁和部落生活与城镇生活的关系，不仅关注直线变迁，也关注震荡变迁，并通过实证研究得出了社会稳定来源于冲突，冲突的存在推进社会变迁的结论。

20世纪五六十年代以来，在结构马克思主义理论与政治经济学的影响之下，人类学家开始反省过去的研究范式中的缺陷，不再局限于将研究对象视为孤立的、界限分明的实体，变迁视角由地方性变迁扩展到整体性变迁，开始将区域性政治经济体系之间的关系纳入研究视野，并认真思考如何解释和概念化变迁。新马克思主义学派虽然抛弃了以往那些坚持社会按固定路线变迁的理论，但其中一些观点仍受马克思的经济决定论影响颇深。马克思主义学派的人类学家相信冲突是社会的常态，分析社会先从分析其中的冲突开始，并且由于社会结构中的基本冲突而导致社会的变化，冲突是变迁的动力。这些观点来源于马克思关于社会阶级划分和经济因素对社会运行的重要性的思想，并且这些思想本身已经激起了众多的社会变革。

马克思主义人类学中还有一个共同点是对中心与外围的区分，在某种意义上，中心指权力实施的地方，比如殖民资本或国内资本。外围指受到中心决策影响的地方之一，比如为中心地区提供再分配产品，或同中心地区进行贸易的乡村地区。[1]

中心与外围的相互联系与相互制约即是社会主要冲突的基础。以阿尔都塞为代表的结构马克思主义者像其他结构主义者一样倾向于从横断面去对待历史，从生产要素之间的结合表现来描述和解释变迁，通过描述和分析生产方式的变化以求得对社会政治和经济的认识。政治经济学者则受世界体系理论的影响，强调被研究的社会在被纳入大规模的区域性政治经济体系的历史过程中，必然受到外在力量的冲击与影响。他们在研究变迁时，着重于社会如何因为适应资本主义等外在力量而改变，并特别强调历史的重要性，而其中将社会格局作出中心与外围的区分也可以看做是后来的依附理论与世界体系理论的早期雏形。

"二战"以后，随着西方社会步入稳定增长的繁荣期，从经济学领域中产生的现代化理论扩展到各个学科，现代化理论的影响使人类学更多地关注传统与现代的关系、传统向现代变迁过程中的适应与整合问题。六七十年代以来的依附理论以及在此基础之上建构的世界体系理论更是提供了一种全新的分析框架。沃勒斯坦认为，16世纪以来就有了第一个真正全球意义的世界体系，而这就是社会变迁的唯一实体。资本主义世界体系的构成，一方面是中心—边缘关系支配的世界经济体，另一方面是主权国家联动的政治结构。像所有的历史体系一样，作为现代世界体系的资本主义体系的持续期也是有限的，当其长期趋势达到某一点，以至体系的起伏波动变得充

---

[1] 〔美〕阿兰·巴纳德著、王建民等译：《人类学历史与理论》，华夏出版社2006年版，第96页。

分宽泛而无规则，不能再保证该体系的制度机构的活力更新，它将走向终结。一旦达到这一点，就会产生分岔点，经过一段混沌的过渡时期，这个体系将被一个或多个其他体系所取代。资本主义世界体系也将被取代。[1] 这种整体变迁的观点使传统上研究微观社区的人类学的视野也进一步得到拓展。

如果说现代化理论、依附理论和世界体系理论更多侧重于从经济与政治结合的角度探讨社会文化变迁的话，那么另一方面，以格尔茨的解释人类学为代表，人类学对变迁的原因和动力的解释有从经济转向文化的倾向，强调外来的力量必须通过文化形式的媒介才能真正发挥根本性的转变社会的作用。同时，在实践理论的影响之下，人类学在探讨大规模的结构性力量如何造成变迁时，愈来愈强调主体的意向性与能动性的重要意义。20世纪80年代以来殖民主义研究的兴起与历史人类学的发展，使人类学对变迁的原因、动力、过程与性质有了更细致的研究。世界经济、殖民国家、宗教、跨国机构等在变迁的过程中的作用都被重视与讨论。这些新的理论发展以及人类学家对全球化与现代性等新研究议题的投入，使得社会文化变迁的图像越来越复杂。今天我们再来讨论变迁，难以避免地要从众多的理论中进行取舍。

解释人类学家格尔茨认为，变迁可以被看做是社会文化模式的变化过程，因此用民族志方法去描述一个社会的历史不仅可以对编年体方式或是发展史方式建构的历史有辅助作用，而且其真实性可以得到最大限度的保证。格尔茨用民族志形式对19世纪巴厘国家组织形貌的还原就是对他这种变迁观点的实践之一。在他的另一个研

---

[1] 〔美〕伊曼纽尔·沃勒斯坦:《东亚之兴起，或21世纪的世界体系》，见《所知世界的终结》，冯炳昆译，社会科学文献出版社2002年版，第38—39页。

究中[1]，基于对功能理论的批判性思考，格尔茨将社会变迁研究的解释和概念化进行了更具操作性的阐述。

跟有的人类学家将社会文化变迁统合在一起不同的是，解释人类学家格尔茨认为社会变迁与文化变迁应该先分开进行分析，然后再整合在一起进行解释。格尔茨认为功能理论之所以对研究变迁有困难，其主要原因之一，在于它不能平等对待社会过程和文化过程；二者之一几乎不可避免地被忽视或被放弃，仅成为对方的简单前缀和"镜像"。为了修正功能理论，使之更有效地处理历史材料，最好先设法区分和分析人类生活的文化面和社会面，把它们看成独立变化且又彼此依赖的因素。虽然只能在概念上区分，但文化结构和社会结构因此而表现得能够以多种模式互相整合。在大多数社会中，变迁是特色，而不是反常，通过分析能够看到社会面与文化面之间的某种断裂，正是从这些断裂本身中可以发现某些推动变迁的主要动力。

布迪厄的实践理论提醒研究者关注变迁的社会中个人的能动作用。他指出人们通过各自的有目的行动使社会文化不断延续下去，人们在实践中受制于不同场域而会作出不一样的行为选择，场域即是社会文化动态变迁的一个基本分析单位。[2] 他所提供的"再生产"的概念也被用来分析变迁，社会或文化的再生产机制的运作都是服务于在社会结构中占支配地位的利益的，任何文化现象的出现或存续可以追寻社会中利益格局的变化，因此，社会文化变迁的过程受

---

[1] 〔美〕克利福德·吉尔兹：《仪式与社会变迁——一个爪哇的例子》，载《文化的解释》，上海人民出版社1999年版，第165—195页。
[2] 〔法〕Pieerre Bourdieu, *Outline of A Theory of Practice*, Cambridge University Press, 1977, pp.16-18.

制于权力主导的再生产机制。

20世纪80年代末以来，全球化日益成为社会科学研究的关键概念，它不仅是一种经济现象，也是一种政治现象、文化现象。在这个主题当中，经济学关注物品和资本的流动，政治学关注跨界的冲突与政策建构等，社会学和人类学则关注在经济全球化之下，多元性的文化世界如何维持下去。在人类学看来，全球化是当代的一种更大时空范围的文化变迁过程，也是当今研究任何一个地方社会都不能避开的背景因素。

不论如何对全球化进行定义，都不能否认这是一个复杂而矛盾的社会发展过程。被人们引用较多的有安东尼·吉登斯的全球化定义，他沿用了霍尔"想象空间"的概念基础，提出了"时空伸延"（time-space distanciation）的概念，指用来联系在场与缺场的时间和空间被组织的状态。传统的简单社会中人们的社会生活联系离不开面对面的环境，而现代性的发展则表现为社会生活对时间和空间的跨越。因此吉登斯将全球化定义为：世界范围内的社会关系的强化，这种关系以这样一种方式将彼此相距遥远的地域连接起来，即此地所发生的事件可能是由许多英里以外的彼地事件而引起的，反之亦然。[1] 从人类学的角度看，作为时代大变迁的全球化包含了如下一些基本的因素：一是基于交通和信息的世界发展模式的条件之上的全球性互动行为和过程的发展；二是世界性的联系与互动的加强意味着跨界的联系存在着规律性而非分散的或随意的；三是社会文化和政治经济的伸展可以使世界上某个地方与其他相隔甚远的地方间发生联系；四是全球化也包含了全球与地方之间一系列日渐增多的牵

---

[1]〔英〕安东尼·吉登斯著、田禾译：《现代性的后果》，译林出版社2000年版，第56—57页。

连关系，地方发展不得不受制于全球的影响。[1]

人类学主要从文化的角度来思考和看待全球化，全球化是增强还是减弱了世界文化的多样性，是其中的核心问题之一。早期的文化全球化理论专注于对文化帝国主义的批判，担忧某些主导文化可能威胁或覆盖掉其他更脆弱的文化，从而侵蚀了世界文化的多样性格局。在讨论美国快餐文化在全球快速传播的过程中，人们似乎从中看到一种由于全球资本主义进程带来的文化同质化的可怕未来。文化帝国主义的概念后来受到了不少批评，认为这种理论是狭隘地从单个方面去思考文化，不够客观，如泰勒·考恩在其《创造性破坏——全球化与文化多样性》一书中一方面毫不讳言全球化对传统文化的破坏力，但同时以"创造性的破坏"的概念来鼓励人们对全球化下的世界文化发展持一种更加积极的态度，应该把全球化视为世界文化发展的常态，是一种充满活力的制度构架，为多种艺术观念并存提供动力，创造出我们正在经历的这个文化繁荣的时代。指出"我们应当审慎地将世界主义的多元文化观当做美学指导原则和政策实践指南"[2]。让·卢·昂塞勒也指出人类学应该把全球化当做一种为文化的产生或分化提供新空间的过程来加以考察。[3] 而对于人类学研究者自身来说，尽管来自不同的地域，在讨论全球化时一方面会以全球化作为一种共同的叙述范畴和文化建构空间，另一方面又离不开自己对本民族国家语境的视阈的扩展，这种天然的两面性

---

[1] 〔美〕Jonathon Xavier Inda and Renato Rosaldo, *The Anthropology of Globalization*, Blackwell Publishers Ltd, 2002, 9.
[2] 〔美〕泰勒·考恩著、王志毅译：《创造性破坏——全球化与文化多样性》，上海人民出版社2007年版，第154页。
[3] 〔法〕让·卢·昂塞勒、张海洋：《全球化与人类学的未来》，《世界民族》2004年第2期。

正是人类学在研究全球化现象时兼具宏观思维与微观思维的特点。

与其他学科对全球化的研究以其普适性为前提不同，人类学研究中加入的全球化视角仍是聚集于地方性与特殊性，而在全球化角度观照下的地方文化也有了新的意义。乔纳森·弗里德曼指出从人类学的实践观点来看，全球视角产生于民族志行动的自我意识中。[1]与全球化过程对应的是地方性认同的不同策略，认同实践中包含着消费和生产的实践，人们的自我观和传统文化在其中有选择性的重构。约翰·汤姆林森则认为，日常文化实践中最本质的东西，恰恰是由地方性而非全球性来定义的，而只有那些能够踏入到此类地方性文化之中的人们，才能够检验文化亲近感的真实程度。[2]这一点，费孝通早在写作《江村经济》时已经体现了这种具有全球意义的对地方知识的思考，在20世纪90年代以来风行在各个领域的全球化冲动中，费先生又提出了"文化自觉"的概念，在全球性的文化转型潮流中，我们要对自身文化有"自知之明"，充分思考"在全球文化发展和交触的时代，在一个大变化的时代里如何生存和发展，怎样才能在多元文化并存的时代里真正做到和而不同"[3]，"在和西方世界保持接触，进行交流的过程中，把我们文化中好的东西讲清楚，使其变成世界性的东西，首先是本土化，然后是全球化"[4]。

因此，人类学关注全球视野中的结构性变迁更多的应该是向下关注乡村社会的变化，诺曼·龙提出一种全球化中的"新的乡土性的出

---

[1] 〔美〕乔纳森·弗里德曼著、郭健如译：《文化认同与全球性过程》，商务印书馆2004年版，第9页。
[2] 〔英〕约翰·汤姆林森著、郭英剑译：《全球化与文化》，南京大学出版社2002年版，第7页。
[3] 麻国庆：《费孝通先生的第三篇文章：全球化与地方社会》，《开放时代》2005年第4期。
[4] 费孝通：《费孝通九十新语》，重庆出版社2005年版，第214页。

现"[1]，认为全球性的社会变迁给不同的行动者群体带来了新的复杂关系，农业人口和农业生产也不可避免地被卷入这种新的关系，从而给"乡土性"带来了很多变化。这些变化体现在如全球和当地行动者的多样性，农村空间和农业空间的不对等，自然的价值对农村环境的重要性，商品网络和价值谈判以及移民和移居问题等方面。黄应贵则从台湾农村的实证个案出发，指出在都市化、全球化冲击下的农村所发生的变化使之与传统农村的差异越来越大，可能形成一种不同的社会形态。[2]在黄看来，农村的发展文化或地方产业而带来的传统乡村变迁也许是资本主义经济逻辑的结果。因此被称之为所谓的新乡土性或是全球化中的再地方化的表现可能只是资本主义结构力量下所发展出来的新文化形式，反映的是资本主义的新形态与新性质。

人类学发展历史中关于变迁的理论可谓视角丰富，取向多元，一直帮助人们理解与分析不同时代的社会文化变迁。中国当前正融入全球化，地方社会文化处于转型之中，人类学重视地方文化的特异性，重视传统文化自觉的变迁观也许能帮助我们清醒地认识自身文化，找到民族文化适应现代社会发展的道路。

二、近30年来珠江三角洲乡村研究的相关文献综述[3]

改革开放以来，30年间珠江三角洲发生了巨大的变化，其鲜明

---

[1] 〔荷兰〕诺曼·龙：《21世纪乡村研究的新挑战：一个社会学的视角》，《中国农业大学学报》2007年第1期。
[2] 黄应贵：《农村社会的崩解？当代台湾农村新发展的启示》，载赵旭东编：《乡土中国研究的新视野》论文集（未刊稿），2005年，第34—35页。
[3] 本部分主要综述20世纪70年代末改革开放以来中国大陆学者对珠三角乡村研究的成果，兼及港台和海外学者的研究。

的时代特征引来众多的研究关注，人类学、社会学、政治学等学科纷纷从不同视角探索这片巨变的土地，其中人类学以其乡村社区研究的传统，以小见大个案分析的优势在其中尤为瞩目。回顾近30年来的珠江三角洲乡村研究，主要有以下几种视角。

（一）乡村都市化的研究视角

珠江三角洲的乡村在改革开放浪潮中是城市化和工业化的先锋，发生了巨大的变化，乡村都市化的研究主要关注传统与现代、村社与城市的共融共生。较早的有周大鸣在《论都市边缘农村社区的都市化》[1]一文中通过对广州城乡结合部所作的调查，描述分析了一种被城市蚕食的郊区农村的发展模式。《中国乡村都市化》[2]中通过深圳、东莞、四会、高要等地村社管理区大量实证性的个案，对珠江三角洲乡村都市化进一步作了类型化研究，分为都市边缘地区的乡村都市化、集镇的市镇化、乡村（村、管理区）的集镇化、工业区与都市化等几种类型，指出珠江三角洲的乡村都市化模式能够为发展中的地区和国家提供榜样。折晓叶的《村庄的再造——一个"超级村庄"的社会变迁》[3]，折晓叶、陈婴婴的《社区的实践——"超级村庄"的发展历程》[4]对深圳"超级村庄"万丰村的研究，将村庄看成一个合作经济组织，并探讨了外来力量与村庄内在的经济和社会结构是怎样相互作用而共同推进社会变迁的。超级村庄的出现是

---

[1] 周大鸣：《论都市边缘农村社区的都市化》，《社会学研究》1993年第6期。
[2] 周大鸣、郭正林等：《中国乡村都市化》。
[3] 折晓叶：《村庄的再造——一个"超级村庄"的社会变迁》，中国社会科学出版社1997年版。
[4] 折晓叶、陈婴婴：《社区的实践——"超级村庄"的发展历程》，浙江人民出版社2000年版。

农民为了顺应新的形势建立合作组织的一种企图，她认为这是农民以个体进入市场以后发现自己无法应对市场的风险，因而需要村庄提供保障以后的自我选择。村庄经过工业化之后，自身成为一种非农经济力量，村庄也成为一个重要的区域关系载体。陈玫君、杜放的《中国城市化的先锋——深圳农村城市化的实践与创新》[1]总结了深圳农村城市化进程中的经验，以深圳的实证性资料分析了值得关注的土地所有制、集体资产改革、农村社会保障、农村劳动力就业和农村的可持续发展等重点问题。

珠三角农村都市化研究中一个比较突出的关注点是对都市化的特殊产物城中村的研究。20世纪80年代末开始，珠三角的城中村成为一个研究热点，吸引了越来越多的学者从不同角度进行研究。如李立勤的《广州市城中村形成及改造机制研究》[2]，胡莹的《"城中村"的文化冲融——以广州市石牌村为例》[3]，李晴、常青的《"城中村"改造实验：以珠海吉大村为例》[4]，刘伟文的《"城中村"的城市化特征及其问题分析》[5]，郑孟煊的《城市化中的石牌村》[6]，等等。这些文章有些从应用研究的角度讨论城中村中各类社会问题的解决与改造，既有从宏观的社会改良的高度提供城中村发展的对策，也有以个案实证推演城中村中特有的社会文化现象。还有些文章则从横向剖面中分析城中村的结构特征、存在逻辑和发展轨迹，

---

[1] 陈玫君、杜放：《中国城市化的先锋——深圳农村城市化的实践与创新》，经济科学出版社2006年版。
[2] 李立勤：《广州市城中村形成及改造机制研究》，2001年中山大学博士论文，未刊稿。
[3] 胡莹：《"城中村"的文化冲融——以广州市石牌村为例》，《城市问题》2002年第3期。
[4] 李晴、常青：《"城中村"改造实验：以珠海吉大村为例》，《城市规划》2002年第11期。
[5] 刘伟文：《"城中村"的城市化特征及其问题分析》，《南方人口》2003年第3期。
[6] 郑孟煊：《城市化中的石牌村》，社会科学文献出版社2006年版。

其中有代表性的是李培林的《村落的终结——羊城村的故事》[1]对作为广州城中村抽象模型"羊城村"的研究,通过大量的个案实证材料提炼复制了珠三角城郊村落非农化、工业化、城市化的全过程与变迁特征。他认为城中村是一个"村落单位化"并存在坚固的社会关系网络的社区,城中村走向终结的艰难根本原因在于产权的重新界定和社会关系网络的重组。蓝宇蕴的《都市里的村庄——一个"新村社共同体"的实地研究》[2]则提出"新都市村社共同体"的概念,用来将都市化中的村庄与传统小农村社共同体相区别,它特指在我国农村城市化过程中,一些农村以行政村庄的边界,建立在非农产业经济基础之上,并在非农业化过程中依赖自身的经济、权力、历史、文化和社会心理等资源进一步凝聚起来的共同体组织,这种共同体是弱势的村民走向城市的新社会空间或过渡地带。

(二)村落的追踪研究视角

这类研究将同一个村庄形成了跨越时空的观察链,关注村庄在不同历史时期纵向的社会变迁,以期加强学术研究的深度。以人类学研究中的学术名村南景村为例,南景村因杨庆堃先生1948至1951年间在此地进行社区研究并写作了《一个共产主义过渡期下的中国村庄》(*A Chinese Village in Early Communist Transition*) [3] 而著名。改革开放以来,对此地的追踪研究成为展现广州乡村变迁

---

[1] 李培林:《村落的终结——羊城村的故事》,商务印书馆2004年版。
[2] 蓝宇蕴:《都市里的村庄——一个"新村社共同体"的实地研究》,生活·读书·新知三联书店2005年版。
[3] C. K. Yang, *A Chinese Village in Early Communist Transition*, Cambridge, Mass: The M. I. T Press, 1959.

图景的绝好案例，出现了一些从家庭结构、社会分层、社会组织等各方面探讨当地变迁的研究。如郝令昕的《鹭江村的农民家庭和家庭消费》[1]、路学仁的《鹭江村的社会分化研究》(1991)、黄明的《鹭江村劳动力结构及其变迁》(1992)、杨英铂的《鹭江村组织变迁》(1992)[2]。

周大鸣、高崇在《城乡结合部社区的变迁——广州南景村50年的变迁》[3]一文中探讨了广州南景村在长达半个世纪的都市化过程中的种种经历，通过解放以来南景村在不同历史时期政治、经济、文化、社会结构等各方面的特征的动态分析，展示了一个村庄从乡村社区向城乡结合部社区发展的过程。孙庆忠在《都市化与农民的终结》[4]、《都市村庄：南景》[5]中比较了杨庆堃时代与1990年代的南景村经济变迁的轨迹，指出都市化不仅是行政区域的改变，而且是与经济方式和社会组织演进相伴的城市生活方式与生活观念的获得，南景村的变迁中承载了传统农民终结的历程。其另一论文《乡村都市化与都市村民的宗族生活——广州城中三村研究》[6]指出都市化形成的城中村使得都市村民的宗族意识淡化，转化为远离其传统载体的文化躯壳，并在跨越边界的社区网络中渐淡地延续下去。

---

[1] 郝令昕：《鹭江村的农民家庭和家庭消费》，载中山大学社会学系编：《社区研究论文集》，1985年。
[2] 均为中山大学社会学系硕士论文，未刊稿。
[3] 周大鸣、高崇：《城乡结合部社区的变迁——广州南景村50年的变迁》，《社会学研究》2001年第4期。
[4] 孙庆忠：《都市化与农民的终结》，《中国农业大学学报》2003年第2期。
[5] 孙庆忠：《都市村庄：南景》，载《时空穿行：中国乡村人类学世纪回访》，中国人民大学出版社2004年版。
[6] 孙庆忠：《乡村都市化与都市村民的宗族生活——广州城中三村研究》，《当代中国史研究》2003年第3期。

与此类似的还有20世纪七八十年代波特夫妇在东莞茶山镇增埗村的实地调查成果：《中国农民：革命的人类学》[1]，这部村落民族志的叙事时期始于1949年止于1985年，描述和比较了当地社区的历史变迁过程，它侧重探讨的是不同时期农村社会的经济、政治是如何运转的，比较了生产队合作制与家庭承包制对生育意愿、家庭经济发展和妇女地位的不同作用，他们对中国人的情感文化建设、城乡差别等犹有兴趣。十几年后，覃德清对茶山的回访研究即是基于波特夫妇的人类学文本，延续了当地变迁的时空范围，在《波特夫妇华南茶山调查的追踪研究》[2]、《华南茶山的多重文化意象》[3]中，努力实现1985—1997年间新资料的接续，并通过早期的民族志文本与当下的社会现实的比较进行反思，对波特夫妇有关中国农村生活的观点有所扬弃，并分析了海外人类学家、地方文人和当地政府看待茶山的三重不同的文化意象。骆腾则于2008年继续了对增埗村的追踪研究，力图通过波特夫妇调查之后30年来增埗的发展与变化的追寻，来延续该田野调查点的学术生命。在骆腾的博士论文《增埗三十年：从革命到改革》[4]中描述了改革开放后该村所发生的生计模式、婚姻家庭、性别分工、宗族等社会结构层面的变化，在快速的乡村都市化过程中，农民生活与行为观念受到了怎样的冲击，文章从人类学视角，对近30年增埗的发展进行了观察与思考。

詹森从70年代开始在珠江三角洲地区进行调查，他在1976年

---

[1] Potters, *China's Peasants: The Anthropology of a Revolution*, Cambridge University Press, 1990.
[2] 覃德清：《波特夫妇华南茶山调查的追踪研究》，《广西民族学院学报》2004年第1期。
[3] 覃德清：《华南茶山的多重文化意象》，载《时空穿行：中国乡村人类学世纪回访》。
[4] 骆腾：《增埗三十年：从革命到改革》，中山大学2008年博士论文，未刊稿。

发表的《两条腿走路：华南的农村发展》[1]中对珠三角特殊的桑基鱼塘农业模式作了细致的分析，认为当地农业与副业的发展是当地农村社会经济的基础。其后，詹森对珠三角的研究开始了历时30余年的追踪调查。[2]其调查地点涉及珠三角的不同方位的乡村，如顺德勒流、台山的端芬村、广州的人和村、佛山的江联村和东莞的温塘村等地，并在其后的30余年中对这些地点进行追踪调查，每隔一段时间都到当地作不定期的访问调查，从中见证了这些村庄在改革开放以后不同时期的变化，在这些变迁中，原来遍布珠三角的桑基鱼塘模式难再见到，一些村庄也逐渐成为了城市的一部分，珠三角乡村的巨大变化在这些追踪研究中得到了全面的展现。

（三）历史人类学的视角

将历史学与人类学相结合，侧重"眼光向下"的历史，探微发端，从民间历史透视国家—社会关系，关注明清以来珠江三角洲的开发、商业化、宗族与土地制等多元话题。科大卫、萧凤霞编著的《植根乡土：华南的地域联系》[3]中指出了珠江三角洲在地域空间上的内在联系及其独特性，其中收录的文章各以不同的乡村个案研究为基础讨论了珠三角农村发展中的宗族与土地权、乡

---

[1] Johnson, Graham, *Walking on Two Legs: Rural Development in South China*. Ottawa: International Development Research Center, 1976.

[2] Johnson, Graham, *The Production Responsibility System in Chinese Agriculture: Some Examples from Guangdong*. Pacific Affairs 55: (3), 1982; *Patterns of Development in Post-reform China: The Pearl River Delta in the1990s*. Dvelopment and Change 28: (4), 1997; *Comings and Goings: Pearl River Delta Identities in an Era of Change and Transformation*. pp.23-48 in *Chinese Transnational Networks*, edited by Tan, Chee-Beng. London / New York: Routledge, 2007.

[3] David Faure, Helen Siu: *Down to Earth: The Territorial Bond in South China*, Stanford University Press, 1995.

村的政治伦理和客家、蛋民等弱势群体在珠三角发展的历史过程。香港科技大学的华南研究会出版了《学步与超越：华南研究会论文集》[1]，以科大卫为主要代表的华南学派以民间宗教和宗族研究为切入点整合历史学、人类学和宗教学，关注诸如国家通过什么制度和形式进入乡民社会，乡村权力结构的网络、地方性的文化意涵演变等问题。

刘志伟通过番禺沙湾何氏个案探讨了赋役制度和宗族的关系，其《宗族与沙田开发》[2]从沙湾何氏族产的建立和沙田开发过程入手，考察宗族在沙田开发中所扮演的角色，以及沙田开发对宗族形态的影响，认为沙田的大规模开发为宗族势力的发展创造了相当有利的独特条件；《祖先谱系的重构及其意义》[3]指出，编造宗族的历史和谱系，是沙湾何族的重要价值资源。他在《地域社会与文化的结构过程：珠江三角洲研究的历史学与人类学对话》[4]中认为：珠江三角洲的土地垦殖、宗族发展、神明崇拜、户籍制度、族群问题，都展现了地域社会文化结构的动态过程，历史研究需要考察和反省这个结构过程。郑德华的《清代广东宗族问题研究》[5]论述了清代广东宗族的发展，族产、宗祠及族谱的形成和内容，族户结构、族规和社会的功能。叶显恩、韦庆远的《从族谱看珠江的宗族伦理与宗族制的特点》[6]认为，珠江三角洲的宗族制与商品经济的

---

[1] 华南研究会：《学步与超越：华南研究会论文集》，文化创造出版社2004年版。
[2] 刘志伟：《宗族与沙田开发》，《中国农史》1992年第4期。
[3] 刘志伟：《祖先谱系的重构及其意义》，《中国社会经济史研究》1992年第4期。
[4] 刘志伟：《地域社会与文化的结构过程：珠江三角洲研究的历史学与人类学对话》，《历史研究》2003年第1期。
[5] 郑德华：《清代广东宗族问题研究》，《中国社会经济史研究》1991年第4期。
[6] 叶显恩、韦庆远：《从族谱看珠江的宗族伦理与宗族制的特点》，《学术研究》1997年第12期。

发展是互相适应的。

罗一星在《明清佛山经济发展与社会变迁》[1]中着重探讨佛山社区城市化过程中宗族的历史，指出明代嘉靖万历年间佛山宗族组织的重构和发展，是由于南海士大夫集团的兴起，在宋明理学指导下进行整合的，标志物是宗祠、族产、书院、家训等。至清代，随着佛山商品经济的迅速繁荣和侨寓人士大量移入，造成土著社会组织的动荡，佛山宗族组织发生了明显变化，主要表现在宗子制度的废止、族产形态的变更、价值观念的演进和宗族组织的解体上。科大卫的《明清珠江三角洲家族制度的初步研究》[2]反映了人类学与历史学结合的研究方法，通过对村庄中宗族的历史发展过程的分析，还原出明清时期不同人群对"入住权"的争夺状况，以及宗族在维系地域社会与国家之间的作用。萧凤霞《传统的循环再生：小榄菊花会的文化、历史与政治经济》[3]考察了中山小榄的菊花会，认为在珠江三角洲地区，边缘村落演变为财富和文化的"超级中心"（super-centers）是同宗族的剧烈分化和重组相联系的，虽然也存在一个市场网络，但它主要是受宗族的分化与共同体形成的过程制约的，而在这个过程中，诸如菊花会这样的活动具有重要的社会整合的意义。

（四）其他研究视角

由于人类学学科的交叉性，在研究过程中融入了许多其他学科角度，形成更开阔的视野。以下择其要简述之。

---

[1] 罗一星：《明清佛山经济发展与社会变迁》，广东人民出版社 1994 年。
[2] 科大卫：《明清珠江三角洲家族制度的初步研究》，《清史研究通讯》1988 年第 1 期。
[3] 萧凤霞：《传统的循环再生：小榄菊花会的文化、历史与政治经济》，《历史人类学学刊》2003 年第 1 期。

族群研究的视角：黄淑娉在《广东族群与区域文化研究》[1]中以大量篇幅分析了以珠江三角洲为中心的广府文化形态，对广府民系的历史源流、体质特征、文化性格、经济文化变迁以及特殊的文化现象如世仆制等都作了详细的整理与研究。周大鸣、杨小柳的《珠江流域的族群与文化略论》[2]将珠江流域作为一个有着丰富的内在文化传统的文化圈，分析了多元一体格局下珠江流域丰富的族群和文化形态以及族群关系。

社会性别的视角：阮新邦等著的《婚姻、性别与性：一个当代中国农村的考察》[3]通过对珠三角白秀村的社会调查，将近半个世纪以来中国南部农村里有关婚姻观念、两性关系、女性的自我观等方面的变迁呈现出来，指出在农村的道德控制中，传统家族主义的影响式微，而西方个人主义已对村民的两性观念产生极大影响。吴凤仪的《自梳女与不落夫家》、曹玄思的《先天道的自梳女》[4]则探讨了珠江三角洲城乡地区由农业社会向半工业社会变迁的过程出现的自梳女这种独特的女性形象，以及这种特殊女性群体的存在与顺德等地乡村社会的文化、信仰与政治之间的关系。

语言人类学视角：张振江的《普通话在广东：语言、社会、人》[5]，张振江、陆镜光的《广州话与普通话、香港话的语词接触》[6]

---

[1] 黄淑娉：《广东族群与区域文化研究》，广东高等教育出版社1999年版。
[2] 周大鸣、杨小柳：《珠江流域的族群与文化略论》，《西南民族大学学报》2007年第7期。
[3] 阮新邦等著：《婚姻、性别与性：一个当代中国农村的考察》，香港八方文化企业公司1998年版。
[4] 吴凤仪：《自梳女与不落夫家》，曹玄思：《先天道的自梳女》，出自马建钊等编：《华南婚姻制度与妇女地位》，广西民族出版社1994年版。
[5] 张振江：《普通话在广东：语言、社会、人》，《中南民族学院学报》2001年第2期。
[6] 张振江、陆镜光：《广州话与普通话、香港话的语词接触》，《广西民族大学学报》2007年第4期。

等文从不同语言的接触过程和方式入手，提供了一个进行中的语言接触的经验个案，不同词语的语义变迁和相互借用反映出了珠三角地区多元化的语言社区的特点。

区域政治视角：王春生的《珠江三角洲农村村治变迁》[1]指出珠江三角洲农村管理体制是一个有着自身特殊遗传社会基因的社会生命系统，这一地区的村治演变是村落外部历史、经济、文化社会和政治资源与村落内部资源相互作用的产物。作为村级精英的基层官员在村民自治中扮演着重要角色。

法人类学视角：廖成忠的《北亭土地》[2]通过分析一个村庄在都市化过程中卷入法律纠纷的事件，考察了乡村都市化背景下发生的典型纠纷及其解决方式，分析了民间法与国家法的文化背景，提出应在法的制定和法的实施上通过文化整合来处理冲突。谢松在《法人类学视野下的乡村都市化进程中的土地问题》[3]中，从广州市边村的个案出发探讨了国家、村集体和村民个体在土地问题上的不同利益表达，提出都市化进程中土地制度改革的迫切性。

此外，刘昭瑞从宗教人类学视角所作的"广东乡村基督教人类学调查与研究"，范涛对珠海大襟岛上村民替罪羊习俗的研究等都为我们提供了许多新鲜的研究视角，丰富了乡村研究的积淀。

在林林总总的各类珠三角乡村研究文献中，存在着两种类型的差异：一种是方法论的差异。以21世纪之交为大概界限，之前的村落研究大多为功能论指导下的全景式的民族志，力求事无巨细地

---

[1] 王春生：《珠江三角洲农村村治变迁》，广东人民出版社2004年版。
[2] 廖成忠：《北亭土地》，中山大学博士论文2006年，未刊稿。
[3] 谢松：《法人类学视野下的乡村都市化进程中的土地问题》，《西南民族大学学报》2006年第12期。

展现一个村庄的社会政治经济文化等各方面的全貌,或是受弗里德曼、施坚雅等有关早期中国乡村研究的范式指导,用当代民族志资料进行检验等。而从20世纪90年代末开始,有关民族志研究的后现代理论发挥了重大的影响作用,人类学研究者不仅考察具体的村庄,还开始考察自身在"写文化"中的伦理定位。如张少强、古学斌的《跳出原居民人类学的陷阱:次原居民人类学的立场、提纲与实践》[1],以自己在家乡进行的田野研究经历作出了所谓原居民人类学的反思,原居民的人类学家并非像想象的那样能克服作为他者的困境,相反,原居民的身份还会妨碍研究者对自己和研究对象之间的关系进行反思,使得民族志的研究可能走上歧途,因此他们用次原居民人类学的概念来标示民族志研究在知识论实践上同时存在的可能性和有限性。同时,现在的村落民族志写作上要求方法论也更为多元化,不再满足于几种经典的中国研究范式,而是在个案中引入了实践理论、解释理论、文本学等新的理论范式进行中国乡村问题的求解。

还有一种值得注意的认识论上的差异是海外学者所作的珠三角乡村研究与国内学者的研究间的不同。前者多数以传统的特定社区分析的方法来讨论国家与社会的关系变迁,后者则越来越倾向于超越乡土社会之上的都市人类学的研究。以萧凤霞的《华南的代理人与受害者》[2]为例,这是对新会环城区(环城公社)所作的民族志田野研究,她在其中梳理了环城地区从明清时期到20世纪80年代的社会文化的变迁过程,这个变迁过程大致分为三个阶段:1949年以

---

[1] 张少强、古学斌:《跳出原居民人类学的陷阱:次原居民人类学的立场、提纲与实践》,《社会学研究》2006年2期。
[2] Helen F. Siu, *Agents and Victims in South China*, Yale University Press, 1989.

前的传统社会时期，1949年到70年代末的革命时期，70年代末到80年代初的所谓后革命（postrevolution）时期；研究了社会历史变迁的三个方面：农村社会经济组织的变迁，国家和各种农村精英以及普通农民之间在权力领域内的联系的变迁，农村居民对权力与权威观念的代际差异的变迁；主要探讨的是国家权力在向地方渗透的过程中地方权力结构和权力角色的变化，国家政权与地方自治之间维持的某种微妙的平衡的实质；尝试展示毛泽东时代的革命如何影响到广东农村的社会结构。与此类似的还有华生的《香港的乡村生活：新界的政治、性别与仪式》[1]中对新界两个村庄的个案研究等。

如前面述及的大陆相关文献，本土学者的研究则大致可以归纳为两个方面的取向：一是历时性的取向研究，主要探讨乡村社会的变迁过程，不同历史时期社会的特点如何等，比如前述对乡村研究的追踪调查，大多是在原有的研究框架之内，运用社会变迁理论解释当代的新现象；一是共时性的取向研究，主要探讨乡村社会中各项制度是如何运行的，乡村社会内部的社会关系怎样互动等，更关心的是乡村社区在全球化和城市化的潮流中和超越乡村意义之上的现状、原因和策略等。还有的研究者们则比较倾向于对社区的结构—功能分析，或是通过一些过程—事件途径分析的研究，或是通过具体的社区分析进而了解其背后的社会结构。而更多数具体的实证研究是两种取向相结合的，研究者们希望通过对当代珠三角乡村社区的调查发现其中的"乡土性问题"，并通过具体个案演绎出来这个边陲的中心地区变迁的社会、历史和文化机制的法则。海外研究者与本土研究者在兴趣点上的差异可能是由于与田野中"他者"的

---

[1] Jamed L.Watson, *Village Life in Hong Kong*, The Chinese University Press, 2004.

距离不同而导致的目的意识不同的结果,前者面对的是接近人类学原型的"他者",侧重学理上的自由性,后者则承继着费孝通先生"富民"的人类学研究思路。

经过近30年的发展,对珠江三角洲乡村研究已经取得了相当多的成果,以上所述及的有关珠江三角洲的文献告诉我们,珠江三角洲作为一个相对独立的区域性研究单位乃是当代中国社会的客观存在,现有的研究者们综合了人类学、历史学、社会学、政治学、经济学、法学等各领域的学科特点,相互交叉,相互借鉴,对这一地区的研究理论和方法正朝综合方向发展。同时,由于研究者的学术背景不同,采用的理论工具和研究方法也不同,得到了旨趣各异的理论与观点,需要在自身实证研究的基础上进行判断和取舍。

三、调查点的相关研究文献

东莞位于珠江三角洲的中心地带,是全国最早加入改革大潮的地区之一。人类学研究者早在20世纪70年代开始注意到这片经历着巨大变迁的土地。如前文中所述及的波特夫妇80年代在茶山增埗村所作的调查,及其后覃德清、骆腾等人所作的追踪调查。1970年代末,詹森对东莞的温塘大队进行了调查,并在其后30多年中一直对此地进行追踪研究,如今温塘大队已经成为温塘社区,从乡村变成了城市的一部分,詹森博士仍然坚持每年到此地调查。

90年代以来,东莞作为出口外向型企业集聚地,大量的外来人口成为这个城市的鲜明特征,也使学界将目光集中在研究当地的外来打工人员群体,对于本地社会文化的研究较少。近年来,由于东莞地方社会文化的独特性也逐渐引起各界人士的注意,对于当地社会的研究也在逐渐增加。张振江、陈志伟于 2007—2008 年所作的麻涌水乡调查[1]，结合人类学与民俗学的理论和方法，对代表岭南水乡地方社会的东莞麻涌镇的历史民俗进行详细的描述与分析研究，展现了一部完整而丰富的民族志，并在此基础上分析了相关民俗的源流、动因、功能，以及民俗与地方社会的内在关系。除此之外，也有一些面向"村改居"这样一个城市化发展中的特殊变迁形态作的相关分析[2]，认为这是在社会结构、文化、生活方式和人们思维层面上的一次全方位的革命，牵涉到当地居民对新政治身份的认同与适应，对制度意义上的城市化与社会心理学意义上的城市化作了比较。

受导师指导，本人对作为社会快速变迁地区代表的东莞的研究也发端甚早，但早期一直是关注东莞外来女工群体，硕士论文亦是珠江三角洲的"打工妹"研究，以东莞为主要调查点。后来在东莞工作与生活之中，感受到当地社会文化的独特性在全球化的社会变迁潮流中的特殊意义，将研究兴趣转到地方社会文化中来。变迁始终是本人研究东莞社会的一个主题，[3]并在研究过程中逐渐将自己的研究视角定型。当代的珠三角在全球化格局中占有重要而特殊的位置，是边陲的中心，珠三角因其地理和发展历史的特殊性，形成了研究意义上的独特性。要理解这种变化，全球化的人类学为这一地区的乡村研究提供了新的研究维度。

---

[1] 张振江、陈志伟：《麻涌民族志——岭南水乡社会研究》，汕头大学出版社 2008 年版。
[2] 刘茜冰：《桑园社区"村改居"过程中的社会变迁与文化适应研究》，中山大学硕士论文，2007 年。
[3] 见拙作：《全球化的人类学：珠江三角洲乡村研究的新视野》，《学术研究》2007 年第 3 期；《"村改居"后的东莞居民生活方式转型与适应问题研究》，《东莞理工学院学报》2008 年第 2 期。

对于本书的调查点南村的研究则始于南村的古村落被东莞文化部门发现并推广，中山大学人类学系的两名硕士生于2006年在南村进行了短期调查，写作了相关的调查报告。南村村委会请来了清华大学和华南理工大学的专家为南村作了十年发展规划，清华大学楼庆西就从建筑学的角度来研究南村。[1]他视乡土建筑为乡土生活的舞台和物质环境，其中蕴含着许多乡土文化的要素，是乡土文化系统研究的基础。南村的许多祠堂和古民居就是南村传统文化的载体。其他还有一些东莞及茶山地方文人的鉴史考证之作也不乏参考价值。[2]

第四节　研究思路：认识论与方法论的问题

一、整体主义的认识论：从整体着眼，从个体着手

我们存在于具体的现象世界之中，我们所面对的世界都是我们置身其中、参与其中的世界。在这个世界中，个人不是孤立存在的个体，而是与其他社会成员共享许多共同社会文化特征的个体。列维－施特劳斯认为："社会人类学产生于以下发现：经济、技术、政治、法律、审美和宗教等社会生活的所有方面构成了一个有意义的集合体，其中任何一方面如果不是被置于其他方面当中便无法理解。因此，社会人类学的运作趋向于从整体到局部，或者至少给予整体

---

[1] 楼庆西：《中国古村落——南村社》，河北教育出版社2004年版。
[2] 杨宝霖：《南村的历史》，未刊稿。

以逻辑上优先于局部的地位。"[1] 迪尔凯姆也提出社会整体大于社会个体的总和。社会文化的整体观是人类学研究的基础认识论，本文即着眼于研究对象的社会制度、组织、群体意识、文化传统等，并将这些放入整体社会文化的框架之内去说明社会文化的变迁现象。

人类学传统上从古典进化论时代开始就习惯于用整体观的方式讨论文化问题，提供普适性的文化发展规律，到后来发展出丰富的微观社区研究理论，整体论与个体论的两种研究路径相互影响，相互参照，对宏观与微观的整合研究形成了人类学研究的一种特色。只有从整体出发才能熟悉个体，只有熟悉了个体才能掌握整体。整体不等同于个体的总和，但是任何整体又不能脱离个体。社会文化现象既应该放在宏观层次上分析，又应该将之还原为社会成员的行动、关系与环境等的组合体来理解。对文化现象的理解假如脱离开个人的主观意识活动，就容易变成先验的、神秘的东西。本研究既关注着村庄生活的整体趋向，也关注着村庄中作为行为主体的村民这些个体的变化。因此，进行这个研究的出发点即是：从整体着眼，从个体着手。

整体与个体之间也并非存在着绝对的界限，两者的界定都是相对而言的。南村相对于其村民来说是一个整体，但它相对于大量的珠江三角洲乡村聚落又是一个个体，而珠江三角洲乡村聚落也仅仅是全球性的经济文化变迁之中一个区域研究的个体而已。因此，对于整体与个体的分析要结合不同的情境、视角而发生转换，宏大叙事与微观的经验研究可以在这些转换当中得到结合。在这个研究中，作为分析对象的南村是一个整体，它也是由许多不同的个体组成的，

---

[1]〔法〕克劳德·列维-斯特劳斯著、张祖建译：《结构人类学》（第一卷），中国人民大学出版社2006年版，第379页。

但是那些与主题无关的个体行为并不是本研究所关注的，被关注的是社会成员那些寻求整体认同的行为，以及增进他们利益的行为怎样在局部整体化。

在今天，全景式的民族志不容易获得青睐，但我仍想通过一个村庄的整体性生活趋向的变化，来讨论与全球化相联结的地方文化的表达形式。"研究的含义在于通过展示这些尽管有些已经为人们所熟知的现象，在特定情形的相互关联中，新的启迪将会出自老问题，从而引发进一步的调查。"[1]

二、研究概念的界定

1. 变迁

对于变迁研究，时间是个需要首先界定的问题。不同于追踪研究中有一个可供对比的历史剖面的是，这个研究所想展现的仅是一个现实剖面，然后再从中追溯这个现实剖面得以形成的历史原因。因此，历史在这里不是一个或几个固定的时间段，而是由许多被认为是在建构当前的现实剖面中起着作用的时间片段组成，这些时间片段或者单独出现以回应某个现实问题，或者连续在一起以说明村庄在不同历史时期的不同状态，来回答村庄的历史是如何影响它的今天和明天的。

本书还将讨论的是变迁中的"变"与"不变"的问题。社会文化的发展总是动态发展的，这一点已经成为共识。"变"是常态，是

---

[1]〔美〕林德夫妇著、盛学文等译：《米德尔敦：当代美国文化研究》，商务印书馆1999年版，第14页。

主流，"不变"只是相对的不变，是相对于其他太快的变化而处于保持平衡的状态。面对转型期快速而巨大的各种变化，不变的东西反而更引人关注，理解不变的也正是观察和理解变化的一种坐标。根据奥格本提出的文化堕距理论，文化的各部分在变迁的速度上存在着时差，通常非物质的适应性文化的变迁速度要落后于物质文化的变迁，这种相对落后的变迁部分即通常被我们视之为不易改变的传统。一个社会文化中之所以有这些变迁上的差异，从客观过程来看，在物质文化发生变化的时候，这种变化信息传达到适应性文化中需要一个过程，即适应性文化反映物质文化的变迁要经历一个时间差，因而发生堕距现象。另外，也有社会集团主观选择性而导致的变迁差异，凡是对某一集团有特殊利益的文化，必然受到该集团的保护，因而使这种文化得以保存和相应延续。这也是即使置身于同样的全球性变迁当中，不同的村庄仍然会表现出各自不同的变迁路径和个性特点的重要原因。因此，"变"与"不变"共同构成了这个乡村社会变迁研究中的主题。

2. 全球化

今天试图将全球化的概念梳理清楚不是一件容易的事情，众所周知，社会科学中越是使用频率高和越是关键的概念，越不容易得到一致性的定义。因此，本书中所涉及的文化与全球化的概念都只作出限于本研究所指称的界定。

中国全球化进程始于何时，这本身也是一个值得争议的问题，如果按照《白银帝国》的作者贡德·弗兰克的观点，则中国早在16世纪就已经开始了全球化进程，且还是当时经济全球化的中心所在。但我们现在讨论的全球化显然是另一种类型，即一种全球范围内的大变迁过程。对全球化的理解，仍然要回到吉登斯的"时空伸延"定义来。全球化意味着世界范围内的社会关系的强化，彼此相距遥远的地域因拥有共享的时空而被联结起来。约翰·汤姆林森也提出全球化是一种"复杂的联结"，可见"联结"是理解全球化的关键性。不过，汤姆林森将文化视为多维全球化中的维度之一，而本书则将全球化视为理解分析地方文化变迁的维度之一。本书所讨论的正是地方文化如何通过经济、政治和其他的方式与全球性的其他类型文化联结的过程，并探讨这些联结的可能模式。这一过程开始于20世纪70年代末期，中国进入改革开放的新时期，珠江三角洲作为改革开放的前沿阵地，最早地进入这种联结的过程之中。

从另一个方面来说，人类学的对象也应被视作全球化过程的产物。尽管人类学家在一般人的印象中总是在偏远的乡村经历"孤独的田野生涯"，但进入21世纪以来，几乎再没有什么孑然独立的世外桃源了，与世界的文化联系随处可见。作为全球体系之中的地方或群体，常常在文化上表现出多元化的特点，既有同质性与异质性的二元特点，也有传统与现代共存的双重性特点。即使在人类学最传统的乡村社区研究领域，也无法回避对全球化的回应，发生在当地社区中的各类事件都可能追溯到某些时空距离之外的因素的影响。我们完全可以设定，一个乡村工业区里小小的玩具工厂中老板和工人们的生活和生产，与美国流行文化的风向是相关的。与此同时，"东莞塞车，全球缺货"的说法也告诉我们这种追溯是可逆的。在这样的条件之下，人类学对地方社会的观照必然要加入全球化的维度。在新的社会形势的发展之下，原有的传统的社会人类学的国家—社会的二元结构框架解释力度有所减弱，应该建构一个三维的研究框架，即在其中加入全球化的维度。在这里，全球化不仅仅是作为研究的背景而出现，而是作为一个研究维度而存在。吉登斯提供了全球化维度的四个方面——世界资本主义经济、民族国家体系、国际劳动分工和世界军事体系[1]——来作为现代性研究的参考，但在人类学的研究范畴中，这些宏观架构还需要与地方的具体实践相结合，才能达到解释的效果。人类学研究引入全球化的维度还有可能建构一种更具普遍性的比较框架，在全球化的平台上，珠江三角洲乡村的变迁可以与墨西哥尤卡坦的乡村城市连续统模式，或与爪哇的小城镇变迁进行跨越时空的比较。

3. 实践

在对全球化的研究中，与其他学科总是倾向于研究大范围的经济、政治或文化过程不一样的是，人类学更关注全球与地方的联结，也就是指全球过程是如何存在于特定社会的具体事实中，如何影响这些社会中人们的生命历程与历史文化积累。全球化的人类学与全球化的地方性和关联性本质有关。它不急于仅仅描述资本、人口或意识形态等因素的全球流行趋势，而是更努力地理解当特定地区的人们越来越多地卷入全球性的广泛的社会过程中时他们的生活经验、命运变化和情感体验。人类学更多地对人们的日常生活和行为实践保持持续稳定的关注，也即关注作为全球化过程主体因素的不同文化中人们的调适。

哲学领域的实践通常被理解为实践主体的行动的过程，社会成员就是实践的主体。实践是实践意识的表现形式，实践意识是主体生来具有的生存意识和后天获得的全部知识经过思维融合产生的结

---

[1] 〔英〕安东尼·吉登斯：《现代性的后果》，第58页。

果。马克思主义者认为人类的生产活动是最基本的实践活动,是决定其他一切活动的东西。[1]

全球化处于现代文化的中心地位,文化实践处于全球化的中心地位。[2] 本书中所提到的实践的概念,主要指乡村中的日常生活行为和生活方式的选择过程。布迪厄实践理论中所指向的实践内涵也正是这种日常生活中所见的实践活动,这种实践是与动机、需要和适应等机制相连的。"实践是人类自己——运用各自意识框架中设置的目标、兴趣、信念、原则和规则等——构造的行动。"[3] 用实践理论的观点来看,农民作为行动者,其实践活动的背后有其文化结构和社会因素,他们的实践受到不同场域和他们作为农村社会不同阶层位置的占有者而拥有的惯习的作用,选择的策略来源也在于此。选择的策略受制于惯习,选择的实践又可能促使惯习改变,农民个体的行为没有完全的自由,却也不是社会结构的被动产物,各种策略就是他们处于主观与客观之间的状态效果,而他们的日常实践活动就是策略的具体表达。这个定义也符合唯物主义者关于实践体现知与行的关系的观点,在这里,知可以理解为地方性知识,行则是选择策略指导下的行动过程。

4. 珠江三角洲

改革开放以来,珠江三角洲地区成为承受全球化第一波冲击的地方,财富迅速积累,人口剧增,人们的观念也发生了很大变化,

---

[1] 毛泽东:《实践论:论认识和实践的关系——知和行的关系》,《毛泽东选集》(第一卷),人民出版社1991年版,第282页。
[2] 〔英〕约翰·汤姆林森:《全球化与文化》,第1页。
[3] 张静:《身份认同研究——观念、态度、理据》,上海人民出版社2006年版,第78页。

城市化进程加快，整个社会形貌与其他的华南地区都有了较大的差别。从社会变迁的角度来看，珠三角地区在人类学的研究中已经具有作为一种较为特殊的独立的研究对象的意义。这种独立性主要表现在：一是珠三角地理形态的一致性。珠江三角洲位于广东省的南部，是西江、北江、东江下游的冲积平原，范围包括西、北江思贤滘以下的西北江三角洲和东江石龙以下的东江三角洲，流域面积26820平方公里，占珠江流域总面积的5.91%。行政区域即通常所指的"珠三角"或"小珠三角"，主要是以2009年国务院发布的《珠江三角洲地区改革发展规划纲要（2008—2020）》中提出的规划范围：以广东省的广州、深圳、珠海、佛山、江门、东莞、中山、惠州和肇庆市为主体。这一带具有一致的地貌特征、气候水文特征。二是珠三角发展历史的独特性。珠江三角洲是改革开放以来中国最早被卷入全球化浪潮中的地区，从1978年第一家外资的"三来一补"企业在虎门建立，资本主义的生产方式的引入就已标志着这一地区跻身于全球化的经济秩序之中，全球化所带来的物品、人口、资本、形象与观念的流动在这一地区日渐成为普遍的现象，珠三角的社会变迁也逐渐完成了由内发性模式向全球性的外发性模式的过渡。这个昔日的鱼米之乡，已经成为了新兴的泛都市区。[1] 乡村城市化、城中村、工业区等这些与全球化密切相关的乡村新现象如今在珠三角已经成为常态，在城市化程度高的城市郊区农村甚至还产生了村落的终结的假设。三是珠三角地域社会共同的文化特征与文化心理。一些学者已经研究证明了珠三角传统地域文化的独特性[2]，作为广府

---

[1] 周大鸣：《泛都市区与珠江三角洲都市化未来发展方向》，《广西民族学院学报》2004年第2期。
[2] 如刘志伟、萧凤霞、科大卫等对珠三角的历史人类学研究成果，前文已述。

文化的主要传承区域，古代南越文化与中原文化在这一地区交汇融合，形成了独特的文化体系。再者，自汉代以来，这一地区与海外文化的接触交流不断，近现代以来又受西方文化的强势影响，而在当代，又首当其冲地跃入全球化的洪流之中，珠三角的广府文化处处表现出悠久的历史渊源和鲜明的个性，给人以多层次、立体多元的感受。

一般来说，进行中国社会研究的学者们习惯上把研究区域划分为华北研究、华南研究、东南研究、西北西南研究等，这可能是由于中国地域广大及发展不平衡使得不同区域间的异质性较大而同质性较小，便于比较研究的做法。对珠江三角洲地区的研究以往大多是作为华南[1]研究的一部分，主要是因为在与中原文化的比较当中，把华南文化作为一个整体来表达中心与周边的格局成为一个必然。然而，我们今天看到的华南社会，这种整体性似乎已经被全球化的浪潮冲破了，全球化的那种不平衡的发展过程在华南地区照样延伸开来，珠江三角洲地区与华南的其他地区似乎也形成了某种中心与周边的格局。本书所关注的珠江三角洲乡村，即是正处于全球化这样一幅波澜壮阔的社会变迁图景中的地域社会形态。

三、分析视角

黄淑娉、龚佩华提出研究文化变迁的几种方法：一是历史复原法，二是剖面分析法，三是研究—再研究法，四是纵向研究法或称持

---

[1] 不同学者对华南的界定不同，麻国庆教授对华南作的定义为：华南主要包括广东、广西、福建、台湾、香港等地，研究重点集中在广东境内。（麻国庆：《作为方法的华南：中心与周边的转换》，《思想战线》2006年第9期）

续观察法。本研究中采用的方法基本是属于剖面分析法，即"对文化变迁的内容进行研究分析，研究两个文化接触所发生的变化"[1]。而本研究所关注的，正是以西方现代文化为主体的全球性同质文化和珠江三角洲乡村地区的地方性传统文化的接触过程和一定的接触模式。

本书想要讨论的是关于乡村变迁的问题。关于变迁，人类学的理论可以说非常丰富。对作者有启发作用的，是格尔茨的解释人类学中关于变迁的视角。珠江三角洲的乡村虽然与爪哇的郊区乡村有着很大的地域与文化差异，但也有共同的地方，即它们都处在传统向现代社会变迁的过程之中，处在地方性的传统文化与以西方发达国家文化为代表的现代性文化的接触过程之中。尤其是格尔茨关于用功能主义的方法来动态地研究变迁的分析模式给这个研究提供了一种可能性，将调查点所在社区的社会结构与文化结构分开来分析。格尔茨认为，在这样的分析框架中，文化是人类用来解释他们的经验、指导他们行动的意义结构，社会结构是行动所采用的形式，是实际存在的社会关系网络。在观察社会行动的时候，一个着眼于社会行动对于社会行动者的意义，另一个着眼于它如何促进某种社会系统的运作。[2]

基于这种视角，本书试图建立一种方法架构，即在一个小型村落社区中探索其文化结构，和处于社会现代化和全球化潮流中的社会结构特征，并结合由于历史传统与家族记忆而形成的村落居民的某些具有共性的集体意识与人格特征，以求了解这几种合力共同作用下的社区变迁与人的变迁的特点。这些社会结构与文化结构各有其组成部分，都是通过在具体领域中进行建构，并寻求其中的有机

---

[1] 黄淑娉、龚佩华：《文化人类学理论方法研究》，第230—231页。
[2] 〔美〕克利福德·吉尔兹：《文化的解释》，第167页。

联系以了解村庄的社会结构与文化结构在时代大变迁中的不同变化轨迹。但是，与格尔茨的研究不同的是，本研究中南村的社会结构与文化结构在变迁中存在的距离并不一定如爪哇的村庄那样会导致社会整合的障碍，使村庄秩序被破坏。一方面，在南村经历着全球化的自上而下的变迁中，他们不是被动的承受者，而是有着主观能动性的不同个体，村庄与村民，也酝酿和演绎着自下而上的变迁。另一方面，进入全球化进程中的村庄传统并不因为这一过程而被同化或消失，而是在全球化中经历了再地方化的过程，产生出文化自觉的意识，发展出新的乡土性。

图1-1的分析框架对于南村的整体社会结构与文化结构作了大致的区分，需要说明的是，这种分析框架的确定是一种方法论上的理想类型，目的是为了在观察社会行为和社会现象的时候，有一些

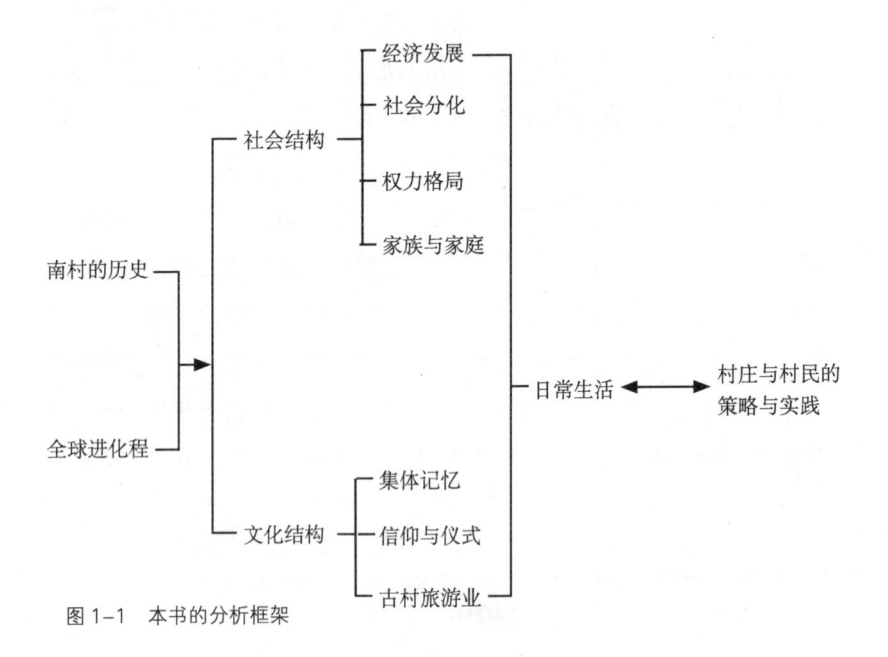

```
                    ┌─ 经济发展 ─┐
                    │           │
            ┌─ 社会结构 ─┤ 社会分化 │
            │       │           │
            │       ├─ 权力格局 ─┤
            │       │           │
南村的历史 ─┐       └─ 家族与家庭 ┤
            │                   │                  村庄与村民的
            ├──→                ├─ 日常生活 ←──→  策略与实践
全球进化程 ─┘                   │
            │       ┌─ 集体记忆 ─┤
            │       │           │
            └─ 文化结构 ─┤ 信仰与仪式 │
                    │           │
                    └─ 古村旅游业 ┘
```

图1-1 本书的分析框架

层面可以用于对社会行动者的意义进行理解，如记忆与仪式等，而另一些层面则可以用于分析它们在社会系统中的作用，如经济发展与社会分层的变化。实际上社会与文化缠绕在同样的社会现象和社会行动当中，本书力图从变迁的速度、向度和广度等对这两个层面进行梳理。

四、研究方法

1. 社区分析方法

社区分析方法是人类学的传统研究方法，马林诺斯基将社区分析与功能主义的分析方法相结合，开创了他的科学人类学的民族志时代。虽然微型社区研究的代表性和有效性问题屡屡被质疑，但作为一种了解与认识社会的切入点，研究者可以在社区中深入地观察与体验社区的日常生活，感受其中活生生的人与事，通过对大型社会中的小型社区的深入分析来获得对同类型社会状况的认识，微观建构与宏大叙事可以在具体社会的研究中建立起联系。费孝通先生谈到社区研究方法论意义时曾说过："以全盘的社会结构作为研究对象，这对象并不能是概然性的，必须是具体的社区，因为联系着各个社会制度的是人们的生活，人们的生活时空的坐落，这就是社区。每一个社区都有它的一套社会结构，各制度配合的方式。"[1]

本次研究的分析单位南村是一个作为某种类型出现的村落社区，这种类型化特点是由于它本身具有的许多共性。南村在很多方面可以被视为珠江三角洲乡村社会加入全球化进程的代表，以南村作为一

---

[1] 费孝通：《乡土中国　生育制度》，北京大学出版社1998年版，第9页。

个田野点，通过它来了解、观照珠江三角洲的乡村变迁是本书的研究起点。乡村社区民族志是人类学的研究传统之一，在这方面有着丰富的理论和方法论积淀。不过，在今天的中国社会作乡村社区的民族志与以往的研究有了很大变化。一是研究对象的变化。现在的乡村是快速都市化进程中的乡村，珠三角一带的乡村发展更是直接与全球化进程相连，这些乡村社区不再是人类学的原型意义上的乡村。二是研究框架的变化。对中国传统乡村的研究有几大重要的分析框架，如施坚雅的标准集镇、黄宗智的过密化、弗里德曼的宗族理论等，这些研究框架在许多领域确实很有解释力度，但是随着研究对象的变化，这些研究框架也必须随之调整、变化甚至创新，在旧有研究框架内解释不断变迁的中国乡村社会必然会带来不适甚至误解。三是研究视野的变化，对中国乡村的研究一直以来都被置于国家—社会的二维视野中思考，而现在对于处身全球化进程中的研究者与研究对象而言，范式的转换是值得考虑的。南村作为一个变迁中的乡村社区，为探讨全球化进程中珠江三角洲乡村变迁中的"变"与"不变"提供了较好的个案视角。

2. 主位与客位的认识："外来的本土研究者"

主位研究与客位研究是人类学田野工作中的两种研究角度，主位研究是要研究者从当地人的意识、观念等出发去理解其文化，客位研究则是要研究者依靠自身的经验、价值与知识积累去分析和解释当地文化。一般而言，人类学研究中要求做到主位研究与客位研究相结合，以使两种研究角度扬长避短，但如何结合与结合的程度也是依不同的研究对象与研究者自身的知识背景与研究历程而相异的。笔者2001年研究生毕业后来到东莞工作生活，在此地已经8年之久，与本地人结婚、生子，可以说一定程度上融入了当地社会，我平时所作研究也以关注本土社会为主，对一些本地的历史风俗、社会现象的了解比我的一些本地人朋友还要多些。但毕竟我不是在这块土地上土生土长，离充分理解珠江三角洲的乡土文化仍有距离，对于本地人来说，我始终是个外来者，而且在看待同样的社会现象时，所生发的感叹与思考也会大相径庭，尤其是作为人类学调查者的观察视角和知识背景也会进一步拉大这种距离。所以在这样的调查中我给自己定位为"外来的本土研究者"。这个定位从一方面看似乎是介于一种不上不下、不里不外的尴尬境地，但从另一方面看却是契合了格尔茨所说的研究者与调查对象所需保持的"近经验"与"远经验"并置的要求。

理解他文化的过程首先是参与的过程。但是，如何参与以及参与程度历来是一个有争议的话题。哈贝马斯强调参与的重要性和必要性，他认为理解是主体性行为，要至少有两个以上主体参与的相互协调合作，而要相互协调与合作，理解的参与者与参与者之间必须就一种表达所提出的运用要求达到意见一致，并依据共同认可的规范行事。[1]格尔茨则提出了"近经验"（Experience-near）和"远经验"（Experience-far）并置观。格尔茨指出，贴近感知经验的概念是指文化内部持有者的直接感知。他们自然地、不经意地用他们及其同侪所见、所感、所思、所想象的方式等来规范事物，他们也同样以相同的形式去理解和感知他们的同类对这些事物的界定。而遥距感知经验的概念是这种或那种类型的专家，比如说一个分析家、实验家或文化人类学家，甚或一个传教士或理论家借用上述对事物规范的

---

[1]〔德〕哈贝马斯著、洪佩郁等译：《交往行为理论》（第 1 卷），重庆出版社 1994 年版，第 151 页。

界定去从事其科学的、哲学的，或出于实践性目的的研究。[1]格尔茨倾向于认为解释者与被解释者之间应保持一段距离，理解本土人的观念，并不需要直觉的移情或以某种方式进入本土人的头脑中去，这样反而可能影响研究者的学术判断。按照马尔库斯和费彻尔对格尔茨的理解，在为一个文化描写另一个文化的过程中，近经验的本土概念应该与作者和其他读者共享的更易理解的远经验概念并列起来。[2]

在东莞当地长期的工作生活经验使笔者这个"外来的本土研究者"与当地人在语言沟通、话题交流和社会规范共享方面有许多共同之处，较好地建立起调查所需的人际关系网络，顺利地完成了资料收集工作；同时，作为受过多年专业训练的研究人员的学术性视角，又能帮助笔者从专业知识角度去理解和分析在当地人看起来再平常不过的生活内容，从中发掘出可以观照更大视野的地方性知识。

第五节 具体的工作方法

1. **参与观察法** 这是实地调查方法，也是本调查采用的主要方法。选择南村社区做田野调查研究工作，进入社区中与观察对象同吃同住，建立友好、信任的关系。通过参与他们的生活，同他们交谈，观察他们的日常习惯行为，体验他们的观念，做好共时性的现

---

[1] 〔美〕克利福德·吉尔兹著，王海龙、张家瑄译：《地方性知识——阐释人类学论文集》，中央编译出版社 2004 年版，第 72—73 页。
[2] 〔美〕乔治·E.马尔库斯、米开尔·M.J.费彻尔著，王铭铭、蓝达居译：《作为文化批评的人类学：一个人文学科的试验时代》，生活·读书·新知三联书店 1998 年版，第 54 页。

场观察记录和日记，及时写下自己的看法，尽力对他们的各方面情况有较全面、较深刻的了解和把握，对整体的氛围和每个人的具体行动细节有较清晰的理解。由于南村面积较大，人口众多，所以对村庄的基本观察主要集中在其中的两个村民小组——北二和上边，同时也结合对其他村民小组的具体观察。

2. **个案访谈法**　这是具体地深入解剖典型和个人经历的有效方法之一，具有灵活性、开放性等优势。在访谈前事先准备好访谈提纲，就自己的研究内容设计若干问题；选择有典型意义的访谈对象，找准熟悉相关情况的主要报道人，如村干部和村中一些热心的老人，与他们建立相互信任的关系；对熟悉的对象进行多次重复访谈和变换角度访谈。一般情况下或借助回忆整理，或现场笔录、录音整理和调查对象书写等方式进行。

3. **文献研究法**　南村有着悠久的历史和较丰富的文献资料，通过文献可以了解社区的历史脉络，调查点的历史和文化传统、当地人的地方性知识等是当地变迁的重要影响因素。同时南村今天的变迁又是与一系列的社会改革政策相关的，如果对这些政策没有一定的了解，就对这一变迁的社会环境与制度环境缺乏深层次的认识。因此，在研究中收集与村庄变迁有关的各类型历史与现状的文献资料，分类、整理、筛选，进行内容分析，获得超越时空限制的对地方社会文化的认识。

另外诸如个人生活史、口述史等具体方法，也在本调查中不同程度地被使用。

第二章 珠江三角洲与南村社会

第一节 珠江三角洲与东莞

珠江是西江、北江、东江等组成的水系的总称。三江之水挟带着大量泥沙,到了平原地带自由漫溢,又受海潮顶托,遂淤落沙沉,逐渐沧海桑田,形成了今天大量人口生活居住的珠江三角洲。历史上并未有过珠江三角洲这么一个行政区域,但是由于珠江水系在当地社会经济发展当中的统合作用,这一地区已经逐步形成为一个内部联系紧密的相对特殊的区域。珠江三角洲一带旧时称为粤江平原,"珠三角"的概念最早起源于20世纪90年代初。90年代后期,在"(小)珠三角"的基础上出现了"大珠三角"的概念。2003年,又提出来了"泛珠三角"的概念。至此,"珠三角"实际上涵括了"小珠三角"、"大珠三角"、"泛珠三角"三个不同层面既相互区分又紧密关联的概念。

"珠三角"最初由广州、深圳、佛山、珠海、东莞、中山6个城市及惠州、清远、肇庆3个城市的一部分组成,也就是通常所说的广东珠三角。后来,"珠三角"范围调整扩大为由珠江沿岸广州、深圳、佛山、珠海、东莞、中山、惠州、江门、肇庆9个城市组成的区域,这也就是通常所指的"珠三角"或"小珠三角"。这一跨市的地域单位面积为 4.1 万平方公里，占广东省国土面积的 23.4%，人口 4283 万人，占广东省人口的 61%。2008 年"小珠三角"GDP 总值达 29745.58 亿元（4342.843 亿美元），占全国 10%。而"大珠三角"有两个不同的概念，一指"小珠三角"和港澳，另一层面意思则专指粤港澳三地构成的区域，一般情况指前者。"大珠三角"仅占全国土地面积的 0.45%，到 2007 年底，创造了全国 23.45% 的 GDP，全国 45.96% 的进出口贸易总额，人均 GDP 为 9100 美元。[1]"泛珠三角"包括珠江流域地域相邻、经贸关系密切的福建、江西、广西、海南、湖南、四川、云南、贵州和广东 9 省区，以及香港、澳门 2 个特别行政区，简称"9＋2"。"泛珠三角"面积 200.6 万平方公里，2004 年户籍总人口 45698 万，GDP 总值 52605.7 亿元（6356 亿美元）。其中，9 省区面积占全国的 20.9%，人口占全国的 34.8%，GDP 总值占全国的 33.3%。[2]

"珠三角"概念首次由官方正式提出是 1994 年 10 月 8 日，中共广东省委在七届三次全会上提出建设珠江三角洲经济区，珠三角在政治经济文化层面的区域概念基本确立。2009 年 1 月 8 日，国务院发布《珠江三角洲地区改革发展规划纲要（2008—2020）》，纲要提出的规划范围是以广东省的广州、深圳、珠海、佛山、江门、东莞、中山、惠州和肇庆市为主体，辐射泛珠江三角洲区域，并将与港澳紧密合作的相关内容纳入规划。到 2012 年，由广州、深圳、东莞、中山等 9 个城市组成的珠江三角洲地区率先建成全面小康社会，人均地区生产总值达到 8 万元；到 2020 年，率先基本实现现代化，人均地区生产总值达到

---

[1] 于蕾、仝德、邓金杰：《从区位商视角论证构建城镇群的意义——以珠三角、大珠三角和泛珠三角区域为例》，《城市发展研究》2010 年第 1 期。
[2] 数据来源于泛珠三角合作信息网，http://www.pprd.org.cn/。

13.5万元，城镇化水平达到85%左右。[1]

珠江三角洲地区地理环境优越，人口密集，物产丰富，历史上就是我国资本主义萌芽最早的地区之一。改革开放以来，这一地区又是我国最早打开国门招商外资，跃入全球化浪潮的先锋。资本的全球流动是全球化最主要和最明显的特征。外资在珠三角地区显示出了均衡的村镇倾向，与之相一致的是以村镇为主导的快速城镇化。"在珠三角地区，外资的分布已呈现出以村镇为主的倾向。大量的外来劳动密集型的轻型产品制造业落户在村镇，加速了乡村工业化和乡村——城市转型的步伐。外资的涌入，在广大农村地区兴建外资企业，不但吸收了当地农村剩余劳动力，而且为大量来自区外、省外的迁移人口创造了就业机会，从而将村庄变成一个工业和人口的新的聚集地。同时也导致乡村工业化和村庄自然城镇化同步进行，使农村景观迅速向城市景观转变，从而形成了一种'外向型城镇化'模式。"[2]

《珠江三角洲地区改革发展规划纲要（2008—2020）》中提到："改革开放30年来，珠江三角洲地区充分发挥改革'试验田'的作用，率先在全国推行以市场为取向的改革，较早地建立起社会主义市场经济体制框架，成为全国市场化程度最高、市场体系最完备的地区；依托毗邻港澳的区位优势，抓住国际产业转移和要素重组的历史机遇，率先建立开放型经济体系，成为我国外向度最高的经济区域和对外开放的重要窗口；带动广东省由落后的农业大省转变为我国位列第一的经济大省，经济总量先后超过亚洲'四小龙'的新

---

[1] 国家发展和改革委员会：《珠江三角洲地区改革发展规划纲要（2008—2020）》，2008年12月。

[2] 桑东升：《珠江三角洲地区乡村——城市转型研究》，《城市规划汇刊》2003年第4期。

加坡、中国的香港和台湾地区，奠定了建立世界制造业基地的雄厚基础，成为推动我国经济社会发展的强大引擎；人口和经济要素高度聚集，城镇化水平快速提高，基础设施比较完备，形成了一批既富有时代气息又具岭南特色的现代化城市，成为我国三大城镇密集地区之一……"[1]

今天珠三角是广东甚至全国的经济核心区域，成为内地与港澳、海外加强经济联系的重要桥梁与纽带，区域发展更是日新月异，至今已经成为全球经济发展链条中的重要一环。不过，全球化的福利与风险并存，目前的国内外经济形势发生了深刻变化，珠江三角洲地区正处在经济结构转型和发展方式转变的关键时期，珠三角的转型升级也必然要顺应全球化的潮流，进而使之"形成粤港澳三地分工合作、优势互补、全球最具核心竞争力的大都市圈之一"。[2]这是指明了珠江三角洲未来的发展之路。

东莞在广东省，在珠江三角洲是一个很特别的城市。明末清初的广东大儒屈大均在其《广东文征·东莞诗集序》中说：

> 广东居天下之南，而东莞为广东之东，东者日之所始，其人之文明宜居天下之先，反居天下之后，盖有所以为先也。水随日者也，日之所始，则为水之所终，水之所终，则为日之所始。东莞南当大小虎门，五岭之水所归，三江之水所汇，汪洋万里，极于活焦，祝融之宫阙，浮沉其际。每当夜半潮鸡争鸣，有初日大径十余丈，从风涛涌出，光射扶胥，此广东人之所受

---

[1] 国家发展和改革委员会：《珠江三角洲地区改革发展规划纲要（2008—2020）》，2008年12月。
[2] 同上。

以文明者也，而东莞辄先得之。[1]

按屈氏的说法，东莞早期的优势不过是因为地利而能先得太阳光辉，但文明"反居天下之后"，是个相对落后的地方。时移势变，今天的东莞是全国闻名的"现代制造业之都"，"光环"无数："中国最佳魅力城市"、"中国最具经济活力城市"、"中国优秀创新型城市"、"中国优秀旅游城市"、"国家卫生城市"、"国家园林城市"、"全国绿化模范城市"、"国际花园城市"……

东莞位于广东省中南部，珠江口东岸，在珠江三角洲东南部，南距香港90多公里，北距广州50多公里，东西长70.45公里，南北宽46.8公里，全市陆地面积2465平方公里，处于穗、港、澳经济金三角的中间，地处东经113°31′至114°15′、北纬22°39′至23°09′。全市最东是清溪的银瓶嘴山，与惠州市接壤；最北是中堂大坦乡，与广州市、惠州市隔东江为邻；最西是沙田西大坦西北的狮子洋中心航线，与广州市番禺区隔海相望；最南是凤岗雁田水库，与深圳市龙岗区相连，毗邻港澳，处于广州市至香港特别行政区经济走廊中西间。

东莞市地质构造上，位于北东东向罗浮山断裂带南部边缘的北东向博罗大断裂南西部、东莞断凹盆地中。地势东南高、西北低。地貌以丘陵台地、冲积平原为主，丘陵台地占44.5%，冲积平原占43.3%，山地占6.2%。东南部多山，尤以东部为最，山体庞大，分割强烈，集中成片，起伏较大，海拔多在200—600米，坡度30°左

---

[1] 转引自黄树森：《东莞九章（现代化中的东莞现象与东莞想象）》，花城出版社2008年版，第318页。

右，银瓶嘴山主峰高898.2米，是东莞市最高山峰；中南部低山丘陵成片，为丘陵台地区；东北部接近东江河滨，陆地和河谷平原分布其中，海拔30—80米之间，坡度小，地势起伏和缓，为易于积水的埔田区；西北部是东江冲积而成的三角洲平原，是地势低平、水网纵横的围田区；西南部是濒临珠江口的江河冲积平原，地势平坦而低陷，是受潮汐影响较大的沙咸田地区。东莞控东江和广州水道出海之咽喉，有海岸线115.94公里（含内航道），海域面积15000公顷，浅海滩涂面积4500公顷，主航道岸线53公里，虎门港湾是建设深水港的良好地址。[1]

东莞历史源远流长。根据考古资料证实，新石器时代，其境内东江沿岸已有原始人群聚居。公元前20世纪的夏代，东莞属南交址。春秋战国时，东莞属"百粤地"。公元前214年，秦始皇统一中国，东莞属南海郡番禺县地。东汉顺帝时，分番禺立增城，东莞属增城。222—228年中，设立东官郡。进入晋代，废东官郡，东莞分属番禺、增城。东晋咸和六年（331），东莞立县，名为宝安。唐肃宗至德二年（757）改名为东莞，以东莞作县名由此始，相传因境内盛产水草（莞草），又位于广州之东而得名。在近代，东莞曾是民族英雄林则徐率领义勇军民抗英硝烟的地方；抗日战争及解放战争期间，为东江纵队的革命根据地之一。

新中国成立初期，东莞属东江行政区管辖。1952年，又属粤中行政区。1956年，属惠阳专区。1985年，东莞经国务院批准列为珠江三角洲经济开发区，同年9月撤县建市；1988年1月升格为地级市，是全国四个不设区的地级市之一，直属广东省辖。截至2008年

---

[1]《东莞年鉴（2008）》，第114页。

12月31日，东莞市辖4个街道（莞城、南城、万江、东城）、28个镇（石碣、石龙、茶山、石排、企石、横沥、桥头、谢岗、东坑、常平、寮步、大朗、黄江、清溪、塘厦、凤岗、长安、虎门、厚街、沙田、道滘、洪梅、麻涌、中堂、高埗、樟木头、大岭山、望牛墩）。共辖有440个村委会，156个居委会。

2007年末全市户籍人口171.26万人，全年出生人口1.75万人，出生率为10.39‰；死亡人口7418人，死亡率为4.41‰；人口自然增长率为5.98‰。年末全市常住人口694.72万人。人口城镇化率为85.2%。[1]

改革开放前，与全国绝大多数地区一样，东莞是一个农业人口占90%左右的县级市。改革开放以来，在邓小平同志建设有中国特色社会主义理论指引下，东莞经济持续、快速发展。东莞已成为全国经济发展较快的地区之一，是广东省首批农村小康达标市。2007年底，全市地区生产总值达3151亿元，是1978年的120倍，按常住人口计算，人均地区生产总值46014元，是1978年的82倍；财政收入538亿元，是1978年的440倍；进出口总额1011亿美元，其中出口额602亿美元；城镇居民人均可支配收入26983元，农村居民人均纯收入11514元，分别是1978年的84倍和76倍。今日的东莞，经济总量已跃居全国城市第十二位，地级城市第一位。

20世纪90年代以来，东莞以其经济腾飞之态吸引了全国的目光，日渐成为一个备受关注和充满争议的城市，它以其外向型经济发展的突出性与典型性成为了快速发展起来的珠三角城市群的一个

---

[1] 本小节数据资料如无特殊说明，来源均为《东莞年鉴（2008）》。

代表。东莞经济起飞依靠的最主要的力量是港台资本的"三来一补"企业，早在1978年8月，东莞虎门镇就尝试引进外资，在全国兴办了第一家出口加工企业——太平手袋厂。有学者将东莞这30年来的飞速发展的原因总结为"天时，地利，人和"[1]：80年代以来，随着亚洲经济发达地区的产业升级，大量劳动密集型产业资金瞄准了中国这个巨大的市场，东莞位于广深走廊的黄金通道上（地利），又有大量的侨胞基础（人和），在国家开放政策的引导下（天时），东莞吸收了大量外资，创造了外向出口加工型经济的高速发展，在引进外资和大力发展三来一补企业的基础上实现了经济的腾飞，并逐步发展合资、合作企业和外商独资企业，经济总量规模不断扩大。东莞的制造业实力雄厚，产业体系齐全，是全球最大的制造业基地之一，制造业总产值占规模以上工业总产值的90%以上，形成以电子信息、电气机械、纺织服装、家具、玩具、造纸及纸制品业、食品饮料、化工八大产业为支柱的现代化工业体系。拥有全球500强企业45家，境外上市公司800多家，成为一个以现代制造业聚集地而闻名的城市。

东莞经济发展的特点还在于它的庞大的农村集体经济。在东莞农村集中着超过一半的人口和工业企业。到2007年底，全市农村集体总资产已达1089亿元，占全省同级资产的1/3强；年经营收入140亿元，约占全市公共可支配财力的1/3。村均净资产1.47亿元，均纯收入1463万元。2007年，全市农村居民人均纯收入11514元，

---

[1] Bettina Gransow, *Global Forces and Working Girls: New Socioscapes in the Pearl River Delta*, Prepared for the Workshop "Anomic Strutures of Social Change in the PR China. Migrants and Migrant Communities in Chinese Metropolises", 2000.

其中来自集体的收入 6934 元，占 60%。[1] 集体经济已成为东莞农民收入的主要来源。

东莞近 30 年的发展走的是一条农村包围城市的道路，许多农村地区在全球化推动的工业进村的过程中日渐富裕，村办工业区中林立着大大小小的企业和商铺，其中不乏世界五百强企业的身影，东莞农村的发展已经与世界经济的发展紧密相连，成为全球产业链中的一部分。

第二节　茶山镇概况

茶山坐落在东江支流寒溪河畔，是东莞的 32 个镇区之一，属埔田片区[2]，位于东莞市的东北部，距市区 10 公里，北纬 23.4°，东经 113.5°，镇区面积为 46.25 平方公里，西与东城区接壤，南与寮步镇交界，东面与石排镇相邻，西北与石龙、石碣镇隔江相望。这里地形以丘陵地带为主，地势平缓，东江的支流寒溪河横穿境内，自东南向西北汇入黄沙河而流入东江。下辖 16 个行政村和 1 个居民委员会，分别是：上元、横江、下朗、增埗、茶山、卢边、寒溪水、南村、塘角、博头、冲美、粟边、孙屋、超朗、京山、刘黄和茶山圩居委会，自然村为 45 个。至 2008 年底，全镇常住人口为 13.7 万

---

[1] 中国特色发展之路课题赴广东省东莞市调研组：《改革开放 30 年系列调研报告：东莞奇迹是如何创造的》，《人民日报》2008 年 11 月 13 日。
[2] 为便于分区域管理，东莞全市各镇按大致的地形地貌特征分为六个片区，分别是：城镇片、沿海片、水乡片、丘陵片、山区片、埔田片，埔田片包括常平镇、桥头镇、横沥镇、东坑镇、企石镇、茶山镇、石排镇。埔：水乡平原。

人，其中本地户籍人口 4.4 万人。

茶山于南北朝梁武帝时已有村落，僧人建雁塔寺于铁炉岭，沿山种茶，茶山之名由此始。茶山属广府文化区，古时称茶园，原为"蛋雨蛮烟瘴疠乡"，自明代以后日益繁荣，明清两代在此驻有京山巡检司。茶山民间有"茶山不认东"的说法，意思是茶山之经济文化各方面不逊色于东莞城。茶山是历史上北人南迁时的聚集地之一，旧时有"茶园十八姓"之说，即指南迁而来的十八个大的家族姓氏，其各聚族而居，民间流传的歌谣唱到："来到茶山不见茶，只见陶洪柳陆家。袁林卫叶初抽蕊，欧濮岑彭未发芽。"描述的正是当年各大家族姓氏势力分布的情形。历史上传承下来的许多地名是以某姓氏命名的，如谢家、何屋巷、卫屋等，不过新中国成立后在破除封建宗族势力的各种运动中许多地名被爱国路、红卫坊、解放坊等极具革命色彩的名称所取代。

元代前，茶山隶属文顺乡，属京山司管辖，未立寨。明朝天顺五年（1461），茶山立寨。明清时期，茶山隶属文顺乡，归京山司管辖。民国二十年（1931），广东省省长陈济棠，下令以县为单位，推行地方自治。当时东莞县分为 11 个区，茶山属第 6 区，下辖 6 个乡。民国二十七年（1938），茶山属半沦陷区。当时日伪办公地点设在京山的帝相庙（大帝庙），日伪乡一级的政权机构称"维持会"，首要人物称"维持会长"。民国三十四年（1945）9 月，日寇投降，全县将 11 个区裁并为 6 个区，茶山属第 2 区（石龙）所辖，为茶山乡。新中国成立后，茶山属第 5 区，茶山乡管辖 29 个村，1953 年，茶山转属第 2 区。1954 年 6 月，第 2 区茶山改为乡级镇。1957 年 12 月，成立大乡，废除区制和乡级镇制。1958 年 10 月，成立石龙人民公社，茶山属其管辖。1959 年 6 月，从石龙公社划出茶山，另行单独成立茶山人民公社。1968年，茶山人民公社在"文革"期间，改称为茶山人民公社革命委员会。1981年7月，茶山人民公社改名为茶山区公所。1987年，茶山区公所改名为茶山镇人民政府，辖原有各乡[1]，原茶山镇委会改为茶山居民委员会，各乡乡名改为管理区。[2]1999年，各管理区改为村民委员会，形成全镇下辖16个村民委员会和一个居民委员会的区划格局，沿用至今天。

茶山传统上是典型的农耕地区，鱼塘棋布，村舍密连，整个镇区地势低洼，绝大部分耕地为埔田，粮食作物主要有水稻，经济作物主要有甘蔗、花生。当地盛产荔枝、龙眼、柑橘等水果，也是莞香的重要产地之一。建国前的茶山，由于旱涝灾害严重，农耕技术落后，土地产量低下，年亩产水稻不足400斤。大量土地被地方豪强控制，普通农民生活困苦，食不果腹。如茶山的增埗村就有这样的歌谣"增埗佬，增埗佬，唔系食泥就食草"。建国后，在经历了土地改革、农业合作化等土地制度的变换过程之后，农业生产与旧社会相比，得到了较大的发展。1958—1959年，在三面红旗的指引下掀起了大办农业的高潮。全民办农业，大搞示范田。在集中力量好办事的年代，茶山大兴水利，修筑了茶山大围、卢增大围、京西鳌大围、南畲朗排灌工程等，围湖造田新增良田5000亩，根除了内涝水患，变单造田为双造田的有1.2万亩。

建国前茶山的工业十分薄弱，只有土砖瓦窑、壳灰窑、土榨油厂、土糖寮，及制竹、木、铁手工业作坊和一间土布厂，均是劳力手工操作，机械化的仅有一间"大兴"米厂，内有一台碾米机而

---

[1] 唯有西湖乡归还石龙镇管辖。

[2] 东莞市茶山镇志编写组：《茶山镇志》（上册），1988年，刻印稿，第92—98页，除特殊说明外，有关沿革区划的变迁和20世纪90年代以前的数据资料都引用于此。

已。新中国成立后的茶山工业发展也比较缓慢，主要力量集中在农业上。在农业合作化时期，手工业也同时开展合作化，分行业成立手工业合作社，并转为国营。1959—1978年期间，逐渐有了一些镇办企业，如水泥厂、化工厂、软木厂等。到20世纪70年代末期，原来的政策逐渐松绑，与港澳等地的联系增加，工业和商贸开始有所发展。

茶山镇曾有过辉煌的历史。20世纪70年代，茶山镇大兴水利，战胜了困扰茶山人民多年的洪涝灾害，成绩显著，被评为全省标兵，享有"东江骏马"的美誉，"茶山公社好榜样"的歌谣曾经响彻南粤大地。十一届三中全会以后，改革开放的政策迅速带来了茶山经济的蓬勃发展。1979年，茶山第一家"三来一补"企业茶山服装玩具厂在原来的镇办机缝社的基础上成立，为港商加工"公仔衫"，逐渐发展壮大，1987年时年总产值达到1787万元，利润143万元，上缴利税80万元。这在当时被树为外向型企业发展的典型，分别被《人民日报》（1986年3月5日）、《南方日报》（1988年2月28日）、《广州日报》（1988年2月14日）报道。茶山在80年代的工商业发展引人注目，1985年，茶山被评为"珠江三角洲工业卫星镇"。

1978年改革开放至90年代中期，茶山镇以"三来一补"为切入点发展外向型经济，同时大力发展商品农业，初步实现了由以传统农业为主的封闭型经济向以现代工业为主的开放型经济转变的历史性跨越。全镇办起了集体、外资、民营企业数百家，形成了玩具、制衣、电子、五金、食品等30多个行业。茶山生产的玩具曾在海内外享有良好声誉。茶山的工业生产一直处在全市中上游水平。

改革开放以后，农业经济的主导地位逐渐让位于外向型工业经济,"三来一补"企业大量发展,工业区遍地开花,许多农业用地转变用途用于建厂房、商业区、出租屋等。茶山镇的整个经济结构已经基本非农化,2008年,茶山的生产总值为57.82亿元,其中第一产业所占比例是0.8%,而第二产业与第三产业所占比例则分别是60.6%和38.6%。

20世纪90年代以来,茶山的社会经济发展与东莞的其他镇区相比相对处于较迟缓的状态,在长安、大朗等特色产业镇崛起之际,茶山因为定位不清和交通不便等区位劣势,发展势头受阻,其综合实力在东莞各镇区中一直徘徊在中下水平。90年代中后期,由于受市场制约和经营管理不善等因素影响,镇办企业严重滑坡,镇本级经济陷入了困境,全镇经济社会发展相对滞后,被列为全市11个欠发达镇之一。

历经70年代末期至90年代中期的起步阶段、90年代中后期的徘徊阶段,进入21世纪以来,茶山开始了总量扩张、结构优化、质量效益同步的提升阶段,茶山也从30年前一个香飘四季的农业镇,跻身全国综合实力千强镇。2008年全镇生产总值比上年增长21.6%;人均生产总值为37560元;进出口总值8.13亿美元;镇本级可支配财政收入36547万元;农村两级集体经营纯收入17317万元;全镇农民人均收入11185元;城乡居民储蓄存款余额49.5亿元。近年,还先后获得中国食品名镇、省教育强镇、省卫生先进镇、省卫生镇、市文明镇街先进单位、市文化建设达标镇等荣誉称号。[1]

---

[1] 本小节2008年的数据资料来源为中共东莞市委办公室编印:《东莞市情手册》(2009)。

第三节 南村的历史与现状

一、社区基本状况

南村位于东莞市茶山镇北部近郊区，东经113.53°，北纬23.4°，距东莞市区约18公里，距茶山镇区约4公里，面积6.9平方公里，是一个行政村，也是自然村，下辖东坊、南坊、西坊、北一、北二、上巷、上边7个村民小组。南村是茶山镇的中心村，东临超塱村，南靠上元村，西面为塘角村，北与石排镇接壤，广九铁路自西向东横穿南村，东部快速干线也经由南村的西北部。至2006年年底，全村户籍人口为3463人，其中农业人口为3453人，非农业人口10人，男性1741人，女性1722人，总户数为1059户，其中农业户1053户，非农业户3户。登记在册的外来暂住人口为9800人，据村工业办人员估计，实际外来人口为2万左右。

南村地势平缓，属丘陵地带，东西蜿蜒伸展，西南地势较高，东北面较低洼，濒临南畬朗。历史上的南村周围水路通畅，村旁边的南畬朗水产丰富，东江水支流由石排顺流而下，流经南村，在广九铁路未建之前，南村的农副产品等都靠这条水路运输出东江，到达石龙、惠州、广州等地。清朝初年，东江流域兴修水利，在东江支流的上游先后修筑了福隆堤坝、龙湖堤坝和涵头堤坝等，改变了河流的流向，东江水不再流经南村。南村村民随即在自己的南畬朗范围内筑起一条长约3公里的石榴堤坝，围起了近3000亩的南畬朗，春夏季蓄水养鱼，秋冬季放水插秧。1912年广九铁路通车后，在茶山境内设有茶山、南村两站，从此铁路成为主要交通工具，直通广州、香港等地。

现在的南村虽然没有主要水系经过，但村前村后都有鱼塘分布。现在的村分新村和老村两个部分，老村即是作为景观村落的明清古村落景区，以明末崇祯年间建起的围墙为界，村庄基本呈合掌对称，略呈不规则的四边形，其东西宽约320米，南北长约300米，占地约9.6万平方米。在这块近似方形的土地上，东西方向居中有一条长条形水塘，它们被3座桥分隔成从西向东的西门塘、百岁塘、祠堂塘与肚蔗塘4个小水塘。以这一长串水塘为中心，其南北方向的地势略呈上升之势，到村的东南有一高地名樟岗岭，海拔27.4米，村之北有马头山，海拔25.1米。村中建筑集中沿水塘的两岸，向南北两个方向布置。[1]大多数祠堂围着村中央的水塘而建，祠堂后面是密集的民居，由许多纵横连通的小巷隔开。古村内的旧民居现在只有少数老人居住，少量租给外来打工或经商的人住，大部分民居都空置起来了。

新村是指古村之外的其他区域，土地原来可分为两部分：种植用地与居住用地。20世纪50年代以来的大修水利工程使南村的耕地面积大大增加，80年代以前，大部分村民住在古村的民居内，其他土地基本都是种水稻的农用地与鱼塘。80年代开始建厂办工业以后，耕地逐渐减少，有的推作鱼塘给私人承包，有的建成工业区，有的被改为宅基地分给村民，这时大量村民在古村外建新楼，搬新居，大部分村民都搬出了古村。新的民居基本上围绕老村而建，大致按7个村民小组划分为不同的宅基地范围，但由于近年来宅基地的获得不再是分配，而是投标，因此有些村民投标所得的宅基地并不在自己所属的村民小组的地域附近，北二小组的村民也有住在上边一带的。

村中的基础建设发展较好，道路便利通畅，村中的公共活动场

---

[1] 楼庆西：《中国古村落——南社村》，第12页。

所主要分为民用和商用两大类。民用的如南村公园，古村中的谢氏大宗祠，村里的老年活动中心，各村民小组的办公楼（村民都称之为饭堂，除用于村小组干部开会办公场所外，常用于本小组村民摆酒请客）经常有妇女在此打牌聊天，村中几处大榕树下也多为老人活动的地方。古村西门入口处附近有20世纪90年代建的影剧院，早期放映电影和上演粤剧，现在早已不再放映电影了，主要用于召开全村大会，每三年一次的村委会选举也是在此举行，平时则主要是提供给村中的粤剧社团晚上演练曲目。商用的公共场所如南村游泳池，承包给了私人，向公众收费开放，不仅南村本地人，还有外来工和茶山镇上的人也都来此游泳，夏天生意很好。

村委会设在古村西边，是古村与新村的过渡地带，也是整个村庄的中心地带，与村委会大楼隔着一条马路的是一座长300余米的高架桥，桥下广九铁路的四条钢轨向东西两边延伸，沿途电杆林立。村委会附近有南村天天幼儿园和东莞市一级小学南村小学。南村内有三大工业区：金山工业区是最早设立的工业区，位于南村南面（铁路以南）紧靠茶山镇工业园，面积100万平方米，大多数企业集中在这里。红棉工业区位于南村西面（铁路以北），面积35万平方米，紧靠广九铁路茶山火车货运站，有物流优势。万富岭民营股份制工业区位于南村南面的万富岭，面积达10万平方米。此外还有商业中心区，位于南村西南面，紧靠茶南路、金山路，面积15万平方米，内有众多商店、市场与娱乐场所等重要的设施，商业区的主干道两边开满各类店铺，主要服务对象是在工厂中打工的外来人员。村里还有三个农贸市场，两个在工业区内，一个在古村的西门楼外，前者买卖双方都以外地人为主，后者买卖双方都以本地人为主。

南村面积较大，土地资源丰富，在20世纪70年代，全村原有1

万亩左右的土地，80年代以来搞工业开发等消耗了1000多亩，大部分土地还留存为农用地，村内还保留着目前东莞市内较大的永久性基本农田保护区，面积有2000亩左右，主要是粮食、蔬菜、塘鱼、牲畜、果林等生产基地。其他土地主要是用于村内的道路等基础设施建设，或者建设厂房出租，以及划拨投标宅基地用于村民自建房等。2005年以来，东莞市建设东部快速干线和东部生态园等项目陆续从南村征走不少土地，至2006年年底，村中还有水田面积2700亩，旱地2710亩，鱼塘面积450亩，果园面积320亩，林业面积30亩。[1]

二、南村的建制沿革[2]

南村从宋末立村，一开始是杂姓村，席、陈、黄、谢等姓杂居，都是为避乱从北方迁入定居，他们开荒种地，逐渐形成一个固定的农耕聚落。明朝时，南村已经发展成一个大村，并且其中的谢姓一宗独大，始祖为原会稽（今浙江省绍兴市）人，后任南雄官职，动乱年代由南雄迁徙至茶山南村现址。明末，南村在行政区划中属于东莞县所划定的坊都街巷中之第三都，属京山司管辖。

传统上南村的最高权力者便是村长，而村长一般都由谢姓的族长担任，形式上由村民推举产生，都是族中的德高望重者。民国二十年（1931），广东省实行以县为单位的地方自治，将茶山分为6个乡，其中南村属于智和乡管辖，乡镇以下有里长、邻长，每邻为一牌（邻长即牌长），每里为一甲（里长即甲长），每乡为一保，乡长为保长。以

---

[1] 本节所用数据资料由南村村委会档案室提供。
[2] 建制沿革由村委会提供资料结合村中老人访谈资料整理而成。

10户为1甲，10甲为1保，设保长1人，甲长1人，副保长、副甲长1—2人。保、甲长名义上是由政府任命的，负责治保税收等职，但实际上当时的乡村中真正控制着村中实权的还是族长。南村联保当时共有4保，分别是30保、31保、32保和33保，联保主任亦是谢氏族人。

1949年新中国成立后茶山成立茶山乡人民政府，南村归属茶山乡管理。1950年后，乡中又划分小乡，南村和旁边的塘角村合并成为一个小乡，称为南塘乡，不久后又分开，分别成立南村乡和塘角乡两个小乡。小乡最初设乡长、副乡长等职，后来改设农民协会，农会主席代替了乡长的职权，进驻土改工作队后，南村的权力全部由土改工作队掌握。土改期间，原来势力较大的宗族房支因掌握较多的土地和村产资源，这时往往被作为五类分子挨揪斗，因为南村的耕地比较多，这时候揪出的地主也比周围村子多。原来以宗族为主的乡村统治力量现在基本上被革命力量击退了。1953—1957年间，南村成立了7个农业生产初级合作社，即是现在的7个村民小组的基础，在1957年时合并为一个高级农业合作社。1958年，茶山人民公社成立，其下所辖的各高级合作社改称为生产大队管理委员会，随后，各村组织实行军事化，公社称为兵团，其余也按军事编制，下设营、连、排单位，南村被编为南村营。1959年，南村营部改为南村生产大队，下设7个生产小队。1966—1976年间，南村大队的干部都由公社革委会直接任命，生产实行计划领导、工分制。

1983年，东莞撤社改区，茶山人民公社改为茶山区公所。1984年，南村大队改为南村乡，除乡领导外，下设民政员、治保主任、民兵营长、妇联、共青团等部门，建乡一级人民代表大会，选举产生正、副乡长。1987年，茶山改镇，南村乡改为南村管理区。1999年，南村管理区改为南村村民委员会，设主任1人，副主任1人，委员3人。当年实行等额选举产生了第一届村委会成员，村委委员共5人，除有一卫姓人之外，其余都为谢氏，每个村干部都有具体分工。村主任分管财经、城建、城监、国土、开发；副主任分管治保、调解、水电；一女性委员分管妇联、计生、调解、民政；其他两个委员分管农业生产、青年民兵、宣传、开发和外经、环保、安全、侨联、文教。2002年换届选举产生了第二届村委会，2005年换届选举产生了第三届村委会，2008年换届选举产生第四届村委会，本届村委会成员都为谢姓。

整个茶山包括南村，在新中国成立前基本没有中国共产党的组织与机构，新中国成立后，随着新政权的向下延伸，各类运动的开展，党组织机构也逐渐从无到有，迅速地发展起来。茶山地区从1953年开始建立党支部，南村党支部于1956年成立，至2007年成立新一届支部委员之前，期间共经历了6任书记。1956至1986年，办公地点设在谢氏大宗祠，1987年后，南村办公大楼建成投入使用，办公机构和党支部机构都搬入其中，使用至今。2000年，南村党支部共有党员65人，正式党员61人，差额换届选举产生了新一届的党支部委员共9人，其中书记1人，副书记3人，后改为书记和副书记各1人，这一架构就一直沿用下来。

南村从明朝起就是单一姓氏的自然村，新中国成立后的行政区划也一直是行政村与自然村合一，是目前茶山仅有的两个行政村与自然村合一的村子。[1]

---

[1] 行政村与自然村重合的另一个例子是寒溪水村，但寒溪水村原来是属于卢边行政村里的一个自然村，20世纪70年代以后才从里面分出来成为单独的行政村。

第四节 区域关系：村—镇—市—珠三角

一、村与村的差别

村庄一直是中国社会的基层组织单位。在传统社会，它是村民自组织的基础，是国家征收地方赋税的单位。在岭南乡村社会，村庄往往是一个或几个大姓聚族而居的区域，村与村的关系也就直接是不同宗族间的关系。近代以来的乡村社会的发展趋势是乡村社区的行政化程度不断提高，国家权力对地方社会的渗透和介入日益增强，这一趋势在改革开放前达到顶峰，最突出的表现就是对农业生产的计划性控制。而在20世纪70年代末以后，随着国家政策思路的调整，国家和地方政府与村庄基层的关系发生了很大的变化。

农村地区实行家庭承包责任制，农民获得了一定的经济自主权，随后国家宪法正式认定村民委员会作为我国农村基层群众性自治组织的合法地位，村庄开始实行基层政权组织自治，国家权力从乡村中往回收缩，村民的政治自主权得到了一定的体现。20多年来，村民自治已经常规化、制度化，村庄的自治权也进一步巩固，这使得每个村庄可以根据自身的特点和独特的资源追求更好更快的发展，从而呈现出多元化的村庄发展状况。与传统乡村不同的是，由于外来加工业直接进入村庄，村不再只是一个个家族的聚居地和依靠土地生产和谋生的单位，而是一种新的非农经济力量，一种非农经济结构。[1] 由于每个村庄村情各异，在村庄历史、权威体系、人际关系、人口、区位、自然资源和社会资源等各方面不尽相同，造成了村庄的分化，因此我

---

[1] 折晓叶：《村庄的再造——一个"超级村庄"的社会变迁》，第342页。

们今天看到的各个村庄之间的多样性差异也十分惊人。

20世纪80年代以来，外向型经济与茶山各村的接触差不多在同时发生，但其后所带来的村庄发展却使各个村的差距越来越大。经历了90年代比较低迷的时期，目前的南村在茶山镇属于发展较好的村庄之一，在经济指标上的反映，南村的工业总产值和资产总额等都位居全镇之首（见表2-1），在全镇16个村中有11个村的工业总产值超亿元，最高的南村比最低的冲美村在工业总产值上高出百余倍。但是大多数村民将南村的综合实力划为中等或中上等，认为上元村、增埗村等要强过南村，主要是体现在人均纯收入上，南村确实偏低。由于珠三角农村经济的特殊性，人均收入与当地的工业总产值高低联系并不紧密。因为农村集体经济的收入主要依靠物业出租和土地转让所得，而与通常所说的企业产值没有必然联系，另外，有些集体经济较差的村子，村民自己经商办厂的多，其人均收入也高。这些人均收入有时还受意外影响较大，如南村由于被政府征地而得到征地补偿款2亿元左右，在2006年按每人1万元的标准进行集体分红，这一年的人均收入指标就显著增高了。

村庄之间的差别还体现在社区发展水平上，村庄的村政设施和公益福利事业的发展也有较大的不同，一般来说，这与村庄集体经济水平的高低成正比。南村的社区发展优势比较明显，村庄早在2001年就提出了十五年规划目标，当时的茶山镇都还没有进行规划，南村是东莞最早进行村庄发展规划的村子之一。由于集体经济较雄厚，南村在教育、医疗、社会保障等方面都做得比较好，再加上古村作为全国重点文物保护单位的资源和古村旅游业的开发优势，村里的道路、公园等基础建设都有一定的水准。而在一些经济较差的村庄，村容村貌就逊色不少，村民福利和社会保障更是缺少投入。

表 2-1 2007 年的茶山各村指标

村(居)委会	土地面积(平方公里)	总人口数(人)	户籍人口	外来暂住人口	全部企业及个体户数(个)	工业企业	规模以上工业总产值(当年价,万元)	当年可支配财政收入(万元)	资产总额(万元)	农村人均纯收入(元)
上元村	4.5	9141	3141	6000	136	136	58060	466	3117	10825
茶山村	1.3	1733	1733		71	45	33344	692	12358	12435
下朗村	1.0	2896	1375	1521	68	29	1729	1108	8698	10204
横江村	3.7	14528	2995	11533	65	59	130450	1148	10208	9409
卢边村	3.3	4838	2678	2160	70	70	809	1536	8719	9782
寒溪水村	1.3	6934	934	6000	43	41	33840	646	3158	9807
增埗村	6.0	15965	6910	9055	321	178	43676	1329	11549	10999
南村	6.9	17288	3488	13800	146	98	132009	2410	25377	9692
塘角村	4.7	3789	2854	935	138	135	23800	1341	9864	10778
京山村	3.5	7742	2342	5400	320	38	12568	1772	13215	12375
博头村	1.2	3179	629	2550	44	15	14618	707	3375	8887
冲美村	0.8	3191	724	2467	42		1049	775	6040	9873
粟边村	3.2	5713	1975	3738	53	37	2489	1036	7614	8349
刘黄村	0.8	5974	989	4985	235	58	36689	938	6147	8985
孙屋村	0.6	2025	705	1320	45	23	8150	262	2291	8999
超朗村	8.2	2907	2907		62	62	22191	770	17986	11410

说明：根据《东莞统计年鉴 2008》中各村(居)委会指标整理而成。

珠三角这些走上了乡村城市化道路的村庄，可以被看做其内的所有村民共享公共资产的新的非农经济结构。正是因为在经济发展水平上的不同，带来了村庄之间的分化，带来了巨大的差别。人们把村庄之间的关系更多的看成了经济竞争的关系，村与村之间竞相拓展资源，争取更多的大企业进驻村里的工业区，争相通过各种途径使资产增值。而作为参与市场竞争的实体的村庄，在竞争过程当中，不平衡的分化可能进一步加深了。

二、村—镇—市的关系

在传统的地方行政体系中，村庄是处在市—镇—村这一行政层级的末端，不过，随着珠三角农村飞速的发展，村庄实力的增强使他们原来的边缘位置也发生了变化，市—镇—村的行政格局有所弱化。在有些地方，如折晓叶研究的"超级大村"，已经能够取代上级镇的某些作用，成为新的地方中心。

南村的综合实力在东莞的400多个行政村当中来说属于中等，但因为它拥有国家级的文化资源而使它的对外联系超越了原有的地方行政格局。南村村支书是省人大代表，经常去参加省市级的人大会议和活动，村委会有时要接待来自市里、省里甚至国家的各级部门与领导，为争取镇、市的古村保护维修资金也要与市镇的各种单位打交道。南村的关系网络比较广，它与茶山镇政府的关系只是它的外部社会关系网的一部分。

茶山镇在东莞的32个镇街中综合实力属于中下等，是经济欠发达镇。东莞的各个镇区之间也存在很明显的差别，虽然都是由招商引资的外向型经济起家，但是发展路径的不同也带来了不同的后果。一般来说，在20世纪80年代中后期，由于全国大力铺开的小城镇发展战略的作用，一些镇将大量资金用于镇办企业的建设和发展，而因为镇办企业的亏损，有些镇就在90年代开始陷入经济困境，导致发展动力不足。地方政府通过规划，将各镇区相互间的中心—边缘的格局很清晰地设置开来。除市区的四个街道办事处外，东莞的中心镇共有8个，8个中心镇的选择一方面是考虑经济实力，另外也综合考虑了经济、地理位置、人口等各方面的因素。其中，虎门、长安人口规模为50万—100万，常平、塘厦、大朗人口规模为20万—50万，石龙、樟木头人口规模为10万—20万，麻涌人口规模为10万以下。这些中心镇各自成为东莞不同片区的发展中心，从用地规模、规划建设等方面都得到上一级政府的政策倾斜，在实施中则是引导产业和人口向中心城镇集中，充分发挥中心城镇的集聚和辐射作用，形成"以中心城区为纽带，连接东西两翼产业带和城镇发展轴，一中心多支点"的城镇布局结构。

东莞的行政架构十分特殊，与国内的其他地级市的市—县（区）—乡（镇）的三级结构不一样的是，东莞现行的是市—镇的两级行政结构，全国只有中山等少数几个城市与之相同。1988年东莞升格为地级市时，以原隶属于惠阳地区的东莞县的行政区域为东莞市的行政区域，市直接管辖下属32个镇街。没有设置县级架构，一方面是由于东莞的面积很小，设县有难度，更重要的原因是当时的东莞领导坚持保留市直管镇的模式，少了一级行政机构，节省了行政成本，提高了办事效率，镇的自主权更大，能够灵活地根据各镇的特点横向扩大经济分工。这也是形成今天东莞各镇区产业集群化形态各异，促进东莞农村城市化迅速发展的重要因素之一。

不过，经过近年来的发展，东莞的许多镇城市化程度非常高，从人口规模、GDP 和税收等经济指标来看已经达到内地一些中小城市的水平，但因为行政级别低，其财政、规划和社会管理等权限还停留在镇一级的范围内，而实际上，镇一级的领导可以控制的各类资源和资产都十分可观。国务院颁布的《珠江三角洲发展纲要》中提到"按照强镇扩权的原则，对具备一定人口规模和经济实力的中心镇赋予部分县级经济社会管理权限"，东莞也从 2009 年 10 月开始对石龙和塘厦两镇实行强镇扩权，在保留镇的行政地位的同时逐步配备县级管理职能。

三、珠三角区域关系

东莞作为出口导向的外源经济城市的代表，作为乡村城市化高速发展的代表，正是珠江三角洲地区在改革开放以后投入全球化怀抱的过程中发展起来的各城市的典型样本。这些城市在加入经济全球化的过程中，彼此之间在资本、人力资源、信息、物流等方面的流动与配置增加了联系与合作，逐渐共同形成了一个影响巨大的区域经济体。

经济区域化是当前经济全球化的趋势之一，珠三角的概念的产生与深化也正是这一地区加入全球化浪潮以来的结果。珠三角九市的发展路径基本也都是靠外向型经济的启动而迅速起飞，成为我国国民经济中的重要组成部分，由于此一区域的经济总量巨大，域内各县市之间的合作与竞争状态也一直是受到从国家到地方都密切关注的对象。目前的珠三角在区域内部已经形成了三个经济圈，包括珠江西岸经济圈、深莞惠经济圈、广佛肇经济圈，这些城市群之间既有合作又有竞争。面对 2008 年以来的全球经济危机，珠三角各城市的区域整合的重要性开始凸显。

2009年珠三角实现生产总值32105.88亿元，同比增长9.4%。人均GDP达到67321元，同比增长9%；三大产业增加值分别增长4.2%、7.5%和11.8%，三大产业结构比例由上年的2.4∶50.3∶47.3调整为2.3∶47.8∶49.9，第一、二产业比重下降0.1个和2.5个百分点，第三产业比重上升2.6个百分点。[1]这些数据表明，经过30年的发展，珠三角已处于工业化后期，未来的进一步发展起点更高，也将更加依赖区域内的联系与合作。《珠江三角洲地区改革发展规划纲要》中把珠三角一体化发展提升到了国家发展战略范畴，提出了9个城市组成的珠三角在交通运输体系、基础设施、产业发展、资源能源、信息环保等方面进行全面的一体化建设目标。

四、珠三角—港澳关系

香港在珠三角的经济发展中有着不可替代的位置，就像南村的经济全球化过程一样，最早落户珠三角农村地区的"三来一补"企业几乎全都来自香港，通过这个国际化都市，珠三角的乡村经济开始与国际市场相联系。

早在新中国成立前，珠三角的农民就有农闲时去港澳打散工的传统，五六十年代还爆发了几次大规模的逃港潮，在东莞农村，几乎每家都或多或少有亲戚在香港。这种历史上的社会文化联系，以及后来香港经济转型所带来的驱动，使得大量资本流动进来，形成"前店后厂"的合作生产模式。总部在香港承接订单，厂房在内地农村生产后运到香港贸易，珠三角的村庄在这种合作中成为了全球产业链条中

---

[1] 广东省统计局、国家统计局广东调查总队：《2009年广东国民经济和社会发展统计公报》。

的末端，不可避免地居于一种不平衡的经济关系中。但是，在当时农村一穷二白、缺乏发展动力的背景下，大量劳动密集型企业的流入为当地的农村都市化提供了捷径。而经历了30多年有了一定基础之后，这种被认为是低水平的合作模式，随着珠三角自身产业升级的需求而不断在调整。近来，随着珠三角低层次劳动密集型产业向周边地区转移（内有不少港资企业），产业升级需要大量融资，港资是重要来源，香港的国际金融中心和商贸中心地位对珠三角发展来说是不可或缺的，这就进一步巩固和加强了珠三角和港澳业已形成的区域依赖互补关系，为粤港澳经济和空间一体化提供了巨大可能。[1]

五、珠三角—内地关系

南村的外来人口主要是来自内地的青壮年群体，由于经济发展的不均衡，这些内地的打工者即使是在劳动力价值非常低的珠三角工厂中所获得的报酬也大大高于在内陆务农所得，在比较利益的推拉之下，这些内陆贫困落后地区的劳动力，来到沿海发达地区的富裕村镇，在这里将他们的劳力与这些工业区里所提供的资金、厂房和引进的工业设备加以结合，而这些大量的廉价的人力资源，又更多地吸引了大量的"三来一补"企业落户珠三角农村。这些外来人口在珠三角的村镇与内陆的家乡之间钟摆式地流动，年复一年，他们赚到的钱大部分寄回老家，也从这里带回许多新鲜事物，同样也给珠三角的农村带来了不少家乡的风俗与习惯，在经济上和文化上都增加了内陆与沿海的互动，使这些村镇成为了沿海与内陆关系的重要载体。

---

[1] 许桂灵、司徒尚纪：《基于新背景的珠三角区域关系探究》，《岭南学刊》2008年第5期。

在珠三角与全球联结日益加深的同时，珠三角农村在经济发展当中开始面临许多新的问题。譬如说土地问题：东莞的许多农村集体资产当中最大的一块是土地，但现在很多村已经面临无地可用的境况，下一步的经济增长点又还没有发展起来，经济发展遇到了瓶颈，推进社会发展手头乏力。再如结构性失业问题：农村的土地都用于发展非农经济，东莞农民失去土地后，由于就业能力和就业观念的落后，很多沦为食利或是食租阶层。又如经济发展问题：东莞农村的主要经济基础集中在集体资产上，这一块财产能不能顺利地增值、保值，决定了农村社区有没有发展的持续力，而东莞现在主要依恃的是加工制造业经济，这种产业有它的一定发展周期，如果不进行及时的升级换代，东莞经济将可能成为产业链末端的牺牲者，东莞社会也将受到打击。

进入21世纪以来，珠三角地区开始迈出了产业转型升级的步子。在"腾笼换鸟"的口号下，包括南村在内的32个村成为了东莞第一批产业结构调整和转型升级试点村（社区），转型目标是要逐步转移低端产业，提高第三产业比例，而转型升级所淘汰的各种低附加值企业的转移方向就是面向经济相对落后的内陆。

珠三角与内陆之间的这种关系的实质，是利用区域差距形成阶段性的区域非均衡发展。[1]这种非均衡发展现在正通过珠三角地区的产业转移升级，进一步向内地推进和扩展。随着位于产业链下游的利润越来越薄，"世界工厂"的可持续发展遭遇了瓶颈，继续承接大量的低附加值产业对珠三角不再有吸引力，实行产业升级，提升在全球产业分工的地位是当下珠三角的重要作为。东莞作为出口外向

---

[1] 折晓叶：《村庄的再造——一个"超级村庄"的社会变迁》，第359页。

型经济的典型代表，也就成了沿海发达地区产业转型升级的试金石。我们可以看到这个过程和港澳与珠三角在20世纪80年代以来的互动极为相似，当珠三角通过发展低产业层次的外向型经济实现了原始积累的目标之后，产业升级与转移就必然发生，这一经济全球化中不断复制的链条正在继续向内陆传递。

第三章　社区的边界与分层

第一节　南村的边界

现在的南村已经不是一个传统意义上的村落,事实上在乡村都市化发展迅速的整个珠三角也许都难以再找到我们印象中的传统村落。我们在这里看到的是更加趋于现代化、非农化、城乡一体化的新型农村,那么,传统的以亲缘和地缘为基础的村庄边界与认同也就更趋于多元化了。

李培林认为,一个完整的村落共同体,其实具有五种可以识别的边界:社会边界、文化边界、行政边界、自然边界和经济边界。文化边界基于共同价值体系的心理和社会认同;社会边界是基于血缘、地缘关系的社会关系圈子;行政边界是基于权力自治或国家权力下乡的管理体系;自然边界是基于土地属权的地域范围;经济边界是基于经济活动和财产权力的网络和疆域。[1] 折晓叶则从两个意义上使用"村庄边界"的概念:一是村庄与外界之间的疆域性界线,如以亲缘和地缘关系为基础的地域共同体的范围,以土地所属为依据的村界,以及行政关系制约下的村组织行政的界限等;二是村庄

---

[1] 李培林:《村落终结的社会逻辑——羊城村的故事》,《江苏社会科学》2004年第1期。

主要事物和活动的非疆域性边缘，如村庄的经济组织、市场经济网络、人际关系网络和社会生活圈子所涉及的范围等。[1]

这些对于村庄边界的不同界定，都是基于研究者从研究需要出发而建构的分析概念，基本反映的是研究者本人对村庄的认知情况。全球化时代的村庄边界，显然基于联结的特点而超越了许多物理的框架，尤其是像南村这样深嵌全球产业链和追寻全球资本流向的地方，除了一般的物理性边界外，还应重视地方性的内部感觉。本书所述及的村庄的边界是村民及与村庄相关的人等对村庄的认同与归属的判断与认识。因此，这里在讨论南村的社区边界的问题时，使用行政边界、心理边界和利益边界的特征来反映与村庄生活相联系的人们的认知情况。

一、村庄的行政边界

村庄的行政边界通常指的是村庄被国家行政区划所界定的空间位置。一般来说，这里所指的行政边界与自然边界是合一的，因为在现行政策中，行政区划中的村域土地面积正是国家认可的村庄正式组织所能管辖的行政范围，但是随着乡村都市化的发展，乡村土地非农化的趋势使这两种边界不相重合的现象在逐渐增加。

明朝时南村正式有了建制，其范围与现在也大致相当，但明清时期，南村人势力渐大，土地也向外扩张，虽然从行政边界上来说面积不变，但通过土地买卖，把控制范围延伸到了邻村甚至邻县，

---

[1] 折晓叶：《村庄边界的多元化——经济边界开放与社会边界封闭的冲突与共生》，《中国社会科学》1996年第3期。

从土地权属来说远超当时的行政范围。与现在的行政区划范围大不相同的是，新中国成立前的南村是个势力较大的村庄，富裕的房支拥有很多土地。清朝光绪年间是南村的鼎盛时期，地产最多，当时南村谢氏许多子弟考取功名后做官，其中谢遇奇的官职最高，他在任两广总督等职时，经常带一队兵回南村住上一段时间，樟岗岭一带全是他家产业，现今的谢遇奇家庙附近，原来周边80多间房屋是连成一片的，产业之大，物业之丰，一时称奇。南村依仗着这位权势人物自然也发展不错，当时所辖之地有近20平方公里之广。其后虽然由于时局动荡及土匪战乱等原因，南村也遭受了一些磨难与损失，但其范围依然较广，不仅在上元、超朗、塘角等邻村买了大量土地，在石龙、石排等邻镇和附近的惠州博罗县等地都购有土地，雇人耕种，收取田租。如果以占有的田地来算的话，面积远超现在的村庄范围。

南村现在的行政边界定型于土地改革后。土地改革时期重新严格界定了南村与周边村庄的行政范围，这些在外村买的地都被认为是剥削所得，超出区划的土地统统归还当地。南村人至今认为正是土改使南村少了十几平方公里的土地，一些老人仍然津津乐道于解放前附近的哪些地方都归南村所有。这些被没收的田地大部分是各房支祠堂的公田，田中的出产多数用来济贫恤孤和支援子弟读书等。土改使南村的土地面积收缩大半，定格为一直维持到现在的6.9平方公里。即使如此，南村的村域面积依然在全镇排第二位，仅次于隔壁的超朗村。

在中国的村域概念中，存在着自然村与行政村两个既有联系又不相同的概念。自然村是指中国农村地区的自然聚落，是历史上农民以家族、地缘相联系自然发展而成的村落形态，行政村是政府在自然村的基础上人为规定的一个治理单位，是行政区划体系中最基层的一级，设有村民委员会和党组织等权力机构。有些地方，行政村与自然村是重叠的，也有几个自然村合成一个行政村的。前一种类型，在村庄内部不会有明显的空间界限，而后一种类型，自然村之间的边界分割则通常十分明显。

南村属于前者，在行政村内的空间没有太多分界，历史上就连在南方村落中常见的以不同房支的祠堂为中心分系而居的情况也不显见。而到了20世纪60年代的集体化时期，村庄内部也被人为地划分出空间界限，当时南村成立了7个初级农业合作社，合作社内的农户的土地集中生产和管理，这样村庄内部区划就据此分成了7个小部分，这是现在7个村民小组的原型。这7个小组基本上按村民的居住区域进行分割，同时注意打乱村民间复杂的宗族房支关系。20世纪90年代，由于人口增长，老村面积有限，村里开始逐步在老村外围划出宅基地进行分配，也是按照7个村民小组分片的原则。

由于南村是自然村与行政村合一，村民小组本身是行政力量强制分割的产物，这种内部区划弹性比较大。近年来，宅基地不再分配，而是采用招投标方式获得，使得有些分属不同的村民小组的住户相互交叉的现象也不少见。如北二小组就有一小部分较富裕的村民买入了地段位置更好的宅基地，建房住在上边小组一带。在增埗村、上元村这种由几个自然村合在一起的行政村中，村庄布局、村组两级的集体经济组织、分配制度等方面，自然村之间的界限都十分鲜明，虽然从行政意义上这些自然村与村民小组是一样的，但其事务权限与经济独立性大大高于南村内部的村民小组。这些村的村民对自然村的认同要强于对其上的行政村的认同，而南村村民则首先认同自己是南村人。

另外，城市化发展的必然后果是城市区域的扩张和乡村空间的压缩。乡村土地的非农化趋势也使村庄的行政边界的界定模糊化与复杂化。由于近年来市政建设的需要，东莞市加快了东部生态园区的建设，其中东部快速干线穿过南村和超朗等村通向石排镇，在该项目中南村被政府征收了不少土地，现在村里被征的土地已经被标示了市政征地的牌子，大片的菜田以后将会建设成双向八车道的快速路。这样，虽然在行政地图上看来，南村的行政范围还是6.9平方公里，边界也如以前一样，但是事实上南村的可控制土地已经减少，实际村域面积缩小了。

二、村庄的心理边界

村庄的心理边界主要是指村民对村庄的认同感与归属感。村民与村庄的心理联系通过自我认同与他人认同得到界定。对村庄的心理认同包括认同村庄的价值体系、文化规范。村民也许在村庄以外获得经济收入，但他们一定要在村庄内获得人生价值。村庄认同成为他们生命意义的组成部分。[1] 认同的建构总是要以历史文化作为基础，几百年的村庄历史与记忆在生活于其中的人们心理上打下了不可磨灭的烙印，这也就是村民们认识与看待自己的生活社区的基础。

南村村民的社区认同度很高，不光是生活在村里的村民有这种心理感受，许多离开了南村的原村民也还保留着对南村的浓浓的乡土情结。几百年来南村就是一个整体，其间仅在解放初期经历了与相邻的塘角村合并为南塘乡的短暂时期，其他时期都是完整的存续，这就

---

[1] 贺雪峰：《村庄的生活》，《开放时代》2002年第2期。

保证了村民对南村认同的完整性。除了拥有南村户籍的人外，与南村有心理联系，认同自己为南村人的还有海外的南村人，包括新中国成立前定居海外的南村人和新中国成立后几次逃港潮中成功出逃的南村人。在改革开放后，这部分人纷纷回流，成立了谢氏宗亲会，谢氏大宗祠就是由他们捐款修建的，这些人或是回乡投资办厂，或是回乡祭祖，修葺祠堂，通过各种途径恢复与增加与南村的联系。

还有一些城市里的南村人，这部分人是通过当兵、上大学等途径离开南村进入城市，获得城市户口的原南村人。其中林叔的经历很典型。他幼年随父母从南村去香港，香港沦陷后又从香港回到南村，寄居亲戚家中，生活十分贫苦。新中国成立后当上了贫农协会的主席，后来又先后担任了副乡长、乡长（南村乡）等职，还调任石龙区法庭庭长，从1958年后就因为工作关系离开南村，调入城镇工作，脱离了农村户口，有了茶山镇户口，一直到退休。但林叔一直认为自己是南村人："祖坟在南村，当然还是这里的人。""离土不离宗。"直到现在林叔虽然住在镇上，但每周都回三四次南村，和一班老人聊天吃饭，80多岁高龄的他还担任了村史写作的工作。

许多村民对南村的认知是与自己的姓氏和血缘紧密联系的，在这种单姓村落里，传统上宗族与社区组织是基本同构的，对村庄的认同即是对自身血缘归属的认同，因此那些离开南村去城市和海外的人，即使他们的行政身份早已与南村无关，只要他们还保留自己的家族身份，就仍然保留着对身为南村人的心理认同。源出同一个祖先的理念，寻根的理念，是维持这种心理认同的基础。

认同也来自于与周围环境的互动，村庄的心理边界还隐含着不同的村落群体相互之间的自我分类，并且在以"我群"区别于"他群"的过程中强化了对自身所处社区的认同。从一些侧面能看出，村民们对自身姓氏和血缘归属的忠诚和认同还伴随着对周边不同姓氏与血缘村落和群体的竞争与排斥。在南村历史上流传着一些嘲笑讥讽其他姓氏或村庄的故事，比如南村的另一小姓卫氏，与附近的卫屋村的卫氏同宗，南村的村民就说卫氏族中多恶人，恃强凌弱，在自家的牛耳朵上贴一张纸条，上写个"卫"字，就可以随便放开牛去吃草，哪怕吃了别人家地里的禾苗也没人敢赶牛。反过来，其他村庄也同样有各样的故事或笑话对付南村的谢氏，流传于茶山一带的"南村亚姨，零舍唔同"的荤段子就是一例。

村民对自身社区的认同还与社区本身的特点紧密联系。对于南村人来说，南村的突出特点之一就是历史的完整性与传承性，尤其是南村的明清古村落被发现并开始广为人知之后，村民的历史感也油然而生。古村落给南村带来了名气和实惠，同时也加强了村民对本村的心理归属感。南村近年来得到了许多荣誉，这使不少南村人对自己居住了几十年的社区有了新的认识。在笔者去到南村调查的时候，许多村民都十分热心地介绍"广东最美乡村"、"中国历史文化名村"等封号，骄傲之情溢于言表。村委会组织的修族谱、写村史、办陈列馆等活动也能号召许多人热心参加。

三、村庄的利益边界

村庄的利益边界主要指的是由于村集体经济收益的分配原则而设置的一些分类标准，在村庄内外划定出不同的利益共享范围。珠江三角洲农村集体经济的经营与运作现在普遍实行股份制，集体收益按村民所拥股份进行分红，也就是收益是按股份制原则分配，而不在分配范围之内的村民不能得利。珠三角的村集体经济雄厚，有的村庄的人均年度福利分红高达数万元,是一笔不小的收入来源。由珠三角农村特殊的发展路径所带来的这种新的集体经济制度,也是一种乡村社区的资源和利益共享制度。但由于利益的边际效应,参与分配的人数越多,每个人能分到的就越少,所以能够参与到共享范围之内的村民也会天然地为这种分配范围筑起障碍,划定界限,以保障利益不外流。

一些学者早已发现,[1] 在沿海经济发达的村庄中,由于对利益分配的考量,村庄成员与外界人群的界限趋于封闭,村庄集体经济的分配制度已经成为村庄加强利益控制的一种制度,也使村庄对外来人产生强烈的排斥。在这些集体经济分配丰厚的村庄中,围绕着分配范围与分配方式产生了许多利益纷争,在村民与村民之间,村干部与村民之间持续地引发各种矛盾。在这样的背景之下,政府积极参与到村庄利益边界的划定中来,从维护农村集体资产安全和社会经济秩序稳定的目的出发,开始推行以企业化和市场化为导向的农村股份合作制改革。

根据东莞市 2004 年实行的《关于推行农村股份合作制改革的意见》,农村集体资产实行股份制经营与管理模式,股份分配给本村村民,以规定日期作为配股对象界定日,至确定的界定时点止,本村享受农民福利分配的在册农业人口,均可一次性享有配股权。以"一刀切断"的方式配置股权,股份一旦分配之后,实行"生不增,死不减,进不增,出不减"的原则,后来获得村籍的村民被排除在这一集体利益之外。今后新迁入和新出生的人口须通过继承或购买

---

[1] 刘一皋、王晓毅、姚洋:《村庄内外》,河北人民出版社 2002 年版;折晓叶:《村庄的再造——一个"超级村庄"的发展历程》。

才能获得股权。实行固化量化的村组,股份合作经济组织以清产核资确认的经营性净资产为股本金,设置集体股和个人股,并按比例确定股份数量和每股股值。

集体股属于全体股东共同所有,其收益主要用于社区行政管理费用以及社区治安、环境卫生、人口与计划生育、文体活动、办学补贴、优抚补助等公益性支出,待条件成熟后才量化到人。集体股所占的比例一般不低于改制前村组社区负担公共事务管理和公益事业开支占集体收益的比例。个人股按经确定资格的股东人数分配,可以继承,但不得用于抵押,不得抽资退股,股权暂不允许转让,以保持集体经济的相对稳定。股东死亡的,其股份的继承按《继承法》办理;没有法定或指定继承人的,被继承人的股份划入集体股。

东莞的农村股份制改革从2003年开始试点,到2006年基本完成,南村是当时茶山镇的试点村之一。以2003年12月15日24时为界定时点,并提前向村民公布,然后按照前述的《东莞市农村股份合作经济组织股东资格界定意见》中关于股东资格的规定界定村民的股东资格,并编制成册。股权固化后,集体资产分红就是按照这些股东资格进行分配。

在农村中实行股份制改革是源于希望以明确的市场原则,来解决农村集体资产分配中产生的诸多问题。改革前,随着集体经济的迅速增长,其中的利益纷争也越来越多,由于农村集体主义传统的影响,大家觉得对于集体资产应该是人人有份,但是家族主义的传统又使许多村民保留着对于出嫁女、招郎女、空挂户等特殊村民的排斥。即使是当时主持抓这项工作的支部书记也有这些矛盾的观点:

现在搞股份制进一步明确了村民的身份,但"生不增,死不减"的原则不好，不合农村实际。2003年后出生的人也是本村的村民，却都享受不到集体分红，那些嫁出去的却还可以带着股份走。当时搞全市试点时，南村是试点村，我当时就提出不合理，生了儿子，娶进老婆都没股份，嫁出去的，死了的反而有。我就提出"三三制"比较合理，三成给原居民，三成给后来增加的居民，另三成作为基金，留给那些比如违反计生、犯罪而被取消股份的人，让他们可以过段时间补回其股份，只有这样才是和谐的。[1]

股份制是以村民的户籍作为界定的基础，但并不是与它重合，由于股份制的实行而使村庄的边界多元化的表现更加明显了。在村民的认知中，出嫁女已经是别的地方的人了，却还能带着本村的股份嫁过去，让外面的人享受本村的利益，这是令人难以接受的。所以，股份制改革中至今还留存着许多争议颇多的问题，一些村庄并不是都按照政府条文来实行，真实的村庄利益分配过程往往是村内外不同利益群体相互博弈的结果，这种结果就是达成一定的利益边界，既在政府为村庄规定的利益边界附近，又能照顾到地方传统的利益认知边界。

上述这三种类型的村庄边界从政治、经济、文化方面大致勾画出了一个本书想要探究的分析单位，这个单位我们把它用边界的概念在不同层次上与其他部分区分开来，行政边界是国家权力对村庄空间的物理划分，也必然服从于政府规划需要，利益边界是地方社区经济在统一的国家经济政策实行中所作的选择性利益切割的体现，

---

[1] 2007年7月16日访谈资料，地点：村委会大楼。

而心理边界则是离不开村庄价值体系和姓氏与血缘的传承与强化。从南村的情况来看，村庄边界的多元化和层次化很明显，不同的村庄边界有一定的相互依存，但覆盖的范围不完全重合，在具体的选择上，村民会根据自身的需要在不同的情境中使用不同的认同标准，而不论哪种边界都是外来力量与村庄内生的社会经济结构相互作用的产物。

第二节 地域身份的扩展

一、南村人：社区身份的获得

中国长期的城乡二元体制在城市和乡村之间挖开了巨大的鸿沟，多年以来，人们对农村人都保留着贫穷、土气的刻板印象，许多农村青年也以跳出"农门"，当上城市人为荣。不过，在东莞，不仅村民们不愿意离开农村，许多城镇户口的人还千方百计想要回到农村去，想要获得一个村民的身份。这当然是与现在东莞农村集体福利丰厚的拉力有关，推拉理论在分析村民如何对待自己的社区身份上同样有效，因为历史上，这些农村地区的村民们也由于贫穷被"推"出，放弃了自己的村民身份。

新中国成立后，由于政治的原因，珠三角和港澳之间边界关闭，互不来往。大陆实行的户籍制度把人们都固定在自己的社区之内，强制性地约束在土地上，难以流动。一系列的社会运动使当时人们的生活十分艰苦，梦想着去往港澳过上好点的生活，这一时期在珠三角一带爆发了几次大规模的逃港潮，南村也不可避免地融入这段历史中。

南村新中国成立后第一次逃港潮是在1956—1957年间，当时水利设施未完善，水涝不断，连续几年歉收，家家户户都吃不上饭，一些村里的有钱人与有门路的人就想办法逃往香港，这时候政府对这部分人的措施还不算严厉。第二次逃港潮是1962年，三年困难时期，南村田地多，种了大量木薯、番薯，加上一些以前去了香港的亲戚从香港寄食物过来，没饿死人，但贫苦的生活迫使许多人铤而走险，经深圳偷渡过去香港。这一时期边界上对偷渡的人十分严厉，邻村有在偷渡中淹死和被枪击的。走得最多的是1976年前后的第三次逃港潮，逃港人数最多，全村有数百人前往深圳，有三分之一成功过去了，三分之二被抓回村里。我的房东夫妇参加了那次逃港大潮。

> 农活太辛苦了，有人干一年到头也不够口粮的。当时有早期去了香港的村民回来，听说就是做苦力和建筑工，出去的人不够文化，只能做这些。但回来的人说那边赚钱，吃得好，穿皮鞋，惹人羡慕。早期能建房屋的人家大多家里有香港客。当时我们这边干了一天得最高工分10分也只值几毛钱，比较之下冲击很大。村里有人踩着单车到宝安，然后在晚上偷渡过去。自己那时候19岁，看到村里有些人过去了就也有想法。和村里几个年轻人一起爬山到宝安，晚上才走，白天怕被人发现，后来还是在深圳被在那里等着的干部发现了，给带回村里了。早期都是年轻人去，后来已婚者也开始偷渡，成功过去的不到一半吧。[1]

---

[1] 2008年7月17日访谈资料，地点：房东家中。

到了1980年，这时候又有一次外迁潮，改革开放后一些村民的香港或海外的亲戚回到南村，当时城乡之间的差距还比较明显。于是，很多人替南村的亲戚买城市户口，迁到茶山镇、东莞市或移居香港，这一时期迁走了几百人。那时候人们更愿意做居民而不愿做村民，户口迁离南村，田地交还给村里。南村在20世纪50—80年代共有四次外迁潮，总共走了上千人。

而从90年代开始，由于村集体经济发展越来越好，村中开始有分红，不仅村民不再迁出南村，原来那些去了深圳或其他地区的原南村村民也要求回流。有些人迁到外地去了在那边没有工作也没口粮，日子过得比本村村民还差，还有些迁到城市做工的人，因为国有企业经营不善，下岗后没有收入又想迁回来。从1996年前后就从外陆续回迁了近千人。

"南村人"这个称谓表明的是，南村村民在社区中享有相应权利与履行相应义务的社会身份。村民身份是在一个特定村庄中所获得的成员身份，这种身份是一种特定的内外有别的身份。它的覆盖范围只局限于一个小共同体，身份界定原则遵从的是地方性规则，如乡规民约、传统习俗等，而且这种身份的界定规则并不一定与国家的法律制度相一致，它的合法性是来源于传统习俗、乡规民约以及它所属成员的承认。[1]这种社区身份除了符合国家户籍制度的规范外，更重要的是得到了村组织和村民的认可，一旦得到了这样的认可，这种身份对社区内的所有成员来说即是普遍和平等的，它既可以是先天获得的也可以是后天自致的。

在南村出生、成长的村民自然先天地获得了南村人的社区身份，

---

[1] 张静：《身份认同研究：观念、态度、理据》，第156页。

而有些特殊的与南村在血缘上没有任何联系的外地人也得到了这种身份。在1996年以前，外地人在南村买了地可以由村委会帮他办个土地证，入籍南村，入南村户的人可以享受南村村民的一切待遇。不过，那时的南村经济停滞，村集体没有什么公共福利，也吸引不到多少外地人入户，当时共有三户长期在南村经商的外地人入了南村籍，1999年之后，就不再接受这种申请了。随着90年代后期南村经济走上快车道，村集体福利的增加使村庄社会边界更趋于封闭，[1]一套更严格的通过控制社区身份的获得途径而防止村庄利益外流的规则被通过和执行。

1999年制订而沿用至今的《南村村民户口管理规定》：

> 1. 凡属本村1980年或以后分田的常住户口，因各种原因把户口迁离南村，现在又要求迁回来的，凭本人户口簿到村委会办理接收证明后到镇公安分局再办理迁入手续，准于入户，按村民同等待遇。截止日期为1999年11月30日。以后迁入的，不能享受村民社会福利待遇。
>
> 2. 凡属本村常住户口的男青年，结婚对象是城镇户口，已有男女共两个小孩的，要求迁入的，必须落实计划生育结扎措施方可迁入。
>
> 3. 凡属本村常住户口的男青年，结婚对象是城镇户口，并已生有一男孩的，必须落实计划生育措施，不准再生，已有一女孩的，必须落实计划生育上环措施，并服从村委会安排，两

---

[1] 经济边界的开放与社会边界的封闭的相互关系在折晓叶的《村庄边界的多元化》一文中有深入讨论。

者都必须写好保证书方可迁入。

4. 凡属本村常住户口的女青年，结婚对象是农村户口（包括市外），从登记结婚之日起三个月内，一律要将户口迁出，如因各种原因不能迁出的，要以村委会同意后，本人可享受村民待遇和尽村民义务，其余配偶子女不能享受村民待遇，但要接受村委会管理。

5. 凡属本村常住户口的女青年，结婚对象是城镇户口（含港、澳、台、海外华侨同胞），因户口暂时不能迁出的，可享受村民待遇，但要遵守国家计划生育规定，所生小孩可入户，但不能享受村民社会福利待遇。

6. 凡属原籍本村的港、澳、台及海外华侨同胞，回乡与外地女青年结婚的，女方可迁入户口，但是执行计划生育政策，生下小孩可入户，但两者都不能享受村民待遇。

7. 凡属本村常住户口的男青年，因身体条件以医院证明不育症，男方35周岁，女方30周岁以上，可按国家收养法规定，收养小孩一人入户。

8. 凡属本村常住户口的已婚夫妇，已生养儿女的，又收养其他小孩，以申请办理合法手续后可入户，但要交回村固定资产人均值增容股份费五万元后，才能享受村民福利待遇。

9. 凡属本村常住户口的纯女户，可允许男到女家入户者一人，本人及所生子女可享受村民福利待遇。

10. 凡属本村常住户口，因参军、转干、调离、升学而把户口迁出，现又要求迁入的，凭本人户口簿和结业证到村委会办理接收证明，再到镇分局办理迁入手续后可入户，享受村民社会福利待遇。

除了本村中村民生老病死和生育繁衍而产生的自然变动之外，村内外的迁入和迁出的村民身份变化的决定权在村组织，村组织则依据国家政策和地方规则结合起来认定村民身份。这些管理规定虽然详细而严格，但在调查当中遇到的一些例子都表明，传统的社会价值观有时会使规则也适当地妥协，"南村人"的社区身份在南村的干部和村民们看来，更应该属于那些血缘上与南村联系密切的人。[1] 尽管没有人愿意承认，但是有时候宗族身份会被等同于社区身份。

与前面所提的农村股份合作制中拥有股权分配资格为村庄利益边界不同的是，股份分红只有2003年界定的股权拥有人才能享有，而这里所说的村民社会福利待遇是包括合作医疗、村民平安补偿、口粮款、集体分红、学生读书补助教育经费、老人金、分田、分地、分荔枝等。这些福利是所有被认作是"南村人"的村民都能享有的。前者是企业化的，与法律、国家政策、市场原则相适配，后者是社区化的，离不开人情、乡村传统、熟人社会的认同。

二、邻村人：亲戚与熟人

如费孝通先生所说的，中国的乡土社会中亲属关系和地缘关系都是差序格局的，是由无数私人关系搭成的网络。[2] 南村周边与几个大村接壤，历史上就一直有通婚关系，很多人家都能或多或少地攀上一点亲戚关系。因为邻近，生活中经常接触，人情上时常往来，

---

[1] 波特在 China's Peasants: the Anthropology of a Revolution 一书中所述及的在增埗村发生的计划生育政策推行的过程，在南村似乎情况并不相同，不过，计划生育是一个比较让村民敏感的话题，出于某些考虑，笔者放弃了在这方面做更多的了解。

[2] 费孝通：《乡土中国　生育制度》，第36页。

但也因为邻近，生产中对有限资源的竞争与争夺，日常生活中的摩擦与纠纷也不断发生着，南村人和周边村庄的村民的关系似乎经常处于一种伸缩的形态之中，而这种形态也依然是属于地方社会的秩序中的。

在南村居住期间，笔者目睹的一桩交通事故的纠纷过程也许是这种伸缩形态的具体表现。

早晨8点30分左右，一辆大巴车停在古村前的三岔路口中央，这时从古村旁的斜道上和天桥方向分别驶来两辆女装摩托车，她们都被大巴车挡住了视线，绕过大巴车才见到对方来车，一时刹车不及碰到了一起，在碰撞的时候都本能地向旁边扭开车头，但其中一辆年轻女子开的摩托车一下把路边的一位60多岁的阿婆撞倒在地。两个骑车的人和车损伤不大，但撞到老人却使事件升级。

事故发生后，马上围过来一群人，一些是村口搭客的摩托司机，一些是在附近吃早餐的村民。有人拿来一张凳扶阿婆坐着，阿婆的膝盖受了伤，说腿没有力走不了路。撞倒阿婆的年轻女孩是南村人，她打了个电话，很快她的爸爸就到了现场，另一个骑车的是个中年妇女，是邻村的，她很快发现那群摩托司机里有个人是她的亲戚，于是，年轻女子的父亲和那个摩托司机商量起来。年轻女子一方认为应该责任一人一半，中年妇女的亲戚提议由她负三分之一责任的，中年妇女坚决不答应，认为自己没有直接撞阿婆，没有什么责任，旁边的人七嘴八舌议论纷纷，不断有人经过加入进来打听讨论。中年妇女的亲戚一直在打圆场，一会儿跟年轻女子的父亲谈，一会儿又劝中年妇女，但争执了近10分钟都没有结果。

年轻女孩的父亲就说，如果不能一人负一半责任的话，就叫交警来处理，于是作势打电话。这下人群里炸开了锅，旁观的村民纷纷叫他不要找交警，受伤的阿婆也连声叫他名字，中年妇人有点慌了，追着那个父亲叫他别叫交警。女孩父亲拨了个电话，叫的却是南村一个村民的出租面包车。两分钟后，面包车到了，几个人把阿婆扶上了车，女孩父亲和中年妇女也坐上了车送阿婆去检查，中年妇女叫自己的亲戚帮忙保管摩托车。

面包车走后，一个村民议论说："这件事主要是没有人愿意出来给任何一方作证，因为大家都是熟人，给哪一方作证都会得罪另一方，虽然当时看到的人很多，但没有人愿意不顾人情，所以才扯不清。"

中午和加叔说起这件事，他在附近的早餐店也看到了这一幕，他说这件事最后可能就是对半分，大家都是相互认识的，不可能要搞到交警那里，除非严重的事件，这种小情况熟人之间能商量解决，如果闹上去大家以后就不好相见了。因为那个中年妇女有南村的亲戚，大家不能搞得太僵。如果是外地人的话，事情就容易解决得多，大家会一边倒地帮本村人。[1]

这个事件中我们可以看到，亲戚和熟人的网络有时超越了村庄的地域关系，提供的是村民们的另一种认同范围，但这种范围依然是在地方社会之内，是伸缩的、自己调节的，并且与社会的正式系统保持一定距离。

---

[1] 2008年8月26日田野笔记，地点：古村村口。

三、本地人与外地人

人类有天然地类型化事物的心理倾向，我们总是习惯性地将身边的人或事物按照某种标准进行分类，并且把自己归属到其中的某一类别中去。社会学中把这种将自己归类于其中的群体称之为我群，而与之不同的类别群体即是他群。人们对我群的划分也是随着对群体间属性如地域、性别、职业等的不同认识而划分的，对这些分类属性的认知层次不同也会引起对我群与他群之间认同的变化。

中国安土重迁的传统使乡村中有着浓厚的地域意识，这也是使人们在区分自己的社会群体归属的时候的重要标准。如前文所述，南村人这一村民身份即是一种地域意识的表现。在和周边其他村庄的人互动时，南村的村民会将自己定位于"南村人"的地域身份，以区别于其他的"××村人"，而在与非东莞的外地人互动时，村民们会将自己定位于"本地人"的地域身份。

在东莞，本地人和外地人是两个界限明显的群体，本地人指的是在当地土生土长的原居民，能讲本地的土话，有着相当强的优越感，对东莞的发展尤其是改革开放后所取得的经济上的成功十分自豪。有一些早期迁居东莞，在东莞生活了十几年的人，即使已经在法律身份上成为了东莞人，在他们自己和土生东莞人看来仍然无法完全将之作为东莞人看待，要归入外地人的群体中。如笔者这样一个有东莞户籍，已经在当地工作生活了8年的人，村民们也是以外地人对待，村中的老人林叔还称赞我是"白话说得最好的外地人"。

外地人主要是由东莞以外迁入的居民或流入的农民工构成，东莞有统计的常住外来人口有600万人左右，如果加上未能统计入内的全部外来流动人口则有近千万人之多。尽管外来人口在数量上要大大超过本地人口，但是从资源分配来看，仍然是弱势群体。本地人在就业、教育、公共福利、社会保障等各方面都比外地人大占优势，对本地利益的保护使原有的社会边界扩大化、政策化了。外地人也难以对当地产生认同感和归属感，即使是已经或还将长期居住在这里的人也是如此。

个案[1]：居住在南村北二小组的一户菜农，广东廉江人，家里共五口人，两个大些的女儿分别在常平、大朗打工，小儿子今年刚初中毕业，不再继续读书，现在跟着两口子一起种菜。我见到他们的时候，三个人正在菜田里割空心菜。

"我们在南村住了7年了，2001年听老乡说这里有田种就跟过来了。7年中南村的变化很大，刚来时这里还是大片的水稻田，都由本地人耕种，我们和一批老乡来了后，与村委签了6年合同承包田地，将稻田改成了菜田，每年交租金给村里。眼前这块3分多的地每年要交租金300多块，这地里种通菜可以收1000多斤。现在的通菜收购价是5毛钱，零售大概卖到1块多。目前全家在南村共种着5亩地，主要种通菜和西洋菜，这种通菜一年可种五六茬儿，一般种上一个来月就可收了，平时不太需要打理，但10天左右要施肥打药。

"现在住的那些房子是村委盖的租给菜农，每月每间150元租金，也有老乡在居民区中住出租屋，都是一些老房子租给外地人住或开店铺。本地人不怎么愿意理外地人，有时他们嘴上当然不说，但是心里肯定是不愿意的，不过，人家是占了天时

---

[1] 2008年7月18日田野笔记，地点：北二小组菜田。

地利的，这里也有穷人，但是都比我们好，我们老家太穷了，地很少，而且都是种水稻，赚不了钱。

"本地人现在都不用种地了，都比较有钱，我们在这里虽然住了这么多年，但平时与本地人没什么来往，都是自己老乡之间有交情。我住在这里，也没有认识什么本地人，话也没有多说的。南村也待不久了吧，今年村里没有跟我们再签合同，因为地被政府征了，现在能种多久就种多久，没地种了就肯定不待在南村了，打算去博罗继续种菜，那边田地很多，已经有老乡在那儿种了。"

周大鸣将珠江三角洲地区的本地人与外地人之间的这种特殊的社会群体的结合模式称之为"二元社区"，指在同一个社区（如一个村落或集镇）本地人与外地人形成了两个不同的生活体系，并从分配制度、职业分配、消费娱乐、聚居方式和社会心理五个方面进行了分析，他认为，二元社区之所以形成，是"寄生性"经济和"地方本位"政策的结果。[1] 在南村居住的外来人群与本地人的共生形态就是这样一种二元社区。南村的外地人分两种类型：一类是工业区中的工厂外来工，这类人群流动性大，因为工业区与村民居住区相隔较远，所以这部分人与村民的接触较少；另一类是租住在古村内或附近的外地人，一般从事种菜、养猪、开店、流动贩货等职业，流动性较小，是家庭式居住，不少外来家庭在南村时间较长，与村民接触较多。即使是后一种类型的外地人，他们对于南村与南村对于他们的认同依然是二元性质的。

---

[1] 周大鸣：《外来工与二元社区——珠江三角洲的考察》，《中山大学学报》2000年第2期。

我认识一个在古村里开店的梅州客家的店主,他来到南村已经8年。这家卖日用杂货的小店原来是本地人开的,做了3年觉得太辛苦就转让给现在的店主。现在生意并不好做,原来觉得开发旅游业能有一定的客源,但游客太少,住在古村的人也越来越少,现在努力维持不亏本。旁边的店是湖南人开的。古村周围开店的都是外地人,摆摊的都是本地人,因为摆摊方便,每月交几十元管理费就行,外地人是全家人一起开店,吃住都在店铺里。

二元社区的概念非常传神地将珠三角村庄中本地人与外地人之间的群体关系和相互认知状态表现了出来,尽管生活在同样的社区空间中,在经济和日常生活中也相互依存,但基本上这是两个分立开来的群体,彼此之间的认同度都不高,尤其是在心理认同上。地域归属成为一个难以改变的区隔标准。城乡二元结构延伸到了珠三角的都市化村庄中,在这里,富裕的农民居优势位置而外地来的工厂中的工人却是弱势的一方,城与乡的位置模糊化了,但不均衡的结构却仍然继续。

不过,虽然两种体系分立明显,但生活在同一块土地上,不管本地人怎样有优越感,他们与外地人的互动也是不可避免的,东莞经济发展离不开外地人的意识也被大多数人接受。在长期的共存中,本地人与外地人在语言、习俗、婚姻等方面的互动都在增加,本地人与外地人的互动也已经形成了某些彼此认可的固定的模式。在暑假期间,房东家种的龙眼成熟的时候,我帮婵姨去南村的工业区摆摊卖龙眼。外地人的水果档是长年摆卖的,有他们固定的地方,本地人只在自家种的荔枝和龙眼成熟下果的时候才出来摆卖,一般是一群本村的妇女在下午五六点钟、工业区的工人下班的时间,选择在几个人流多的地方摆地摊。卖龙眼吆喝买卖的时候,我觉得买龙眼的顾客是外来工,所以想当然地一开始就用普通话叫卖,但是光顾的人稀少，旁边其他阿姨的倒卖得很快，后来一个阿姨跟我说："你不要讲普通话了，那些外地人也能听懂东莞话，你讲普通话他们还会觉得你的龙眼不是本地的，不是正野。"[1]

本地人与外地人的分类从东莞发展"三来一补"的劳动密集型产业，成为外来人口聚集地区开始，一直是民间社会对自我归属的意向性判断，停留在基于思维习惯的模糊认同上。直到2007年4月16日开始，东莞市政府正式宣布，对本地外来人口统一称为"新莞人"，取代以往的"民工"、"外来工"、"外来务工人员"等称呼。这以后，政府通过为这一群体进行官方命名，正式使这个区别于本地人的群体以被理性认知的形式重新进入社会。而其后还专门成立了一个正处级别的机关单位——新莞人服务管理局，用以突出对这一群体的重视与关心。

这种变化来源于利益关系的变动与政治和市场双向需求的出现。从2004年开始出现的民工荒现象，使许多本地人开始有了与外地人之间的依存感，没有人数众多的外来人员，工厂开工不足，出租屋不满租，从政府到民间都有损失。政府希望通过对群体身份的重新命名，体现出对该群体的关注，这是一种积极的社会控制，不过，这种官方命名仍然是政府在自己的话语体系中寻找支撑，按照政府的利益而塑造的，新莞人这个群体并未因为获得一个正式的社会身份而增加其更多的话语权，实际上这也只是国家权力对他们实行规训的一种方式。

新莞人这个新的群体称谓开始普遍应用于文件、新闻、官员讲话等正式场合，但是民间多数还是使用外地人这样习惯性的称呼。

---

[1] 粤语中"正野"的意思是正宗的好货。

而且，任何形式的认同都意味着对"他者"的排斥。[1] 在构建起这一身份群体的同时，也强化了作为与它对等类别的本地人——老莞人的地域意识。本地人与外地人的社会位置还是不均衡的，"二元社区"也不会在短期内消失。但是从东莞30多年的发展过程来看，本地人与外地人的共同合作是当地社会经济文化发展的基础与动力。

第三节　职业身份的分化

改革开放前的计划体制内，农民几乎是一种终身制的职业身份，农民们被束缚在土地上劳作不息。由于我国长期存在的工农业剪刀差，农业的经济效益远低于第二和第三产业，即使是在南村这样传统农业基础较好的村庄，农民们在耕地上的收入也十分窘迫。近几十年来，珠三角乡村都市化的发展正在推动村庄的非农化进程，使村民们无需付出流动成本，就能在村庄中实现"离土不离乡"，寻求农业生产之外的生计。非农化的农民成了这些村庄经历现代化变迁的最直接的后果之一。

一、无地的农民

"村落之所以为村落，不仅因为其务农，还因为其拥有耕地。"[2] 李培林正是因为观察到快速城市化过程中村落土地的巨大流失现象，

---

[1] 范可：《全球化语境下的文化认同与文化自觉》，《世界民族》2008年第2期。
[2] 李培林：《村落的终结——羊城村的故事》，第32页。

提出了村落终结的概念。南村虽然还没有像城中村那样完全地失去耕地，但土地流失的速度也是惊人的。南村的村域面积在全镇属第二，耕地面积则第一，20世纪60年代大修水利围湖造田，把南畬朗变成了大片水田，又一举增加耕地近3000亩。到1977年止，南村的耕地面积占全镇15个行政管理区的13.2%，全村有可耕地面积5558亩，其中水田3713亩，旱地1545亩，非耕地面积有鱼塘158亩，荔枝308亩，林木541亩。[1]这时的南村是典型的农业大村。

八九十年代以来，"三来一补"企业的大量引进，工业区、厂房和出租屋的大量兴建，铁路和公路的建设等，使南村的土地非农化的用途越来越多，在1993年，南村的农业用地总面积为5026亩，人均耕地为1.83亩，其中还包括春山、大埔两片面积为3217亩的基本农田保护区，到2002年的时候，耕地面积为2713亩，家庭承包经营的土地面积是1950亩，其中还包括转包与出租的690亩。这个时候，村内土地不少都已经用作了他途，其中工业占用地1353亩，商住占用123亩，公路铁路占用391亩，农田水利建设占用6亩，已征用未办证的闲置耕地占用233亩，其他用途占用900亩。[2]2004年，东莞市的东部快速干线道路建设项目经过南村，又征走了南村仅剩不多的一些土地。

对于南村土地流失的问题，村干部是抱着遗憾的态度：

> 南村6.9平方公里共计10300亩地，之前搞开发消耗了1000多亩地，大部分土地保护了下来，现在被政府征了一部分，

---

[1] 数据来源于林叔所撰《南村古建筑群村史》，手写稿。
[2] 数据根据村档案室资料整理而成。

觉得不舒服。有土地就能可持续发展，村民才会对增长有信心。所以不想被征，但被征没办法，没得谈判，政府是为双转型考虑，需要土地，它是从整个城市发展的角度规划，不会考虑你一个村，一个地方。南村没有地了，长远来看不好，现在世界粮食危机，粮食很重要，而且有的人没有工作，如果有块地起码可以满足最低生活需求。原来我们想利用农田保护区的地搞观光农业、生态农业，提升农业的效益，要把农业商品化。本来5000多亩地可以做很多事，现在要重新调整。[1]

而在一般村民的眼中，农民没有了土地，几乎就是失去了最后的保障。年轻的村民认为："地被征了虽然一下能给几万块，但不是长久之计，如果有地可以长期有租金，感觉更有保障。"而年纪大些的村民对土地的依恋之情更深，抱怨也更多。

个案[2]：在上巷小组对面的菜田里遇到一位阿叔，60多岁，正赶着一头牛在地里翻土。

"牛是从邻居家借来的，翻一亩地给100元，我现在种了1亩左右的红薯，还有些龙眼树。这块地有6分多，一年种一次黄豆，一次红薯，黄豆2月种，5月收，能卖到1000元；红薯7月种，10月收，能产2000斤，卖到2000元。这块地一年下来刨除化肥农药等，可以纯收2500元。以前种地要每年交几百块钱租金给生产队，现在种的这些地都是已经被征了的，所以

---

[1] 2008年8月11日访谈资料，地点：村工业办。
[2] 2008年7月21日田野笔记，地点：古村外围上巷小组。

今年种村里不收钱了,龙眼也是不用交钱给村里。因为不知什么时候可能就不能种了,也许明年就没得种。养牛的邻居种的地多,他是承包了大片田地,主要是种红薯等,每年每亩要交给村里承包费1000元。

"我在家也没有其他事,做做农业也是习惯了,现在还种田的都是老人,村里的年轻人大部分进厂做工,做工肯定比种田好,但不是人人都有工做。农民当然不愿意被征地,地是活的,每年能给你出那么多东西,铺了水泥就什么都没有了,那么多地都被征掉,以后怎么办?没了土地,既找不到其他工作干,又没有了持续收入来源。村里分的钱太少,不够生活。即使以后自己干不动了,年轻人也不愿意干,但起码有块地可以租给其他人种,还能有持续的收入来源。现在不管人死活,卖了地农民就只能全部依赖政府。"

个案[1]:北二小组的一个村民,50岁,他种着南村最后的一块水稻田,7月25日上午,两夫妇在田里收割、脱粒。

"我种着10多亩地,有水稻、番薯、菜,种水稻的田地势高,通不了水种不了菜,只能种稻。田从村委投标得来的,一投3年,后来也没有人来竞标,就改成每年续期一次,到今年种了5年了。去年收了上万斤稻谷,今年收完就不再种了,反正这里的地也被征了,政府说不定什么时候就要拿走。全村只有我还在种稻谷,其他人有种菜和种红薯的,种菜可以拿去卖,我家种的稻谷除去自己吃的,其他卖给村民,这都是优质稻,

---

[1] 2008年7月25日田野笔记,地点:古村外围上巷小组附近。

今年收的就不准备卖了，储起来自己吃。种地是辛苦，不过也就翻地和收谷的时候累些，我平时还做摩托搭客的。年轻人都不会种地了，怕吃苦，只有我们这些老家伙还行，我的几个孩子都在附近做工，前几年有时还会来帮忙晒晒谷，今年根本没有来看过，对农活没兴趣。以后没地了，农民不像农民，市民不像市民。"

即使像南村这样非农化程度较高，村民早已不把农业收入作为主要收入来源的村庄，人们仍然将土地视作农民生活的最后保障。失地的农民进入现代化和市场化的竞争环境中，自身抵抗风险的能力降低了，因为农民的生活资料不再自给而是依赖市场供给，一旦遭遇经济振荡或通货膨胀等变化，就会产生较大的风险。虽然村民们可能仅仅是出于朴素而本能的观念，认为农民离不开土地，其实投射出的正是对乡村进入经济全球化的链条中，农民直接成为价值链的下游环节而承受巨大风险的担忧。村民们希望保留着土地并不是想保留着原来的农业生产方式和生活方式，而可能只是作为农民的最朴素的乡土情结，因为实际上他们选择的还是非农化的生产与生活。

二、南村农民的非农化职业构成

经济发达村庄的村民都很重视自己的村籍和农民的身份，这是他们与村组集体经济最直接的联系，但是在农民的身份之下，这些村庄中已经很少能见到务农的真正的农民了。工业化在乡村的推进为村民们提供了许多新型的职业，使村庄中的非农化职业构成日益复杂，职业非农化伴随着的是职业的多元化与异质化趋向，它们通过以下几个方面体现出来：

1. 各种新职业的出现　与南村的社会经济发展相适应的是，许多以前在乡村中从未有过的新的就业机会出现了，一些村民从农民的身份转换成了厂长、经理、老板，或者导游、文员、报关员等职业身份。村民中绝大多数离开了农业生产，有的进入了第二产业和第三产业就职，有的在村委会及其衍生机构就职，有的打零工散工，职业形态多样。

同时，不像以前全家务农的同构型职业模式，现在的村里一个家庭内的成员很少有从事相同职业的情况。以调查中抽取的6个普通核心家庭的职业分布情况为例，从表3-1中可见，南村村民的职业类型多样，家庭中各成员间的职业异质程度也比较高。

表3-1　样本家庭职业分布情况

家庭样本	家庭成员的职业				
	父亲	母亲	子女1	子女2	子女3
家庭1	养鱼、门卫	家庭妇女	工厂文员	会计	治安员
家庭2	摩托搭客	家庭妇女，散工	银行职员	工厂技术员	
家庭3	市场摆摊	市场摆摊	看守工地	导游	
家庭4	治安员	家庭妇女、种菜	帮人守铺	学生	
家庭5	工厂会计	绿化工	企业管理中层	保险推销	学生
家庭6	私营企业主	工厂财务	学生	学生	

村民中的这些职业不少是非正式的，或者说是体制外的，因此职业转换也比较随意，以一个21岁的女孩的职业转换经历为例：这

个南方小组的女孩16岁初中毕业后，在家待业了一年，然后经朋友介绍到茶山镇的一家商场做推销皮鞋的工作，做了三个月后觉得太累不适应，辞工后过一段时间在茶山步行街上亲戚开的一家发廊里帮忙，学习洗头和做美容，待了一年多，2006年村里招考古民居的导游，她通过了面试，和另外两个年轻人一起成为了导游。

2. 旧职业的复苏　旧时的村庄，除了农民之外，还有一些从事其他非农活动的特殊职业类型，在新中国成立后建立的一大二公的集体制度中被取缔或禁止，如做法事的喃呒佬，在村庄间流动售卖小商品的货郎摊贩等。随着社会环境日益宽松，这些原来消失了的职业又重新出现了。

个案[1]：谢×，43岁，南方小组村民，8岁丧父，随母住在塘角娘家，11岁回南村跟随伯父学艺。

"我家从伯公那辈起就做喃呒，一代代传下来，我父亲死得早，自己是由伯父教的。以前的喃呒佬好多吸鸦片烟，给人看不起，解放后就禁止了，不给做喃呒，说是四旧。'文革'的时候喃呒佬多数转做剃头匠，每月交二三十元给生产队，到年底时计工分分口粮。我那时跟伯父学剃头，学些法事，学了5年，熟读经书。1979年后就允许喃呒做法事了。我在80年代的时候是做村里的治安员，后来女儿出生后，生活压力大，钱不够用，加上环境放松，就不做治安员开始正式做喃呒，收入要高些。自己三兄弟都做喃呒，有家传的各种经书，我在南村做，兄弟在塘角做。村里还有另外两个喃呒佬，他们不是祖传，是从外

---

[1] 2008年7月22日访谈资料，地点：古村内的南方小组。

地学艺回来的。

"做法事最远去过香港，经常去的是石龙、石排、东坑等地。一般是做白事，有人过身、冥诞，或打斋会叫喃呒。一般都有十来个人念经、敲锣鼓、烧纸扎。我家也兼做纸扎，一般有人来叫做法事会同时预定纸花等，做一次法事一般从晚上做到天光，可收入几百到上千元。别人叫做法事都是口耳相传，不用自己去招徕生意，做这行的一般会相互电话联系。

"做喃呒其实是生活所迫，自己命苦，这一行是属于下九流的。"

3. 大量的兼业现象 兼业是指许多村民按时间的不同配置而从事几种劳动，获得一份以上的收入。兼业是乡村工业化过程中的普遍现象。在接触到的村民中，仅从事单一的职业是少见的。一种情形是"工闲时务农"，除了极少数老人，村庄中几乎没有专门从事农业生产的人了，但有一些村民在从事其他职业的同时还兼顾着一些小型的农业生产，他们或者从事个体经营摆摊卖日用品同时兼种菜、种荔枝龙眼，或者当工厂门卫同时养鱼养鸭，这些种植或养殖业数量不大，且季节性强，适合他们在工作之余利用闲时劳作。另一种情形是"亦工亦官（或亦商亦官）"，一些村委会干部同时也是私营企业、工厂的会计、厂长等。除了村委会的几个固定的领导岗位，村中的其他职业都不是体制内的，是不稳定的，获得与失去都充满了临时性和机动性，大量兼业现象的存在可能就是村民对抗职业风险的一种策略。

除了经济全球化带来的乡村非农化等宏观因素促使农民职业分化外，有学者提出自身因素是影响农民职业分化的重要因素，包括受教育程度、年龄、性别、婚姻状况等。[1] 南村的职业构成确实呈现出年龄分布的特点（见表3-2），而受教育程度也是决定村民职业分布的一大要素。南村的大学生近年来毕业后回村工作的越来越多，对于大学毕业生，村里会优先安排工作，一般安排在村委会及衍生的工业区管理机构或古民居管理机构等单位，也有当企业会计、报关员等的，他们的工作较稳定、收入中等、职业声望较高。而一些中学毕业的孩子，村里不会全部负责安排工作，安排的也就是在治安队、电工站等岗位。因为没有生活压力，村中的年轻人找工作高不成低不就，有些一直待业在家。

表 3-2　男性村民职业选择与年龄的关系

年龄（岁）	职业选择排序		
	1	2	3
20—30	村委会干事	工厂管理人员	报关员、文员
30—40	村委干部	工厂管理人员	摩托搭客
40—50	摩托搭客	门卫、环卫工	养鱼、养鸭
50以上	种菜、荔枝等		

对年轻人就业的担忧是一种比较普遍的情绪。村民们担心"现在的年轻人都从事些专业性不强的工作，不愿意学一份手艺、专业，估计10年20年之后就会被社会淘汰。年轻人不想走出去闯一闯怎么有前途？"一个南村的私营企业主说："刚毕业的后生一般要不是没地方去，都不会去企业，本地人要找工作一般都有，就看愿不愿

---

[1]　陈秀、牟少岩等：《自身因素对农民职业分化的影响》，《农村经济与科技》2007年第9期。

意,像是去工厂做普通工人,20来岁的都不愿意做。其实我很想培养村里的年轻人学下管理,我厂里的管理层都是湖南人,如果有南村的人愿意跟着我做我是很愿意好好教几个出来的,但这么些年,来过几个,没有做超过一年的,都不愿挨苦。"

南村村民的职业分布虽然早已超出了一般村庄的边界,但对于不愿意离开乡村的人们来说,留在村里能够选择的职业毕竟也是有限的。治安队、门卫一类的职业有时就是为了满足村民就业的需求、村委会设置的可有可无的岗位,有时候为了解决村民就业,也在一些岗位上增设冗员。南村的治安队有60多人,环卫队有40多人,显然超出了实际的需要。村里的中年男子原来最多从事的是摩托车搭客的工作,2007年东莞"禁摩"后,村里给原从事摩托车搭客的村民每人补偿7000元,然后每月再补贴300元,补足一年。并安排他们转到其他岗位,主要是清洁、保安、消防员等,工资800—1500元不等。

这样的做法显然不符合市场按供求关系配置资源的原则,但这是村庄伦理的要求。乡村社区内部的价值体系使共享这些价值规范的人们都认为,村集体不能对成员的生活不闻不问,而是有义务保障村民的最低生活安全,包括为他们提供一些生活来源,哪怕这些生活来源是在本不丰厚的劳动力报酬中再度"过密化"式地摊薄。这里的村集体不仅是股份制化的企业形态,更是合作共享的乡村集体传统,集中体现着乡村伦理与资本主义市场规则的冲突与共生。

第四节 乡村中的社会分层

新的职业赋予了村民们新的社会角色和社会关系,职业分化带来的是阶层的分化，村庄中非农化的职业构成使村庄中的层化和差异化更加复杂。从一般意义上讲，社会分层是社会结构中最主要的现象，其实质是社会资源在社会中的不均等分配，即不同的社会群体或社会地位不平等的人占有那些在社会中有价值的事物，例如财富、收入、声望、教育机会等。[1]

学术界关于社会分层的理论，一直存在两种传统理论，一种是马克思的阶级理论，按占有生产资料的程度来划分阶级；一种是韦伯的三元社会分层理论，按经济、政治、声望三种标准综合划分阶层，其后又有新马克思主义、新结构主义等一系列在反思和建构中出现的修正与创新的社会分层的理论与框架。而这些理论在应用到中国特殊的社会实践中来的时候，又产生了各类十分丰富的研究主题。

中国的农村从来都保持着层化的等级秩序。波特用茶山增埗村的例子[2]描述了这个村庄在解放前宗族制度内的封建秩序和解放后阶级斗争时期的新秩序，在这些例子里，同一个社区中不同阶层的村民对应着不同的生活状况、社会地位、社区影响等，只是在不同的历史时期，由于分层标准的变化，村民的社会位置也发生了翻天覆地的变化。改革开放后，社会阶层的标准也随着社会经济的发展而发生了改变，乡村中的社会阶层结构也更趋复杂。

如果按照"土地的占有也就成为社会等级制的基础和声望的标志"[3]，新中国成立前的南村社会阶层基本上由少量的地主、大量的

---

[1] 李路路：《论社会分层研究》，《社会学研究》1999年第1期。
[2] Sulamith Heins Potter, Jack M. Potter, *China's Peasants: the Anthropology of a Revolution*, Cambridge University Press, 1990。
[3] 〔法〕H.孟德拉斯著、李培林译：《农民的终结》，社会科学文献出版社2005年版，第54页。

自耕农和少量的贫雇农组成，南村村中的土地一半以上是族田，多数家户中拥有少量田地，有一些地产较多的地主就雇用无地或少地的村民，更多的是雇用外村的人进行耕种。新中国成立后，社会阶层发生了颠覆性的改变，南村的地主纷纷被打倒，土地被剥夺，甚至被送去劳动改造，这部分人成了村中社会地位最低的人，而以前贫穷的佃农和其他边缘群体则由于又红又专的出身获得了最高的社会地位。林叔就是这样一个例子，新中国成立前寄人篱下给人耕田艰苦度日，新中国成立后翻身被选为贫农协会的主席。在改革开放前的计划经济体制时期，南村的社会分层与全国其他地方一样，主要是一种政治分层，用阶级划分的框架将人们在政治地位上分出三六九等，对应着不同的政治权利和社会位置。改革开放以来，随着国家权力从乡村的收缩，政治因素在乡村社会阶层划分中的影响越来越弱，而南村各种新的经济形式的出现，村民们非农化职业身份的获得与转换，造成了村庄中新的社会群体与差异化格局，形成了新的社会阶层状况。

有学者将工业型村庄的村民按职业划分成八类阶层：农村管理者阶层、私营企业主阶层、个体户阶层、农村知识分子阶层、第三产业劳动者阶层、第二产业劳动者阶层、农业劳动者阶层和兼业劳动者阶层。[1] 或依照占有社会资源的标准划分为四大阶层：上层（精英阶层）、中上层（代理人阶层）、中层（普通村民）、下层（弱势群体）。[2] 折晓叶在所研究的"超级村庄"中分析出五种身份群体：一是具有村籍身份的村民，他们拥有最优越的职业位置和最高的社会身份；二是"空挂户"，即那些户口已入村册，但不享有与村民同等

---

[1] 卢福营、刘成斌等著：《非农化与农村社会分层：十个村庄的实证研究》，中国经济出版社2005年版，第137—141页。
[2] 毛丹、任强：《中国农村社会分层研究的几个问题》，《浙江社会科学》2003年第3期。

经济和社会待遇的人;三是外来商户,虽无村籍,但长年在村中经营商业,有定居的趋势;四是外聘人员,主要是村庄聘请来的高级技术人员和管理人员;五是打工者。[1] 这基本上概括了沿海发达地区乡村中处于不同层级的各种职业身份人群的类型。

在南村的调查中发现,南村中的各色人等确实可以看成是由这五种身份群体的组成,但是,在每种身份群体内部也存在着比较明显的层级,尤其是当我的研究对象是针对第一种身份群体,即拥有村籍的村民,其内部的层级分化也是不容忽视的。这个群体如上所言,与村中的其他身份群体相比拥有最优越的职业位置和最高的社会身份,但其内部由于职业的分化与在政治、经济资源等方面的不同占有程度而分化出不同的阶层。笔者对南村村民内部的社会分层的研究界定在两个层面上:一个是不同阶层的社区影响力,另一个是村民阶层意识的认知,既包括自我认知,也包括相互认知。

基本上所有的社会分层理论都承认经济因素作为分层标准的重要性,但同时也需要结合其他的因素。南村是集体经济发达的村庄,在这种村庄里,政治与经济往往很难完全分开考察。南村的阶层结构类似枣核形,也即两头小,中间大,最多数的村民是处于中间阶层。南村的村民除了集体福利的一块是同样的,其他收入就主要靠不同的物业收入和职业收入,因此,物业的多少和职业的类型也就是村民分层的基本标准。有相当一部分的村民除了自住的住宅之外,还有出租物业,既有古村中的老房子,也有工业区中新建的五六层几十间房的出租屋,一般村民手中有余钱的时候都会考虑去投标一

---

[1] 折晓叶:《村庄边界的多元化——经济边界开放与社会边界封闭的冲突与共生》,《中国社会科学》1996年第3期。

块宅基地建出租屋，工业区中的出租屋建筑格局大多相似，每层分成5—10平方米左右的小间，每间的租金大致200—500不等。一幢楼每月租金一般能达到5000以上，有的村民因此而能成为食租阶层，不用工作也可以靠收租过上不错的生活，这在村民中属于中上阶层。

还有一部分村民拥有收入和社会声望都相对较高的职业，如南村小学的老师、工厂的高层管理人员或国家企事业单位的工作人员等，这部分人群属于南村的中等阶层。还有大量的普通村民受制于教育水平和年龄等限制，所能找到的工作一般都是治安员、摩托车搭客等不稳定、技术含量低、可替代性强而又收入平平的职业，这些人群属于村民中的中下阶层。这个阶层的人们如果没有集体经济分配的收入，单靠职业收入的话，日子会过得比较艰难，所以这个阶层的人们对集体分配最为关心。还有一些村民是由于各种原因而处于经济困境，比如家里孩子较多的，教育费用支出巨大导致贫困，也有一些村民因病致贫。

中间阶层这种概念基本上是他们的阶层自我认知状态，许多人将自己定位在中等或中下等，也在评价别家的时候将之定位于中等或中上等的为多。这种意识的获得一方面是横向地与外来工等其他弱势的身份群体相比，村民有不少优势，另一方面是纵向地和自己以前的状态相比，南村在90年代后期发展起来之后，村民生活水平提高比较明显。这些比较使大部分村民觉得比上不足比下有余。村里还有少量的贫困户，主要是由于疾病或年龄等问题而找不到工作，又没有物业等其他收入来源的失业村民。这些普通村民单个对于社区来说，影响力很微小，但在一些特定的时候，他们也会发挥出大的群体影响力。

南村在1999年曾经发生过一起群体性事件，上级政府出面处理，国家机器出动介入，导致了村两委班子的变动。这显示了中下阶层群体影响力的效果，现在这种中下阶层村民的社区影响力在选举时期还会得到体现，选举时期也是村庄中不同阶层人群互动最深切、利益交流最直接的时候。

村里拥有财富最多的应该是少数的民营企业主，不像同镇的增埗村京山村等民营及个体经济发达的村庄，这部分人在南村所占的比例很小，居于南村社会中的上层，但是单纯的经济精英在社区中的影响似乎不如想象的大。一个生意做得很大的南村私营企业主就曾经半开玩笑半认真地说，村里一直想开除他的"村籍"，他也不住在南村，而是搬到了镇上的高档住宅小区，很少参与南村的事务。在发展集体经济的过程中，一些村干部在抓住机遇快速发展村庄经济的同时，也能增长声望并增加一些自己的收入。而有一些经济精英获得经济上的成功之后则通过选举成为了村干部，将政治精英与经济精英的身份合并在一起，这些人拥有国家赋予的代表村民行使自治的权力，又控制着集体资产的运营与分配，他们的行动占据着乡村社区的主要舞台，是真正对社区有重大影响力的人物。

南村的情况向我们表明，在集体经济占主导地位的村庄中，发挥着最大社区影响力的是在政治与经济分层中都居于上层的精英阶层。从农村社会治理和村民自治的角度来讲，一个农村社区的政治分层与经济分层的重合程度如果较高的话，会使该社区的社会分层累积性比较强，也就同时意味着此类社区在社会治理方面隐藏的危机比较深，虽然此类社区目前往往从表面上看起来比较安定和有秩序。[1] 虽然目前南村的阶层结构尚算稳定，但是对于贫富差距拉大的忧虑也时常被提起。一个村干部直言不讳地说："南村的贫富悬殊问题在东莞来说，

---

[1] 毛丹、任强：《中国农村社会分层研究的几个问题》，《浙江社会科学》2003 年第 3 期。

算是比较轻的，但是现在也在扩大，经济发展越快，贫富差距就拉得越大。"普通村民对精英阶层的看法也很复杂，一方面是羡慕的，另一方面对有些被认为是损公肥私而获得的财富又毫不掩饰地唾弃。一位村民说："越有钱的人心肠越硬，心肠越硬才能越有钱。"

贫富差距的扩大被认为是全球化的副产品之一，让加入这个过程中的国家与地区日益两极化，在全球体系中加剧了利益分配的不平衡与经济上的不平等。南村人所感受到的贫富差距与经济发展成正比的关系也正是南村在20世纪80年代以来日益融入全球格局中的后果之一，换言之，全球化带来的乡村工业化促使原来同质性的乡村社区发生分化，社区发展的过程也是社区中的分层不断扩大的过程，也是社区中各阶层利益的再分配与重组过程。

南村的阶层结构变动在村民中形成了新的利益格局，使乡村社会呈现更加复杂化的趋势。当前的阶层结构主要是经济上的层化，村民的生活方式与消费水平、交际范围等也都因所处的阶层位置的不同而发生分化，少数有钱的村民搬离了南村，就像前面提到过的那位私营企业主，住到了和他同样阶层人群居住的城镇高档小区。不过，在南村这样的同姓村落中，很多家庭彼此之间沾亲带故，亲缘与地缘的联系使不同阶层的人们之间的社会距离还不至于很大，同一类阶层，也即是同一个经济水平上的村民与家庭之间的互动频率也并不明显高于同族其他不同经济水平的亲戚，富裕的村民也愿意提供借贷和就业机会给困窘的亲戚和邻居。

个案[1]：谢××，42岁，家中有4口人，在南村工业区有

---

[1] 2009年2月10日田野笔记，地点：古村榕树下。

一幢出租楼，一楼租给一家药店，楼上三层租给外来工，每月租金有 5000 左右，自己打打零工，帮人管理工地等，收入不稳定。

"我家在南村属于中等，收入普普通通，大把比我有钱的人。家里主要是有一幢楼收租，不过投标和建房子的时候都是借了钱的，自己手头钱肯定不够，就向亲戚借，或多或少都会借给一些的，有的亲戚开厂的就借的多一点，如果有钱不给借肯定面子上不好看，法律上你不想借是可以不借，但是大家都会说你人情上说不通。别人开口跟我借钱，我也是要借给的，哪怕自己还欠的没还完也多少要拿些出来，不然背后被人说。"

可见，即使是在全球化的冲击下，乡村社区内部已经发生了比较复杂的阶层分化，不平衡的社会状态已经出现，但是很多时候，经济理性仍然要遵从乡村社区中一些基本的文化规范和生活秩序，使这种基于经济的社会阶层分化维持在一个被社区接受的程度上。在费孝通先生对乡土中国的"同心圆"和"差序格局"的分析中，社区中的人们总是从血缘与地缘的联系出发，在礼治之下维持社会秩序，这种礼不是靠外在的权力来推行的，而是从教化中养成了个人的敬畏之感，使人服膺。[1] 即使近代以来国家对乡土社会传统机制和自组织的破坏一直存在，而且现代的资本主义和消费主义显然也与传统的乡村伦理不相吻合，但是乡土社会自有其调整的空间，只要存在于地方文化中的基本礼俗仍然保留，人们就能够在现代化都市化的变迁潮流中找到维持社会平衡的规则。

---

[1] 费孝通：《乡土中国　生育制度》，第 51 页。

第四章　南村经济

全球化经常也被人们等同于经济全球化，跨国资本在世界范围内扩散其商品生产和贸易，大到一个国家，小到一个村庄，无不被挟入这一洪流之中。改革开放以来的东莞号称制造业名城，在经济全球化的大格局中颇为引人注目，而东莞的发展之路正是由它其中大大小小的村镇们在探索和实践中走出来的。全球化的背景、国家的政策风向、地方精英的眼界与思考、村民的选择与实践，这些因素都促成了地方经济的剧变。

第一节　南村的传统经济

一、新中国成立前的小农经济

南村历史上是个物阜年丰的鱼米之乡，一直到改革开放前的经济都以农业为主。南村地处丘陵，全年无霜期长达 10 个月，雨水充沛，岗丘山坡为旱地，多种植甘蔗、花生、黄豆、木薯、番薯、眉豆、油菜籽等经济作物，丘下平地多为水田，田间有自然的沙井，大多数沙井一年中有三个季度清水长流，适宜种植稻谷、黄麻。村中一年四季都有农作物收成,农业是村民的主要收入来源。村中还有一些副业如榨糖、织布等,产品也是远近闻名的。南村土地较多,一年四季农活较紧张,村人素有起早出工的习惯,附近村镇有的人家不愿意将女儿嫁到南村,认为嫁到南村一年到头都有许多辛苦的农活要做。南村历史上与周边村庄相比,是比较富足的,在没有修建福隆堤坝之前,东江水流经南村,水产资源丰富,早期有民谣唱:"有女最好嫁龙头,鱼仔虾公大钵头,田螺蟹蚬餐餐有,子孙车水乐悠悠。"[1]

南村的农产品较为大宗的有:稻谷、黄麻、甘蔗、花生、黄豆、木薯、番薯、眉豆、油菜籽、黄豆、荔枝。南村的传统特色产品有:莞香、白石岭糖砂、桥口潭鲤鱼。南村历史有大面积种植糖蔗的习惯,稻谷的夏收夏种是一年中最忙时,村民为错开农忙季节,就将稻谷和糖蔗间种间收,种糖时节恰是收完稻后,由11月开始至第二年2月春季种稻前。南村最多时有糖寮18座,糖蔗加工是用牛拉着滚圆大石将蔗汁压出后煮制成糖砂,南村白石岭糖砂可以保持长期不变质,远近驰名。

自古以来,南村的交通十分便利,有利于农产品的销售贸易。东北面的南畲朗,原是东江的支流,南村由此条水路通石龙、惠州、广州等地,后乾隆年间在石排境内修筑了福隆堤坝,堵住了东江水流,此条水路就此断了,南村村民便在自己的南畲朗范围内筑起一条长约3公里的石榴堤基,储水面积近3000亩,春夏季蓄水养鱼,秋冬季放水插秧。福隆堤坝筑了几年后,南畲朗逐渐枯水,石榴堤也储不住水了,后来南村人将干涸后的南畲朗改造成了大片水田,南村的粮食产量增长很大,本村的农耕人手不够,在农忙季节都要

---

[1] 谢灿林:《南村古建筑群村史》,手写稿。

在周围村庄雇大批农工来劳作，南村的田耕之苦也名声在外了。

由于以前的农业生产技术水平低，农业产量基本上是老天说了算，遇到水涝旱灾就会严重减产。特别是南村地势低洼，周围有东江水、南畚朗等，自古以来水患不绝。一般的年景，亩产水稻400斤左右，黄麻300斤左右，甘蔗则不到5000斤。新中国成立前的农田大部分由不同的宗族势力把持，南村三分之二以上的土地是归各房支所有的，但实际控制权掌握在少数的豪绅手中，广大村民只能沦为佃农，生活困苦、负债累累。为了求得温饱，南村的许多贫苦农民在插秧后便到香港当苦力，等到成熟时回来收割。[1]

南村不仅只有农业，也有些经商传统，谢氏宗族的势力在地方上也让其他村庄颇为忌惮，这也是南村能够向外扩张的强大支持。村民富余的农副产品一般拿到墟市去买卖，称为"投墟"或"趁墟"。有资料可考的历史记载，自明朝以来，周围乡镇即有固定的墟日，每三天为一期，如石排、寮步逢农历一、四、七为墟日，茶山逢二、五、八为墟日，横沥逢三、六、九为墟日，到康熙年间，除定期的墟日交易外，茶山市和石龙市已固定，为四方农民提供稳定的农产品市场。因为南村人多地多，物产丰富，据称当时这几大墟市上农副产品有三分之二为南村所产，特别是茶山市，90%的产品来自于南村。

南村丰富产出的农副产品占据大量的市场份额，也使南村人不满足于去别人的墟市买卖，受外姓人的控制，这种不满会以宗族冲突的形式爆发出来。如清朝乾隆年间，南村人因为与外姓人冲突而被排挤出了茶山墟，南村人于是与邻近的大镇埔协商，以入股的方式于1750年开通了大振墟。南村人纷纷在此地开铺设店，自己

---

[1] 东莞市茶山镇志编写组：《茶山镇志》（中册），1988年，刻印稿，第135页。

开始控制市场，南村人在此地经营墟场长达179年，到民国十八年（1929），因与邻村产生矛盾，被人放火烧毁。南村人"投墟"的历史一直持续到20世纪60年代，人民公社集体所有制时期，所有农产品统购统销，所有的墟市都消失了。

20世纪初，新筑广九铁路经南村而过，茶山境内设有茶山、南村两个火车站，火车运输通广州、香港等地。铁路的开通使当时的南村的地位更加跃然于周围的村庄之上，村民前往穗港等地打工、做生意十分方便。可以说，新中国成立前的南村，以农业为主，其他经济形式也比较活跃，像珠江三角洲其他的农村一样，自给自足的小农经济贯穿着乡村生活，乡民们依靠家族的支持、个人的劳动，在这片土地上生生不息。

二、新中国成立后的集体经济

新中国成立后，随着新的国家秩序的建立，新的农村经济秩序和经济制度也出现并随着国家权力一起延伸到乡村的每个角落。1952年，南村开始土地改革，在此之前，先经过了一系列的"减租退押，清匪反霸"斗争，和划分阶级成分的工作。土地改革是对传统土地所有制度的颠覆，具体做法是：没收地主和宗族的土地与财产，征收富农的多余土地与财产，分配给贫苦农民，原则是填坑补缺，中间不动两头平。南村田地面积多，土地被没收后，重新进行了丈量核实，评定产量，然后划成小块分到无地农民手中，并颁发土地所有证，称之为"土地还家"。南村村民分到的土地相对其他村庄更多，农民们这一时期的生产积极性十分高涨。南村的一位村民回忆：

解放前我家没有地，租祠堂的地来种，要交不少租金，日子很苦，两个哥哥去香港做苦力，在码头做工，经常托人带点钱回来才能吃上饱饭。土改的时候，我哥哥也回来了，家里分了10亩地，当时生活很开心，我父母一天到晚待在地里，种水稻、甘蔗，种自己的地不用再交租，他们干了一辈子的心愿实现了。[1]

这种小农经济的延续并没有太长时间，没有多久，在全国一盘棋的局面中，南村也走上了农业合作化的道路。1953年开始建立互助组，三五户或七八户以自愿为原则组合在一起，以劳力或畜力换工互助。1954年成立初级农业合作社，将农户大致平均地分成七个合作社，合作社成员的土地合并在一起耕种，但耕牛和农具等仍是私有的，合作社的农业生产要按上级制定的计划进行。1956年，初级合作社全部转为高级农业合作社，主要的生产资料如耕牛和大型农具等全部折价归公，每人留给一分自留地，用于种植蔬菜等家庭必需的农产品。村民的收入评工记分。

这一时期，南村的经济集中在农业生产，尤其是粮食作物的种植，除国家计划的少数养殖业外，其他副业都几近消失，农业经济结构十分单调。并且由于在农业生产中错误路线的引导，农业生产也颇受打击。1958年，南村像全国其他村庄一样掀起了大办农业的高潮，如建立示范田，在村中某块田头竖起指标牌，号称为万斤田。

提倡密植，还有名目，叫做蚂蚁出洞，或者是双龙出海，

---

[1] 2008年8月2日访谈资料，地点：古村内。

> 把其他十几亩田里正在含胎的禾苗拔起移到一亩水田里，结果收割的时候收到的是成山的禾草，空瘪瘪的谷壳，很让人生气。还有一种叫深翻改土的做法，就是要把稻田里的泥土深翻一尺以上，说是学习苏联人的先进技术，那时候全村人日夜在田里翻土，搞到人人手脚流血，结果翻土搞到生土在上，熟土在下，稻谷长不好。那一年减产十分严重，干部报上去的还是增产，群众意见都很大。[1]

1966年，农业学大寨的运动也开展到了南村，整个60年代中期，南村大搞围湖造田，将原来南畲朗的存余水面全部填土，改造成了大片的水田，耕地面积大大增加。这一时期取消了原来的劳动工分制，不再以劳动力和劳动时间计算工分，而代之以政治评分。男女分别定出标准分，级差一至五厘，记分方法大致为：出一昼勤的（一天分三昼），在记分牌上划个圈，每半月或每个月终根据记分牌上的划圈数统计工分。后来在这些基础上作了一些变化，当时北二生产队的做法是：

> 我们北二生产队又分四个小组，先挑出四个小组长，小组长在生产队中挑选，协商调整。当时的生产队干部有正队长、副队长、财经队长、出纳、会计、四个组长、妇女队长。评工分是干部先给社员打分，然后将同一个分数段的社员平均分在四个小组，一般几兄弟可能会分在几个不同组。干部的报酬也是工分，以较高的一些社员工分的平均数作为其工分。刚出来

---

[1] 2008年8月2日访谈资料，地点：古村内。

工作的一般是 3 分，算是最低分，最高分 10 分。

每年农历年尾评一次工分。我们队都是水田种水稻，旱地种甘蔗、木薯、花生、白豆。年尾时生产队分回口粮给村民，大人小孩标准不同，每年也会有点变化。生产队交完公粮后，余粮卖给政府，得到现金。曾有一段时间还要交给公家（免费）鱼、鸡。生产队算出支出外的结余，交给公社按比例的提留，余额除以全队评出的总工分，得出每分值多少钱，然后把每人评到的工分的钱的总额计出来，这样可以拿到一点现金，年末的时候正是要用钱的时候。我自己 13 岁就出来做农业，当时年纪太小，只给评 2 分。[1]

由于集中力量办大事，当地兴建了一批水利设施，使像新中国成立前那样因为受洪涝灾害而发生减产的可能性大大降低，农业生产水平有了一定的提高，但是因为实行的是计划性的农业生产模式，不顾地方农业生产的实际情况，造成了一些损失。比如 1973 年，整个茶山要求自上而下实行一年三熟制，稻—稻—麦，而实际上以前的茶山没有种植小麦的习惯，土地气候也不适宜，小麦亩产仅百余斤，而且地力损耗，又推迟春耕，三造的收成还不及原来两造的稻谷收成，这种计划种植模式直到 1981 年才停止。

"文革"结束前后的一段时期，南村的经济还是以农业为主，当时南村的耕地面积是全镇最多的，占全镇 15 个行政管理区的 13.2%。1977 年，全村有可耕地面积 5558 亩，其中水田 3713 亩、旱地 1545 亩、非耕地面积有鱼塘 158 亩、荔枝 308 亩、林木 541 亩。当年的

---

[1] 2008 年 7 月 16 日对加叔的访谈，地点：家中。

南村的粮食生产总量为 43626 担，占全镇总产量的 12.2%，糖蔗产量为 26386 担，占全镇总产量的 12%。如表 4-1 所见，在茶山镇按国家计划每年上交的农产品中，南村的贡献颇大。

表 4-1　1977 年南村上交国家的农产品

	茶山镇上交数量	南村上交数量	南村所占比例
粮食	112907 担	13134 担	11.6%
糖蔗	101399 担	14969 担	14.6%
油料	363 担	93 担	25.7%
生猪	14267 头	1913 头	13.4%

说明：数据来源于林叔所撰《南村古建筑群村史》，手写稿。

第二节　全球化与南村的新经济

"以农为本，以粮为本"的观念在南村、在东莞、在珠江三角洲存续了上千年。20 世纪六七十年代，当南村的农民们还在农田里劳作，计算着工分，羡慕着逃港成功的邻居的时候，世界经济已经在发生着巨大的变化，不久之后，这一片乡村景象也随之而变。

一、全球化与世界经济格局的变化

我们将全球化看做是世界各国与地区之间的联系日益紧密的过程，在这一过程中，经济联系可说是最主要也最直接的，全球化的发端与发展即是以由科技与产业革命所带来的生产国际化和经济全球化为基础。

16世纪时，经济全球化已经出现萌芽，资本主义开始寻求对外扩张，但那时的工业还是手工生产方式，是原始资本积累，是后来生产国际化和今天经济全球化的准备。到了18世纪中叶，第一次科技和产业革命使生产能力成百倍提高，生产所用的原材料和产品的销售市场都开始与海外市场相联系，这是经济全球化的初级阶段。19世纪下半期的第二次科技与产业革命不仅进一步提高生产能力，而且产生了垄断资本，资本开始向外流动，各国间的经济联系加强了。"二战"以后，以电子技术为主的新的科技革命促使美国和欧洲国各国等经历了经济快速发展的时期，产业资本增长迅猛，跨国公司开始出现并逐步向外扩张，经济全球化成为世界经济发展的主流。经济全球化这一新的历史阶段特点主要有：国际分工以水平分工为主，并大大深化；世界商品贸易迅速增长，规模不断扩大；劳务、货币、金融、技术、信息等世界市场也都一一发展起来；产业资本国际化有了长足进步，对外直接投资大幅度增加；在以水平分工为基础的国际分工体系不断发展的基础上，各国的对外经济关系是以全球为对象，即不再是一元化的，而是多元化的，不再是单方面的，而是全方位的；发展中国家成为独立的经济实体，积极参与世界经济活动。[1]

在中国大陆城乡还在掀起各种运动的时候，世界经济格局正在日新月异地发展，中国周边的亚洲各国也被裹挟入全球化的潮流，在全球经济秩序中寻找自己的位置，并出现了以新加坡、韩国、中

---

[1] 李琮：《论经济全球化》，《中国社会科学》1995年第1期。

国台湾、中国香港为代表的"亚洲四小龙"。这些国家或地区在20世纪60年代以前只是以农业和轻工业为主的发展中国家或地区，20世纪50—70年代，科学技术革命使发达国家生产转向技术和资本密集工业，劳动密集型产业逐步向拥有劳动力资源的国家转移。这些国家和地区正是利用西方发达国家向发展中国家转移劳动密集型产业的机会，吸引外地资本和技术，利用本地的质高价廉的劳动力资源，适时调整经济发展战略，推行出口导向型战略，重点发展劳动密集型的加工产业，在短时间内实现了经济的腾飞，迅速走上发达国家或地区道路，成为东北亚和东南亚地区的经济火车头之一。

全球化的特点之一是世界各国与地区的联系日益紧密，由于产业链与市场网络的关联而休戚相关，而国际资本流动的逐利性所带来的不平衡正是这种世界经济秩序之中的主要特点之一。美欧等发达国家处在全球化风向的主导位置，这些国家的产业变化，跨国资本的资源配置等都会使处于全球产业链中下游的其他国家和地区作出改变。珠江三角洲自改革开放以来与全球的联系亦是日益紧密，早已成为全球产业链中重要的一环。

这里以香港地区为例来看看在全球化的经济格局中这种被动的改变，或者叫做转型。珠三角最初与全球化的联系是通过毗邻的香港地区的推动，而我们在后文中将要讨论到的南村的经济发展与它进入全球化联系的过程是由香港的全球化进程承接而来的。

香港的第一次经济转型发生在20世纪50年代初。这一时期，香港从以渔农为主转变为以转口贸易为主的地区。在此之前，香港作为英国的殖民地，在经济发展上基本没有定位，担负的主要是作为英国在东亚的据点的政治任务。而从50年代开始，英美等国经济腾飞，对外部经济联系的需求增强，香港位于世界航道要冲，还拥有世界三大深水良港之一的维多利亚港，具有开展转口贸易的天然优势。依托这些有利条件，转口贸易很快发展成为香港的支柱产业。

20世纪50年代初至70年代末，这一期间欧美等国已经完成了产业升级，技术密集型企业逐步取代劳动密集型企业，制造业等大批向外转移，香港以其劳动力优势承接了服装等轻工业，并逐步使香港成为亚洲地区制造业中心之一。60年代末，香港制造工业产值已占本地生产总值的30%，成衣、手表、时钟、玩具等10种产品的出口名列世界首位。香港产品出口的比重则由50年代初的10%左右增加到80%左右，香港经济结构由转口贸易为主转变为以轻工业制造业为主。到了70年代，在完成了最初的原始积累以后，全球产业链继续向下传递，香港工业生产从开始的低档、劳动密集型向高档、技术密集型转变。纺织业和制衣业让位于机械、电子、玩具等工业，并向现代化生产经营方向发展。

香港经济的第三次转变是从20世纪80年代初开始的，这一时期香港制造业大规模北移。香港把握了中国大陆改革开放的历史机遇，将产出效率相对较低的加工工业向内地转移，到80年代末期，香港完成从制造业主导型转向服务业主导型经济体系，服务业占香港本地生产总值80%以上。[1]

从70年代到90年代末，珠三角作为香港产业转移的后方，继承性地经历了这一条产业转移与经济发展的路径，我们能从珠三角和南村的发展中清晰地看到它复制的痕迹。进入21世纪以来，由于全球经济一体化的进一步加强，珠三角与全球的联系更加紧密而且

---

[1] 有关香港经济三次转型的观点参见赵弘：《总部经济》，中国经济出版社2004年版，第159—160页。

直接，在世界经济秩序中的位置也不再仅仅作为香港"前店后厂"模式中的厂房基地，而是直接与国际投资客联系，成为国际流动资本的一片乐土。

二、南村的新经济[1]

改革开放前，我国特殊的国情与政策使中国内地在全球化加速、世界经济格局发生巨大变化的时期拒经济全球化于国门之外。然而潮流奔涌而来难以阻挡，受香港经济起飞的影响，珠江三角洲的乡民们比全国其他乡村地方的乡民要更能敏锐地嗅到改变生活的机会所在，改革开放前他们是以逃港的形式奔向对岸寻求温饱，而一旦国家政策为乡村发展打了一道门，村民们所能创造和改变的东西让人惊奇。

最早的改革从农业开始，20世纪80年代以前，东莞是农业大县，以粮食种植为主，按国家计划种植粮食作物并按时按量上缴给国家。改变是从民间悄悄地出现的，最早突破农业计划经济的尝试是从种植计划外的经济作物橙柑开始。关于这个开始有两个版本：一种说法是70年代中期，黄江镇北岸村的几个农民偷偷在一块山沟地栽种上了橙子树苗，橙子结果后悄悄拿到集市去卖，一个季节下来腰包也鼓了不少，很快这个赚钱门道口耳相传，其他村民和邻村都跟着种上了，村民们悄悄地做着这一切，村干部睁一只眼闭一只眼。后来这件事传到了县里，县领导一听却眼前一亮，当时正逢党的十一届四中全会出台了《中共中央关于加快农业发展若干问题的决定》，

---

[1] 这里的"新经济"是指与改革开放前以粮为纲的计划性农业经济不同的各种新经济形式。

其中最重要的两条：一是尊重生产队的自主权和所有权；二是大幅度提高农副产品收购价格，增加农民的收入。当时的县领导算了一笔账，种水稻的话，1毛多钱1斤稻谷，亩产即使达到2000斤，收入也只有二三百元。而改种柑橙的话，亩产一般有3000多斤，每斤7毛多，一亩地收入可得2000多元。同样一亩地，改种经济作物，收入增加近2000元。[1]

另一种说法是，1973年，南村旁边的塘角乡开始自发种植橙柑10.3亩，并专门请来潮汕老农作技术指导。种植柑橙的经济效益显著，不久塘角乡的劳动分配跃居全茶山区之首。这个消息传到公社后，塘角乡被下令要求将全部橙柑砍掉，但干部和社员均强烈反对，后经当时县果菜公司调停才保存下来。后来东莞的农业商品化改革开始，塘角乡成为发展橙柑的典型向全县推广。[2]

不管是哪一种版本更准确，其中无疑义的是，当自上而下的计划经济无法使农民们得到更好的生活的时候，他们就会进行自下而上的改变的尝试，这种起于民间的智慧一旦显现出它的生命力，必然能向上传递，逐渐地突破制度的禁锢。从1979年起，东莞县政府就开始引导土地结构调整，腾出土地发展经济作物。于是，像安徽的小岗村一样，农民们起于改变生活的偷偷摸摸的尝试，成为了先进经验，这一改革农业生产结构、推进农业商品化的做法，开始在全县范围内推广。后来，省委还专门组织全省的县委书记来东莞取经学习，向全省大范围地推广东莞的农业生产经验。

南村在这一时期受大气候的影响，以粮为纲的农业经济也在发

---

[1] 何建明、朱子峡：《东方光芒——东莞改革开放30年史记》，作家出版社2009年版，第49—51页。
[2] 东莞市茶山镇志编写组：《茶山镇志》（中册），1988年，刻印稿，第165页。

生着改变，但比较东莞其他地方而言，这种变化比较缓慢。1978 年实行联产承包责任制以来，并不是一下子包产到户的，而是经历了四个阶段：1978—1979 年间，实行田块管理到人，定任务、定工分、定时间与工作量，按定额的完成情况计工分；1980 年间，实行小组包工，划出一定地段范围，规定任务和质量，进行投标承包；1981—1982 年头季稻期间，实行联产到组，定产量、定成本、定工分、超产的按比例奖励，减产的按比例扣罚；1982 年晚稻开始，实行包产到户，将土地评定产量，按劳动力分到各家各户，包工分、包成本、包公粮，盈亏自负。[1]

这以后，村中土地分为两部分，一部分按劳动力分给村民农户，另一部分由集体掌握用于转包。村民都分到了责任田，经济模式是以家户务农为主，种植业是村民的主要收入来源，这时的种植结构不再只限于水稻等粮食作物，许多农民开始种橙桔、荔枝、龙眼、蔬菜等经济作物。

北二小组的阿婆[2]：

> 解放前南村有很多地主，我以前的伯公是南村的大地主，伯公解放后被批斗，并被送到黑龙江农场劳改 15 年，期满后被送回来。南村以前田地多，很辛苦，分田到户的时候我们家 4 口人分了 15 亩，分散在几个不同地方，当时是由生产队分配的，由干部说了算，分哪块地自己没有权做主，当时 2 个孩子都在上学，只有夫妻两口子耕 15 亩，大部分种水稻，也种些蔬菜、番薯，种了

---

[1] 东莞市茶山镇志编写组：《茶山镇志》（中册），1988 年，刻印稿，第 147 页。
[2] 2008 年 7 月 19 日访谈资料，地点：北二小组。

几十棵橙柑,非常辛苦,交公粮的任务也很重。后来种了 10 年左右又被村委会把田都收回了,改成 5 年分一次。再后来就全部收回,不让耕了,自己现在没什么事做。

南方小组的村民[1]：

分田到户的时候先由干部给田地评等级,等级越高要上交的定额越多。一开始大家也还是种稻谷,过了一段时间,有人开始在水田中种柑橙。村里也允许了,但要求种水果的要有规划,由农户报上去,生产队划出相应亩数,要种的农户抽签挑选。20 年前推塘[2]的也有一些,想推塘的人与生产队商定,一亩田交 400 多斤稻谷给队里,那时的很多村民不愿将太多田推塘,怕自己没谷吃。还有些人放弃了种田,出去打工,做建筑。粮所也政策松了,可以不用交粮而用钱顶替。

南村在改革开放后相当一段时间里仍是以粮食种植业为主,南村人在迈出传统农业经济的道路上似乎相对保守,在东莞县大力推进农业结构调整,提倡种植经济作物和提高农业商品化程度的时期,南村改革的步子稍为缓慢。南村的档案中保存最早的一份承包合同是一谢姓村人与南村大队管理会于 1983 年 12 月签订的橙柑合同书,以每年 1650 元的承包款承包一座山岭的橙柑 10 年。在 1985 年的农村专业户汇总表中,全村的专业户依然还只有这一户,其家庭全年

---

[1] 2008 年 7 月 22 日访谈资料,地点:古村内南方小组。
[2] 推塘,是人工挖出水塘,用于养鱼,当时通行的做法是将现有的水田推作鱼塘。

总收入为2.7万元，其中专业收入为2.1万元，占总收入的75%，而当年茶山区的人均年收入是857元。专业户的示范效应带动了村民们改革的步子，80年代中后期，进行果树种植和鱼塘养殖的农户明显增加，人们在自家的白田里种上了橙柑和荔枝等水果，还争相承包山林和鱼塘。

80年代村中还有5个新经济联合体，称之为荔枝组、白糖组、汽盂厂等，这些经济联合体实际上是几户人家联合出资或是出人力形成的产销一体的经济形式，自负盈亏。这些联合体只是规模稍大的家庭作坊，其中效益最好、请帮工人数最多的汽盂厂也不过请了6个工人，固定资产值为4500元，税后利润为14500元。1991至1992年间，村中的养鱼专业户大量出现，兴起了承包鱼塘的风气，鱼塘面积不够便将稻田推成鱼塘，这一时期有几十份农田推鱼塘合同书都是村民小组将稻田转让给私人推塘而签订的，一般承包期为10年或15年，承包方除负责推塘的一切支出外，还要负责上交推鱼塘的稻田面积应交的公粮和其他农业税费等。南村鱼产丰富，茶山、石龙等地市场上的鱼都出自南村，直到今天，南村也还有一些鱼塘，南村的鱼还在附近村镇市场占一定份额，只是现在养鱼的人不再是南村村民，而是从村民手里转包的外地人。

三、工业进村

20世纪70年代末，国家经济政策开始宽松，改革开放的思路逐渐明朗化。1978年7月6日，国务院出台了针对广东与福建两省的《对外加工装配和中小企业补偿办法试行条例》，1979年又将该试行条例变为正式条例，在这份条例中正式出现了"三来一补"的名词。

所谓"三来一补"是指来料加工、来样加工、来件装配和补偿贸易。这个政策为当时沿海地区急待发展而又急需发展启动资金的状况起了极大的促进作用，大量外资以"三来一补"的形式进入了内地，首当其冲的就是珠江三角洲，这一地区靠近港澳的区位优势和大量侨胞的人力优势，成为了"三来一补"企业转移的首选。改革开放30年，珠三角的乡村地区凭借政策优势和地理优势经历了从"桑基鱼塘"到"世界工厂"的崛起。如前所述，从20世纪50年代以来，以欧美日及以中国香港为代表的亚洲"四小龙"为雁阵的全球产业转移，至少经历了三波浪潮：20世纪90年代中期之前，以服装、制鞋、玩具为代表的轻工业；90年代中期之后，以电子信息为代表的IT业；而2000年以后则是重化业。由于区域、土地、劳动力等比较具有优势，珠三角顺利抓住了前两波产业转移，从而也实现了从农业到轻纺、从轻纺到IT的两次产业升级。

1978年，中国第一家镇办"三来一补"企业——东莞太平手袋厂——建立。1979年3月，虎门镇龙眼村，中国农村第一家来料加工的港资企业龙眼假发厂在村中的祠堂开工。从1978年在东莞市签订了第一份来料加工协议的30年来，加工贸易取得了"爆炸式"的增长。加工贸易进出口总额从1981年的25亿美元，增长到2007年的9860亿美元，增长了391倍。30年间GDP增长了119.8倍，财政收入增长441倍。东莞是广东的加工贸易企业的密集地。有超过1.5万家加工贸易企业，加工贸易产值占东莞工业总产值的80%以上。[1] 东莞从昔日的万顷农田的农业地区成为如今世界著名的制造业基地，拥

---

[1]《对外开放30年系列专题报道——加工贸易篇》，中国国际电子商务网，http://jm.ec.com.cn/topic/kaifang30jm/。

有电子、电气、纺织、家具、玩具等门类齐全、配套完善、技术先进的支柱型产业。

改革之初,政策还不明朗,珠江三角洲农民务实的性格和穷则思变的窘迫已经使这一地区以极大的热情开始招商引资的热潮。许多村庄把引进"三来一补"企业作为脱贫致富的希望,干部们一批批地前往香港联系以前的乡亲回乡办厂。"为了抓住'三来一补'这个重要的发展机遇,县领导们很快达成共识:所有的来料加工,东莞一律来者不拒!东莞敞开大门,不设任何门槛。不仅如此,还要动员全东莞的干部群众们全民出动,去联系香港的亲朋好友,说服他们回来投资。为了解决眼前一无资金二无厂房的困难,县委还提出了几个充分利用:充分利用土地资源,充分利用劳力资源,充分利用各种祠堂、饭堂、会堂,以及各种仓库等现有资源……"[1]

南村的第一家"三来一补"企业是港资的胶花厂,1979年创办,是以前逃港的南村人回来办的,厂址在现今的影剧院,规模很小,只有十几个工人,大部分工作是给各家各户拿了材料回家做,做完后交来计件的,这也是茶山镇最早的一家"三来一补"企业。据原任南村村支部书记的坤叔回忆:

> 上边小组一个村民的哥哥在香港,发了些财就想回来办厂,因为当时香港也面临转型升级的压力,地价贵,人工高,想转向内地,当时的大队干部到罗湖华侨大厦与香港方面谈办厂的事。这间厂最早做胶花,后来又改做丝花,当时香港人回来办的厂许多是做这种胶花或是其他类型的塑胶制品的,当时南村

---

[1] 何建明、朱子峡:《东方光芒——东莞改革开放30年史记》,第14页。

家家户户剪胶花，还要托关系才能多拿些料回来做，每个月能多几十块到上百块。厂子很小，又不规范，我当时是村里的广播员，这些办厂时的条例规章都是我来帮他们写的。后来世界经济环境发生了变化，塑胶制品行业不景气，这些厂没有及时从胶花行业转型，生意做不下去了，做了七八年后就倒闭了，隔壁村的一些胶花厂也都差不多。[1]

除了一般的外资加工企业的形式，南村这一时期的对外加工企业还有一些特殊的形式，为了方便生产与管理，港客的投资很多时候是与当地村民以合作的形式开始，这一方面是因为这些当年逃港如今衣锦还乡的香港客与村里的亲戚的血脉情感联系，另一方面也是因为这种形式便于打理企业，有利于工厂与当地管理部门的沟通。为了鼓励引资办厂，当时的乡政府可以给这些外资企业戴上"红帽子"，以乡政府名义申报营业执照。如这份 1986 年签订的合约书上所述：

合成塑料厂合约书

现根据乡八届人大会议的决议精神，为了进一步把引进对外来料加工业搞好，鼓励乡民、干部积极开展内引外联，发展乡村企业，解决更多人的劳动就业问题，贯彻谁引进谁得益的方针，不断增加和壮大集体经济的乡规民约。现有北方村民谢××等人与香港永华塑料玩具厂李×先生，在我乡投资开办南村合成塑料厂，为把该厂办好，落实生产责任制措施，现经双

---

[1] 2008 年 7 月 23 日访谈资料，地点：村委会大楼。

方讨论,特定如下条约:

1. 乡政府同意办理南村合成塑料厂牌照手续、工商登记等,并以乡政府名义申报营业执照,并申报办理200千瓦变压器一个的手续,但不提供厂房及租地的责任,不承担有关产生的各类费用。

2. 乡政府同意将该厂一切生产权、人事任用权、财务收支分配处理权的责任,落实到个人处理日常事务,行使权从签字之日起到日后上级政策允许之时止,但不能把集体经营性质转为个体性质经营,如要改变厂名商号,须得乡政府同意。

3. 该厂所用一切电费,及各项摊派任务款交由签约者负担,并要依时向乡政府缴交电费。

4. 厂方应及时向乡政府上缴对外加工费,收入部分提取百分之五,作为该厂上缴利润和管理费给乡府。每年六月底结寸一次,十二月底年结完毕。

5. 厂方每次与港商签订加工合同后,每月持出货清单到乡企业负责人处核实后送交财务保存记账。如有违反规定,后果自负,与乡政府无关。

表4-2 1978到1987年茶山建厂汇总表

年份	建厂间数	年份	建厂间数
1978	1	1984	14
1979	1	1985	12
1980	5	1986	17
1981	5	1987	15
1982	8	—	—
1983	2	合计	80

表 4-3 1987 年南村已建工厂情况表

厂名	性质	建厂时间	面积（平方米）	人数	年工资总额（万元）	年总产值（万元）	投资金额（万元）	主要产品
织唛厂	乡办	1984	300	24	4	10	12	织唛头
制衣厂	乡办引进	1984	318	50	4.2	20	12	服装
综合化工厂	集体	1984	500	25	3	20	8.6	油毡纸
胶花厂	乡办	1985	1180	150	28	50	80	丝花
电线厂	个体	1985	300	7	1.26	6.52	12.5	电线
塑料厂	集体	1986	10000	14	3	5	15	再生塑料
毛织厂	乡办引进	1986	400	50	7	22	15	毛衫
五金厂	乡办引进	1987	318	30	2.1	9	15	五金制品
塑料制品厂	集体	1987	600	30	0.75	8	15	空气传声筒

说明：表 4-2 与表 4-3 中的数据均引自东莞市茶山镇志编写组：《茶山镇志》（中册），1988 年，刻印稿，经笔者整理而成。表中关于建厂的数据可能有所遗漏，所录者为当时上了点规模的工厂，还有一些规模较小，或是分散加工的加工企业并未进入统计表内。

合成塑料厂就是一种是戴着集体合资"红帽子"的企业，登记的企业性质是集体，但从资金、管理到生产方式都是典型的外来资金为主的"三来一补"企业，而这种企业形式正是在当时的政策环境下，企业与政府双方规避风险，寻求共同发展的最佳选择之一。茶山在这一时期工业企业得到了较大发展，相比于其他镇区来说是走在前列的，还获得了珠江三角洲卫星镇的称号。南村的工业区也初具雏形。

整个80年代，基本上是以引进港资为主，港资企业是"前店后厂"的模式，即将原来香港的出口导向的劳动密集型企业转移到内地，在香港接订单，在广东开厂生产，这种模式投资导向灵活，完全以出口需求来决定生产项目和材料数量。因此，南村引进的这些企业寿命都不长，且投资热点随着国际需求而经常变换，80年代初的塑料制品企业算是第一波建厂热点，第二波建厂热点就是制衣业，香港依托于全球产业升级而发生的产业转移，将原来作为经济支柱的纺织制衣业移入了珠三角。80年代中期以来，香港人陆续在南村办起了服装厂、标牌厂、织袜厂等，第三波建厂投资的热点是玩具业，90年代初期，玩具工厂在整个茶山镇遍地开花。但是制衣业和玩具业的兴旺都持续时间不长，到目前为止，这三种行业在村里的工业企业中的比例都非常低。

据村干部介绍[1]："最早来南社开厂的是香港佬，他们赚钱很容易，很多人回来办厂发财了。但香港佬急功近利，赚到钱就拿回去香港买楼、买物业，不增资扩产，碰到1997年金融风暴物业贬值，连累他们在内地的企业破产，80年代大部分早期在南村办厂的香港人都破产，没一间维持到现在。这主要是因为没有及时转型，这些香港人回来搞的厂都不长久，他们没有长远眼光，都是做些低档的东西。这些香港人大部分结局不好，经历了学徒—老板—普通市民的过程，多数后来破产回归普通人身份。当时村委劝他们买地建厂房搞发展，这些人不听，赚到点钱就回

---

[1] 本节关于南村招商引资的访谈材料都来源于2008年7月23日的访谈资料，地点：村委会大楼。

香港花掉了，这些人我们想扶持想优惠都没办法帮他们。这是第一轮投资热，香港人回来搞的'三来一补'，低级行业。"

南村的第二轮投资热是1992—1996年，这一时期进入的主要是台湾投资客。90年代以来，台海两岸关系回暖，经贸联系加强，此时台湾经历经济转型，劳动力成本上升，这使得台商把劳动密集型企业的转移之地聚焦到了大陆，而这时珠三角由于之前十几年承接香港产业转移积累的劳动力资源、产业配套资源和外贸经验等，成为台商青睐的选择。早期的内地台商产业类型集中在制鞋、服装、餐饮等低技术、低成本行业，以"台湾接单、内地生产、香港转口、海外销售"的模式，将内地沿海特别是珠三角地区作为制造基地和出口基地。

南村这个时候贷款加集资修好了对外联通的公路，各方面基础设施也有提高，引进台商有一定的比较优势。

南村的台商一开始就来得多，差不多是当时茶山最多的。因为当时茶山建了一个工业园，主要想引进台商，但台湾人很精明，不像港人那么急功近利，他们考虑的东西比较多，认为到电子城工业区受到限制大，又要收加工费、大把管理机构抽水等，不如自己买地。当时有一个台商是茶山的台湾同乡会会长，姓黄，他来南村看了看，觉得我们这里环境很好，村里给的条件也好，就第一个在南村买地建厂，之后带动了十几个台商来南村买地。当时的地价便宜，材料与人工跟台湾一比都便宜得不得了，因此台商滚团式地来到东莞，也来到南村。台商的企业一般做螺丝、胶圈、电子零件、灯饰等，他们自己买了地建厂房就等于在这儿落地生根，慢慢将台湾的人力、物力和资金等都挪过来，这是破釜沉舟的发展，是打算在南村长期做下去的，眼光很长远，台商就慢慢代替了香港人。

20世纪90年代中期在南村买地的价格是60—80元/平方米，也有用不动产置换50年使用权的做法，如南村管理区与一台商于1992年签订的一份《有偿转让土地合同书》中所规定的：1.有偿转让土地面积为1.6万平方米；2.土地价格为每平方米80元整，总金额为人民币128万元整；3.转让期限为60年，即从1992年3月28日起到2052年3月27日止，60年期满后，乙方须将土地及建筑物无偿归还给甲方，而乙方需要继续使用，可拥有续约优先权。……

那时村里招来了最大的企业，目前为止也是最大的，就是台资的卡斯豪灯饰厂，该厂所生产的灯饰占世界60%份额。这一时期南村管理区向企业主转让了大量土地用于招商，当时招商引资的政策很灵活，约定俗成的规定是除了农田保护区的范围，其他地方土地都是可以用来转让、招商，因此东莞农村由于拥有可以转换资本的土地资源，其经济发展比城区更有活力，东莞在这种农村包围城市的发展路径中逐渐富裕起来。

2000年以来，第三轮投资潮来到，这一波投资客是被称作国际级的投资商如日本、韩国、英国等地的企业，这是南村的工业与国际投资商直接接触的开始，南村已经融入了全球化，成为其庞大世界体系的一部分。这批投资客来茶山最早也是落户南村，首先有日商来此考察，认为南村投资环境好，就也将厂开到这里，第一家日资厂是做电脑微型马达，这家日资企业后来介绍了一些其他日商进来，并带动了其他的国家的资本进来，这些行业之间相互都有所关联的，如电子、手机等，形成了上下游配套的生产链。

  现在的国际级投资客是产业升级的代表，所以现在茶山很重视国际级的投资，这些产业对东莞升级转型很有利，因为它们代表世界发达的管理水平、技术水平，应该会一直能生存下去，反而台湾企业现在状况不太好。台商在2000年之前已经考虑到东莞土地有限，去到长三角考察，从2002年开始，南村也有几家台资搬走，但这边也不会放弃，作为基地，转移了的企业生存环境更好，没转移的有困难。现在人民币升值，国外拿来的料折后没什么利润，另外现在招工困难、人工成本高了，卡斯豪现在也挺困难，它也在上海、成都买了地，老板在国内市场不认识人，没有关系网，无法开拓国内市场，国际上又遭遇人民币升值带来的利润压缩，出现困难，老板想让我来帮他打国内的江山，因为我以前做生意时走南闯北，对国内各大城市很熟，再加上后来搞古民居，与很多单位、部门都有交情，很熟，老板想让我帮，但我说如果我走了，整条村怎办，走不了，结果老板把成都的地卖了，昆山的地至今放着没动，现在总部就由台湾搬到南村，花3000多万建了办公楼，是整个村最高的建筑。卡斯豪的老板很有公德心，凡村内有困难户考上大学无钱交学费的，他会出钱供其读完大学（设立奖学金）。

南村在30年中迎来的三波外资潮使南村的经济一步步脱离了传统农业经济，第一产业与第二、三产业的比例倒置过来，南村和珠三角的其他村庄一样，快速地进入了乡村工业化的时代，经济全球化在这些小村庄里促成了各个方面的变迁。

第三节　新集体经济

一、旧集体经济与新集体经济

新中国成立后，农村地区发生了翻天覆地的变化，生产方式和组织形态都与传统小农经济时期截然不同。在经历了土地改革的短暂的私有化过渡之后，互助组、初级农业合作社、高级农业合作社、公社—生产队，农村集体化一步步深入，农民的土地也一步步转化为国家所有。一系列的集体化制度的建构过程使农村集体所有制的经济形态定型。同时，强有力的党政组织对农村的政治和经济资源都进行了有效的再整合，传统的地方势力的影响被控制甚至瓦解，全国性的统一政治文化直入村庄，这一时期的东莞农村与其他地方一样成为了全国农村政治和经济集体主义的一部分。在公社—生产队模式的架构中，经济上，农村的管理者作为国家行政基层官员的衍生部分控制了村庄中的所有公共资源甚至部分私人资源，政治上，社队干部的威权主要来自于农民们对国家政权的敬畏感。集体经济组织与政权组织合而为一，因此农业生产均由国家计划下达，以行政力量主导生产过程，是旧集体经济的主要特征。基层政权机构乡人民委员会和集体经济组织领导机构的职权合为一体，称为政社合一。实行政社合一的结果是：劳动者集体所有制经济组织成为国家政权的附属物，其所有权和自主权得不到保障。[1]

1978年以来，全国开始实行家庭联产承包责任制，旧的集体经济逐渐解体。在这个旧制度解体的过程中，新制度的建立却不再是

---

[1]　孔有利、王荣：《农村集体经济组织产权结构分析》，《财经问题研究》2004年第4期。

全国一盘棋了，不同的农村地区根据自身的发展和乡民的智慧，走上了不同的发展道路，珠三角农村地区走的就是一条传统小农经济—旧集体经济—新的小农经济—新集体经济的道路。

过大的集体化在生产力不能满足其使用需要时，只能导致效率低下，并阻碍生产力的进一步发展。旧集体经济由于计划性的特点束缚了农民的生产积极性和农村发展的活力，终于被抛弃。1978年以来，东莞开始全面实行家庭联产承包责任制。与有些地方分田分产到户，把原有的集体资产瓜分得一干二净不同的是，南村和东莞的许多农村是对原有的集体资产实行分类管理，将适宜分户使用的耕牛、农具分配到户，果木、鱼塘用投标和发包的方式给私人承包，而将会堂、仓库等适合统一经营的资产保留给集体，这就成为以后招商引资进来时有可供开发利用和提供合作的资源的基础。而且农村土地集体所有制的存在也必然不可能再回到新中国成立前那种完全分散的小农经济状态的了。家庭联产承包责任制既有旧的集体经济的特征，也有个体经营的特征，因此被称为统分结合的双层经营体制。

分田到户之初，获得了生产自主权的农民是很高兴的，南村由于耕地面积多，每户都分到了面积不小的耕地，农民家家户户都忙着种田，这个时期由于东莞调整农业产业结构，农民们种植了大量经济作物，农业收入大大提高。但是，家庭联产承包责任制是一种有别于集体经济的以小农经济为特征的个体生产经营模式，其特点是生产规模小而分散，与大市场所要求的以规模经营为特征的生产方式已有了日益明显的不适应。[1]而此时香港产业转移带来的珠三角乡村工业化的发展，已经对这种分散的小农经济形式产生了冲击。

---

[1] 孙咏梅、侯为民：《农业改革的两个飞跃与新集体经济》，《理论前沿》2006年第22期。

一个村民介绍当时的情况：

> 南村有了厂之后，村里有些人就不太想做农田的活了，一个刚出来做事的年轻女孩去工厂做工，一个月可以轻松拿到上百元。种田又辛苦又要看天吃饭，赚得还不如年轻人多，有些人就不种田去厂里做，有胆子大的自己开始做生意，办厂。后来村里要收回田，大家都同意，很少人有意见。[1]

东莞作为最早开始招商引资、发展外向型经济的试验区之一，农村地区在很早就开始利用集体资产进行投资增值，最早是通过土地开发、建厂出租、房屋出租和门面房出租等方式，增加了集体收入，为村集体资产攒下了第一桶金。东莞的许多村庄都是在实行了一段很短时间的承包责任制后，又重新放弃个人经济的独立性，要求新的集中和合作。集体资产尤其是土地作为一种新增资源被用于工业化的投资，完成资本原始积累的增值。

80年代初从香港涌入的一大批"三来一补"企业使南村开始了它的乡村工业化进程，这些大工业，与传统的农业和农村经济结构之间没有太大联系，却对资金、土地、劳动力、设施等资源提出了村民个人难以提供的要求，特别是土地的集中规划和支配，公用设施的建设，只有社区政府和村集体才有权力和能力承担[2]。另外，由于村民从集体资产的经营中能获得分红或福利等各种形式的收益，而这种收益是农民自己用小块土地经营远不能达到的，而且只有在

---

[1] 2008年8月11日访谈资料，地点：北一小组。
[2] 折晓叶：《村庄的再造———个"超级村庄"的社会变迁》，第68页。

集中合作的体制里，才能低成本提供养老、医疗和教育等公共服务，在社会保障方面享受低成本的普遍服务，这种比较利益也使南村的农民很快地选择了建立起新的集体经济形式。新集体经济是与人民公社时期的旧集体经济相对而言的，新型的集体经济已经跨越了将农民组织起来，共同参加劳动的形式，而成为一种独特的企业所有制形式。

1978年以来，在个人经济独立性增强，农民的选择日益多元化的时期，珠江三角洲的许多农村选择在社区内建立新集体经济，这与人民公社时期被外部力量供给的合作主义意识形态作用下所遵从的旧集体经济很不相同的，后者出于对国家力量的认同，制度的设置与实行来自于行政权力中的管理权威；而新集体经济则主要出乎农民们在市场化过程中的个人与家庭利益最大化的选择，在国家意识形态氛围日渐宽松的环境中，提高生活水平与追求更好的生活质量的个体性考虑最后也会使得村民选择重新合作，而这时的制度设置与实行更多的是考虑市场的需求和利益的共享。

新时期的集体与旧的集体已有本质上的差别，现实的集体有明确的边界，集体的财产归全体成员所有，集体与个体农民存在着土地承包与发包的关系，以及以种种形式建立起来的经济利益关系。集体的组织形式也发生了变化，它已不仅仅是生产大队或者生产小队这样一种劳动组织形式，而发展出经济联合社、经济社、集团总公司、总厂、股份合作制的各类公司等。另外，现实的集体承认个人利益，保障个人财产的合法性地位，允许并促进个体私营经济的存在和发展，两者形成一种事实上的共生关系，彼此依存，共生共荣。可以肯定地说，现实的集体不是传统意义上集体的复活，而是具有新的含义、确定边界、新的组织形式、全新的内部关系的集体。[1]

值得一提的是，虽然新集体经济的制度与形式都与旧集体经济迥然不同，但在集体经济的管理权威上，两者却基本一致。农村社区中的新集体经济的管理仍然被牢牢地控制在村干部的手中。虽然村组织的名称和形式不再沿用生产队模式，国家赋予的权力和权威也大大减少，但对村中主要经济资源的控制在很大程度上予以了弥补，村集体组织运作的集权制度与人民公社时期非常类似，发挥的功能却很大不同。有学者将具有这种村党政组织集权特征和乡村工业化发展过程的农村经济—政治类型称之为"（准）行政经济模式"（或曰地方政府公司主义模式、干部经济模式）[2] 这种模式常见于中国东部和南部沿海的乡村城镇化发达地区，但在不同地区又有不同的表现形式，如在江苏华西村是农村"能人政治"，在深圳万丰村是"共有制"，在东莞农村，我们姑且暂称之为"东莞模式"。这种政经模式的主要特征是：村集体有雄厚的集体经济基础，村两委的权力十分集中，是公共权威的代表，村中的正式组织控制了大部分公共资源，村两委领导层同时发挥行政和经济职能，管理事务的范围广泛等。

重视发展农村集体经济，是东莞经济的一大亮点，目前，在以集体经济为主导的农村，集中了全市2/3的户籍人口、经济总量和工业企业。到2007年底，全市农村集体总资产已达1089亿元，占全省同级资产的1/3强；年经营收入140亿元，约占全市公共可支配财力的1/3。村均净资产1.47亿元，均纯收入1463万元。2007年，全

---

[1] 王颖：《新集体主义：乡村社会的再组织》，经济管理出版社1996年版，第10页。
[2] 王庆五、董磊明：《传统与嬗变：集体企业改制后的苏南农村村级治理》，《社会学研究》2002第1期。

市农村居民人均纯收入 11514 元,其中来自集体的收入 6934 元,占 60%。[1] 集体经济已成为东莞农民收入的主要来源。

二、南村的新集体经济

南村大队从 20 世纪 70 年代开始办队办企业,当时南村经济总量较大,集体经济有一定的积累,有经济基础办了一批队办企业,如拉丝厂、锯木厂、农机服务站等,当时的村干部已经感觉到只在农业生产中耕作没有大的发展,工业才有出路,但是南村因此却在 1974 年被树为"资本主义道路"典型,县里将南村作为社会主义路线教育的试点,当时大队干部大多受到牵连,被批斗,还在南村搞了阶级斗争展览馆,从全市其他地方组织一批批干部来南村参观展览,之后又将之拉到东莞去展览。这样一来,打击了村干部和村民发展集体经济的积极性,社办企业也都基本关闭,集体经济基础就只是大量的农田和养鱼、鸭等少数养殖业。

分田到户后,集体资产也所剩无几。1979 年第一家港资的胶花厂进驻,当时村里将会堂让出作为厂房,每月收取少量租金。1980 年之后陆陆续续地又有一些"三来一补"企业进驻村中,租用村里的厂房,同时也引来了众多的外来人口。但是相比于东莞其他农村的发展,当时南村的招商引资比例偏低,与本镇的增埗村、茶山村等地相比,南村的工业化步子缓慢,村民们认为这一方面是由南村原来的耕地面积太多,传统的农业经济扎根太深所累,另一方面也与村干部的发展思路有关。改革开放以后的南村的集体经济发展经

---

[1] 中共东莞市委办公室编印:《东莞市情手册》(2009)。

历了较为波折的过程，据村干部介绍[1]：

> 1979年办的胶花厂，1979—1982年间生意非常好，有的干部就将这些生意承包给自己家人，挣到钱自己享受，大部分村民享受不到。1980年后，又有两家港资厂来到，但当时将港资厂承包给私人管理，少数人挣到钱，整条村没发展。南村的发展慢了十年，1980—1990年基本上停顿发展，当年村委会一年总收入只有60万元（主要是厂房租金）。增埗等村却在这期间发展大量"三来一补"，很多村民在这些工厂里学到技术与管理后就自己开厂，所以增埗现在个体私营很发达。1988年村里与茶山农行合作，按六比四的股份办了一家乳胶厂，生产乳胶手套，产品销往美国，销路很好，可是没多久遇上1989年后国外的经济封锁，一下断了销路，1989年这间厂倒闭后村里欠银行200多万。
>
> 另一个发展慢的原因是以前跟外面连接的道路很差，茶山镇上的大道修好了却没有连到我们村里来，从镇上到南村走的都是烂路，花的时间也长，所以最早没有太多厂子愿意来这里，来的也都是些不太上档次的小厂。大家都知道要修好路才能招商引资，但村里拿不出钱来，村里集体资产很薄弱，没有钱修路。后来想了个办法叫村民集资，有的村民家里有些钱，有自己赚的，也有香港亲戚寄回来的，村里就向大家集资，1990年共向村民集资60万，给10厘利息，有的村民赚到钱愿意给村中拿利息。南村向茶山村委会买了地，70元/平方米，修了这条通向镇上的路，

---

[1] 2008年7月23日和7月25日田野笔记，地点：村委会大楼。

再利用后来卖了90多亩地的1000万左右资金搞水电等基础设施。路修好后投资的人一看确实环境可以，就更愿意来南村办厂，来的企业一多，村里收的加工费、厂房租金什么的就有了，迎来了南村第一个开发高潮。

南村真正从农业转向工业是90年代以后，特别是90年代可以开发土地起，政策允许灵活用地，开发了几个工业区和商业区，引进来的企业规模越来越大。到1993年为止，靠卖土地的钱积累了3700多万放在银行，用这笔还了200万欠款。3700多万如何用，村干部有不同意见，当时厂房租金为7—10元/平方米，新书记上任后，将这些钱全部转入管理区，用于发展厂房，搞了8项工程，建了4.5万平方米厂房，厂房租金收入增长很快。但集体经济增长了，村干部忽视了村民的受益，在1998年前都从没分红，1999年爆发了一场风波，村民反映为什么卖了地却享受不到利益。

1999年我当了村主任，整个村固定资产7000万左右，年收入是650万，后来年年增长百分之十几。村里从1999年开始分红，而且逐年增加。现在南村的集体资产年收入3000万左右，固定资产3个亿，全市排在50名以内。大部分钱分给村民了，2006年分了3000多万，平均每年村组两级都有超过800万的分配，10年以来差不多分了1亿，这些分下去的钱是不计入固定资产的，如果不分这些钱，增长率还不止百分之十几，将这些钱投入生产，还可产出4.5亿。一些以前迁出南村的人看到南村现在的集体经济发展好了，又都要求回迁了，所以村集体经济的发展对村子有凝聚力。

从南村的新集体经济的发展轨迹来看，土地转换的价值十分巨大，无论是最初卖地换来的原始资金，还是现在主要的厂房租金收入，土地所创造的财富为村集体经济的增值作出了最大的贡献。南村的土地经营也走的是集中—分散—集中的道路。以粮为纲的年代，搞水利，围湖造田，南村拥有了不少耕地，这一时期以生产队为单位集中种粮；包产到户后，土地使用权分配到农民家庭中，农业生产以家庭为单位；而当工业进村的时候，作为可以置换最多资本的土地资源必须集中才能获得规模效益，因此，土地又重新集中。20世纪80年代末开始，村里就开始用较低的赎买价格收回一些村民无力耕种或是从事非农活动后荒废的耕地，之后就全面将原来包产到户的田地收回集体，然后规划出一部分用于基础建设用地、宅基地，以及工业区厂房用地，剩下的田地再划分承包，并订下规定改为以后每5年重新分一次。但此时盘活土地资源用于经济开发成为东莞农村发展的潮流，1993年前后，村里再一次将田地收回，不再分田到户，而是拿出一部分田地、鱼塘、山岭来，主要采用投标承包的方式出让使用权。这样，土地的经营权又全部集中到村集体手中，成为集体经济最基础的组成部分。

与增埗村、茶山村等完全城镇化几乎找不到一块田地的村庄相比，南村的耕地算是保存较多的。在1993年，茶山镇将南村管理区中划出春山、大埔两片基本农田保护区，面积为3217亩，农田保护区的红线范围内田地不得转作其他用途。除了这部分土地和一些被国家和市一级工程征用的土地外，其他的土地则被规划使用为工业区，兴建厂房招租，搞基础建设，以及分配或招投给村民作为宅基地。

到2002年的时候，也就是进行农村集体经济股份合作制改革的前夕，南村的集体总资产已达到11921万元，集体所建的厂房及出租物业已达12万平方米以上，村内的企业及个体户数达到了120个，其中外资企业26个，村内还有2个农贸市场，共有摊位500多个，当年村组两级集体经营纯收入达1084万元，人均纯收入为3423元，年末集体分红为每人1000元。

从2002年到2006年，东莞完成了历时五年的农村股份制改革。推行农村股份合作制改革，是继家庭联产承包责任制后，农村社会经济体制的又一次重大改革。全市119.2万名村民成了股民，99.3%的村级经联社和98.9%的组级经济社完成改革，建立股份经济联合社551个、股份经济合作社2473个。股份经济联合社，是以资产合作为主的新集体经济组织，划分集体股和个人股，将之前的集体资产清查核实之后的实际资产分到符合政策规定的人口中，并使股权固化，实行"生不增，死不减，进不增，出不减"的一刀切原则，持有股份可享受由于集体经济增值而带来的股权分红，但也要承担由于集体经济经营不善可能带来的亏损风险。南村在2004年依据东莞市的要求完成了股份合作制改革，将工业区的厂房、农贸市场等集体资产清产核资，界定产权，村民由此开始成为股民，每年按股份取得分红。

如表4-4中所见，南村的集体经济从2001年起开始进入快速上升期，各项经济指标都稳步增长，村集体可支配收入一度在茶山排名第一，2005年在东莞市400余个村中排名第53位。2006年度全村的工农业总产值达71950万元，村级集体经济总收入达2486万元，村民小组级经济总收入达453万元，村级集体经济纯收入达1588万元，村组两级集体经济纯收入达1909万元，村级村民福利分配达620万元，村组两级村民福利分配达815万元，村民的人均纯收入达

表 4-4 南村近年来经济发展情况表

指标	2001	2002	2003	2004	2005	2006
村级经济总收入（万元）	1325	1629	1878	2168	2317	2486
村级资产总额（万元）	11412	11921	13046	16070	16895	19113
固定资产原值（万元）	7436	7695	8897	9674	9746	10332
固定资产净值（万元）	6500	6527	7469	7993	7783	8077
人均所得（元）	4272	5145	5658	6395	6747	7178
工业总产值（万元）	18153	19651	24909	60000	68000	71000
农业总产值（万元）	829	856	900	1300	1150	950
企业个数（个）	96	95	97	100	96	95

说明：数据由南村村委会档案室提供。

5513元，村民储蓄存款余额达7400万元。2006年由于东莞市修建东部快速干线经行南村地界，征用了南村的一部分地，按照政策补偿征地款与青苗费等共计2亿多元，村集体经济的可支配部分更是剧增，2005年底的村级集体分红为每人5000元，2006年末村级集体分红则达到每人1万元。

集体分红是村民的收入来源之一，每年年底都盼着可以多拿些钱，但按省里的农村集体资产管理条例，村集体经济中每年能够拿出来分的钱占集体收入20%，主要部分作为公共基金用于投资增值。有的村为了多分红，有时会拿出超过允许比例的钱来分，或是从公共基金中先拿一部分出来分掉，第二年再补回去。对于年终分红，村干部坦言有压力：

> 分的钱每年只能增加，不能减少，否则村民会有意见，有些村这些年集体经济没增长，新厂房不敢建，旧厂房贬值，拿不出更多的钱来分红被老百姓骂。南村的增长算很有前景，市里给的土地补偿款我们发了一部分，不敢全部发完，还有一部分要留着做保障基金。[1]

村集体经济分为村组两级架构，村级是以行政村为单位的集体经济，组级是以村民小组为单位的集体经济。南村下辖7个村民小组，村民小组的集体经济也是以股份合作制、股息分红为特点。村民小组之间由于区位、土地面积和发展路径的不同，集体经济存在着差异。不过，与其他村庄相比，南村的村民小组间的集体经济差异也许是最小的。与之相对的情况是增埗村，很多村民都向我举了增埗的例子作为与南村的对比。增埗村有三个村民小组，每个村民小组的集体经济组织几乎是单独运作的，组一级的经济活力强于村一级的。而南村则是村级集体经济占绝对控制地位，小组经济附属于村级集体经济，因为土地都集中到了村集体。比如市里的工程征地，征地合同是由市政府与茶山镇政府签合同，镇政府再与村委会签，村民小组在这个过程中没有发言权，也没有影响力。

相对来说，上边小组的经济状况最好，有3间厂房出租，其他6个组没有厂房，集体经济主要收入差不多都是发包鱼塘（5年一次）、

---

[1] 2008年7月30日访谈资料，地点：村委会大楼。

菜田（3年一次）的租金等。上边的第一间厂房是私人建的，购买了20年土地使用权，20年过后地上面的厂房无偿给回小组。另外，村委会建址时占了它的地补回一块建厂房的地，后来又在村委会支持下，向银行担保贷款建起了厂房出租。其他组以前没有这样的机会。现在各组也都分有地皮建厂房，但机会过了，现在建厂房的风险较大，村民们都不愿意用集体资产冒险。小组集体经济每年也有分红，2007年的分红在不同小组中是300—600元/人。

南村的集体经济还有一个突出的特点，就是总量虽然很大，但并没有自办企业，集体经济收入来源多为厂房出租与土地转让收入，以及政府的征地补偿等。这也是珠三角的农村集体经济区别于江浙一带同样属经济发达地区的农村集体经济的主要特点之一。如大家熟悉的华西村，其集体经济主要来源于村办的企业与商业收入，而以南村为代表的珠三角农村，其集体经济的积累走的却是另一种路子。村工业区里外来资金和外销市场为主的外向型经济发展模式使村集体能够保持稳定的收入，而市场的不确定性和经营风险的普遍存在，使以社区为单位的集体经济很少直接参与市场竞争，"安全第一"的经济学并不仅仅存在于斯科特研究的前资本主义社会中。既然转让土地和出租厂房也能获得不菲且有保障的收入，大多数村干部并不想冒额外的风险。

在20世纪80年代全国大力发展乡镇企业的时候，茶山的镇办企业很出名，走在东莞前列，但是由于镇办企业经营管理水平较低，在体制上也无法与市场化的外来企业竞争，许多镇办企业逐渐出现经营困难，后来大批改制时出现国有资产流失，国企变私企，使镇集体经济损失很大。南村也走过村办企业失败的路子，如前文中提到的与茶山农行合办的乳胶厂，在1989年倒闭后关于如何处理厂子的讨论中，一种意见认为把生产线卖掉，将厂房出租，另一种意见认为先不动，等国际市场形势好转再重新生产，后来第一种意见逐渐占多数，就按这种方案处理了。后来的事实是，镇上其他挺下去的乳胶厂没有一家能再开工，而南村卖掉机器后虽然也亏损了，但厂房租了出去减少了损失。经过此事之后，村里没有再尝试自办企业，都是靠出租厂房营利，也就成了东莞农村"出租经济"的一部分。

三、金融危机与双转型

"生存伦理植根于农民社会的经济实践和社会交易之中。"[1] 从南村的经济发展过程可以看出，南村从传统农业经济到现代的乡村工业化，南村人走的是一条较保守，或者说寻求更低风险的发展道路，如在集体化时期，在改革开放初期，不是像其他地方的农村一样，一步到位地分田到户，而是阶段性地逐步从集体化中分散开来，也使之后的再集体化和新集体经济的建立较有基础。经济全球化带来发展机会的同时也带来了市场风险，南村人偏保守的思路和曾经的经济实践使他们在经营集体经济时，也是以尽量减少风险为主。

不过，风险有时很难避免，特别是在加入了全球进程之后，每一个进入系统的事物都会受到蝴蝶效应的影响，珠三角的农村经济也是全球经济的一部分，当经济危机发生时当然也会受到影响。最常见的情况是由于受危机影响，工业区内的各类企业或者资金链断裂，或者订单不够开工不足等各种原因，维持不下去后突然"走

---

[1] 〔美〕詹姆斯·C.斯科特著，程立显、刘建等译：《农民的道义经济学：东南亚的反叛与生存》，译林出版社2001年版，第8页。

佬",老板不知去向,留下被拖欠工资的工人讨薪闹事。东莞政府为维护社会秩序,要求采取"老板走佬,房东埋单"的做法,通常是,如果厂房是村委会的,则由村委会埋单支付工人工资;如果厂房是个人的,而个人一时之间拿不出或不愿拿那么多钱来垫付,一般也会由村委会先行垫付工人工资,尽管法律上村委会并无垫付工资的义务,但已经成为地方上应付此类事件的通行做法。由村委会用村集体资产为破产老板买单,村民当然觉得自己的利益受损,围绕此类事件的矛盾纠纷越来越多。

1997年的东南亚金融危机和2008年的全球金融危机对于南村经济自然也发生了或多或少的影响,村干部介绍了两个比较大的案例[1]:

> 1996年,贵川(音)厂投资2亿多在南村买了7万多平方米土地,从批准到开建只用了一个月时间,这家厂生产手机天线、汽车天线等,用全世界最先进的全自动生产线,一台机器700多万港币。这家厂最早于1993年在深圳平湖建厂,那儿有4000多工人,扩大后来到南村,1997年正式开始生产运作,但正好遇上了金融风暴。工厂是由5兄弟持股,其中老大用厂里资金炒楼,在1997年亏了很多钱,拖累到这两间厂资金周转。平湖厂的工人听说工厂可能倒闭,怕拿不到工资就结群上公路拦车,当时正是开省运会的时候,搞得运动员的车队只能绕道行驶。南村厂的工人当时也被拖欠了工资,也想要闹事,结果是村委会出钱调了100多万给工人发工资,遣散了工人,其时

---

[1] 2008年7月23日田野笔记,地点:村委会大楼。

工厂还拖欠村委会300多万管理费。老板很感动,后来拍卖工厂之后的款项首先将欠村委的钱及利息全部清偿。

2008年受全球经济危机的影响,南村的经济环境也不太好,南村工业区的一些小厂关闭了,还有的厂虽然仍开业,但所赚利润仅够支付工人工资。有一家厂拖欠了南海的供货商30多万货款被起诉到法院,有一天傍晚南海法院派人过来要拖走厂主的一台奔驰汽车抵款,当时工厂老板在香港,手头资金紧张,于是村委会将30余万先行代为支付给南海法院,这才放下奔驰车,老板回来后马上还村委钱。后来这家漂染厂由于环保不达标被政府关停,老板在结束后将所有欠村委的钱全部给清。

这两个事件是被当做妥善处理好了各方面利益关系,避免了损失的成功案例,村干部认为是南村以诚待人的回报。不过,更多的案例表明,在全球系统中的农村集体经济许多时候已经不由经营者们自己做主,而是会受到全球经济链中其他各方的挟制或控制,村民们共享利益的同时,也要共同承担风险。

由于处于全球产业链的下游,东莞的外向型加工制造业受世界经济波动影响特别大,为了改变这一局面,从2006年开始,东莞政府开始提出"经济社会双转型"的发展战略。经过多年发展,东莞的经济实力增强,产业基础也比较扎实,具备了产业升级的能力,再加上全球经济环境变化,区域竞争加剧等因素,东莞开始走上了转型升级的道路以谋求更大的发展。市委领导提出:"只有落实科学发展观,只有双转型,才是东莞的唯一出路。""双转型本质上是城市的高级化和产业的高级化。产业的高级化决定了城市的高级化,而城市的高级化则是产业高级化的很重要条件。"[1]

南村作为东莞实践产业结构调整升级的32个"试点村"之一，政府规定的调整方向定位为"退二进三发展旅游商贸为主的第三产业；并实施旧村改造"。目前南村的第二产业和第三产业的比例在7∶3左右，"退二进三"的目标比例是让第二产业和第三产业的比例达到4∶6左右。具体做法上，一方面要大力保护古村落，秉着"修旧如旧"的原则，每年投入200万到300万元修缮古建筑，预计整个投入需要2000万至3000万元；另一方面，积极发展农业生态旅游，争取用两年左右时间初步打造出一个700亩的农业生态园，以古村落+农业生态旅游作为新的集体经济增长点。

在各个具体的村庄中，农民们习惯了依托着集体经济和外来经济获得固定收益的生活，不愿意作出改变，而且转型还可能带来短期利益的损失，比如由劳动密集型企业为主转为技术密集或资金密集型企业为主的过程中，会减少从业员工人数，出现人口外流现象，使村民的出租收入减少。而且经济收益的变化又直接影响着社会生活的其他方面，会使村落中的生产方式和生活方式都发生变化。比如村民家种的荔枝龙眼等作物几乎都是卖给工业区的外来人员，一旦这些顾客减少，他们的收入也就相应减少了，可能使他们完全放弃农业生产。与二三十年前的生活相比，许多村民对现在的生活基本满意，他们害怕搞转型破坏了已有的利益格局从而使自己利益受损，因此围绕转型的各种具体做法得到的支持并不多。即使像南村这样有一定的资源和可展望的新的经济增长点的村庄，搞旅游经济的前景也不太被村民们看好，由于前期投入古村修复和改造的资金

---

[1]《东莞市委理论学习中心组：双转型是唯一出路》，《东莞日报》2008年3月25日。

不少，村民的意见很大，认为投入多，分下来的就少了，而且只有投入不见产出，讲究实际的人们觉得这样的经济账很划不来。

尽管如此，政府主导的经济社会变革还是以行政方式推行开来，对每个人产生了或大或小的影响。应该说，作为政府针对全市的情况提出经济社会双转型的战略是城市发展到一定程度的必然做法，也是响应党的十六大报告中提出的"可持续发展"的体现。由于东莞加入全球产业链正是得益于全球产业的转型升级过程，并且在全球性的经济危机中饱尝了作为低端产业基地的酸甜苦辣，因此，东莞当前的转型升级战略正是地方进一步参与全球化，力求在全球价值链中提高自身竞争力，获得较高的产业地位的行动，在这一过程内，工业化的乡村也更深地嵌入了全球之中。

第五章　家族的记忆

第一节　慎终追远：家族起源的记忆

一、谢姓的来源

中国人对于自己的姓氏有很深厚的感情，姓氏的延续与扩展代表着血缘的承续和壮大，是几千年父系继嗣体系的直接象征。

各种姓氏追根溯源都能与上古的帝王发生联系。明嘉靖年间所作的《南村谢氏族谱序》中称：

> 按谢派之远源本申伯之来裔，方自上古炎帝之胤，申伯乃姜姓也，周宣王之舅受封汝南谢城因氏焉，世系以邑为姓，在今德州南阳县是也。始居于斯，后迁于诸，盖因秦乱故此避出于吴新安县居。

谢姓是中国的一个大姓，全国各地分布很广，据谢氏族人估计，国内外现有谢氏族谱400余部，在这些新旧族谱中，绝大多数与南村谢氏一样，认为谢姓出自姜姓，是炎帝后裔申伯的后代。相传炎帝居于姜水畔，便以姜为姓。至商代有后裔孤竹君的长子伯夷与叔齐一起投奔到周。到周后反对武王伐商,武王灭商后他们又逃到首阳山,因不食周粟而死,他们的后裔仍留在商朝。成王继位后封伯夷的后裔为申侯,称申伯,是申氏的始祖。周厉王娶了申伯的女儿为妃,生的儿子其后为宣王,宣王继位后,把自己的母舅申伯封在谢国,后来申伯因事失去了爵位,其子孙就按当时的习惯以邑名为姓,称谢氏。

这种说法作为主流一直沿袭,但也有少数谢氏族人提出另一种源流,即认为谢姓的来源不是炎帝而是黄帝,谢即是射,古代是在山林中善于射猎的一支,是黄帝少子禹阳的后代,为黄帝得赐姓的十四子中任姓所组建的十国(也称十族)之一谢国,后来子孙以邑为姓而得谢姓。[1]

谢氏的郡望主要是陈留、会稽,史称谢氏正宗。西晋末年,黄河流域战乱频繁,中原人大量迁往江南,阳夏人谢衡因避战乱迁往会稽,在此繁衍,成为谢氏最重要的一支。广东省谢姓大都是历史上浙江、江西、福建等省移民的后代,在血统上尊奉由陈郡谢氏进一步分衍而成的东山会稽派,或自称是该派某位传人的后裔。在南村谢氏大宗祠的后堂前楹联有云:"来自会稽我祖之传已逾卅世,居于南村大宗而后又历五朝。"即是表明这种血统渊源。

谢姓既然根植于中原,又是如何从河南来到岭南的呢?南村族谱中记载的迁移路径是,阳夏的谢衡到会稽后传到谢灵运这一代,谢灵运又迁至上虞,今浙江绍兴一带,在此地传了4代后又从上虞"复居阳夏",回到了原来的老家阳夏,在此地传了16代传到君锡祖,迁居上蔡,传4代后到应星祖,"卜居新喻",属江西地界,来到了南方。3代之后又迁至江西弋阳,之后传到谢元伟,谢元伟来到

---

[1] 谢汉青:《以史鉴谢源》,谢氏宝树网,http://www.baoshu.org.cn/article_view.asp?id=699。

南雄做官，并定居当地，其后，他的子孙分布到东莞、增城、从化、新会、博罗等岭南各地，谢元伟也就是岭南各地的谢氏之祖。谢氏大宗祠的中堂侧楹联："祖德久难追，由周代祥开，历宋元明，宝树根深和蒂固；宗支分亦合，自弋阳系出，联东增博[1]，陈留源远永流长。"就是对历史上祖先迁徙过程中宗族开枝散叶的描述。

二、谢氏来到南村[2]

南村的谢氏家族追溯其远祖已有数千年的历史，如今的谢氏大宗祠中堂的柱子上挂着一副楹联：

> 卜筑记当年由南雄而南村，三度开山源远流长已传卅八，枝蕃叶茂又越八千，共欣俎豆常新子孙绳绳厚德；诏谋缘织日自大宋至中华，五更朝代甲乙两榜辉映后先，文武同时荣跨间里，还望簪缨勿替衣冠济济拜崇恩。

说的就是谢氏祖先从北到南迁居，来到南村定居发展的历史。

会稽谢氏大约传到第35代谢元伟，在宋淳熙年间来到广东南雄定居下来，曾任南雄郡司马，他生有4子、10孙，其中有一个儿子谢希良，任过南雄节度使推官，在任上去世，他被尊为南村谢氏的太始祖。

---

[1] 意为东莞、增城、博罗的谢姓联宗。此联为1997年谢氏大宗祠重修后东莞谢岗镇谢姓同宗所贺赠。
[2] 谢氏家族的历史资料主要来源于光绪年间《谢氏族谱》及对村中老人的访谈结合整理而成。

1. 开基与定居

南宋末年，蒙古人南侵，为避战乱，谢氏族人纷纷自南雄外迁，多数南迁到珠江三角洲的番禺、东莞、新会、从化一带，也有远迁至粤西、粤北者。谢希良的儿子谢尚仁，生于嘉熙二年（1238），为了躲避战乱带领家小离开了南雄。经历了长途跋涉之后，终于选择了东莞的南村定居。谢尚仁被尊为南村谢氏家族的始祖，被追号为东山公。

谢尚仁带着一家大小坐船南下，首先到达广州，之后再搬迁到东莞（当时称为宝安）茶山的芦荻墩居住，后来觉得芦荻墩太过幽僻荒芜，就又寻到山清水秀的风水佳地，即现在的南村定居下来。谢氏大宗祠厅堂中还有一副楹联："乐业安居，开基独识南畲朗；间关越险，寄迹先从芦荻墩。"南畲朗在茶山北部，旧时称为石冈水，是一大片由周边山中水流积聚而成的水域，周围冲积而成一大片滩涂地，土地肥沃。此地原称南畲，后来因畲与蛇同音，而蛇被视为不吉之物，到清康熙年间改名为南社，即今天的南村。开基祖东山公来到南村时，当时的南村已经有戚、席、麦、陈、黄等姓居民居住，谢尚仁带领家小初来此地时作为外姓人势单力薄，住茅草屋，以补鞋为生，艰苦创业，逐渐繁衍生息。

谢尚仁37岁迁居南村，卒于82岁，生有一子名士昌，士昌生二子，长子谢南受，次子谢南杰。南受又生三子，而南杰无后。在谢氏宗谱的世系图里可以看到，南村谢氏尊本族始祖谢尚仁为一世，谢士昌、谢南受分别为二世、三世，四世以后都是南受一房的后裔，如此绵延，谢氏宗族终于发展成为村中大姓。

2. 家族的发展

谢氏在南村发展壮大，以至于能够挤走原来定居于此的原居民，而将此地变成单姓村落，其中的过程想必很是艰苦惨烈。一个父系继嗣集团的扩大主要依靠的是集团内男性成员的增加，从谢氏族谱中的世系图来看，五世之前的谢氏比较单薄，从六世开始，谢氏的人丁日益兴旺，也是从明初时起，谢氏族人中开始有人考取功名，在地方的权力格局中开始占一席之地，从而为谢氏宗族的发展开拓了更大空间。

南村人认为谢姓能在南村由小到大地发展，靠的是崇尚礼德教育，耕读传家。谢氏族人由最初的外来户历经艰难，逐渐兴旺起来，历代也出了一些人才，在清朝后期达到鼎盛，在清同治、光绪年间一连出了4名进士，其中1名文进士谢元俊官至礼部郎中，3名武进士皆任守备，其中谢遇奇最后官至建威将军，可算得是南村谢氏中官职最高之人。此时，谢氏早已不是当年孤苦无依的补鞋匠的贫困光景，而是当地大族，对整个茶山地区都有相当的影响力了。

历史上南村附近有13姓，谢姓是最后迁入的，之前一直与其他宗族杂居相处。明清时谢姓出了不少官宦人物，财势渐大，逐步买入许多其他姓氏的土地，其他姓氏被迫迁走，谢氏也终于在南村获得了一个相对独立完整的社区空间。谢氏族人将家族的发展归功于读书进取，通过考取功名使个人和家族的地位都得到上升，相应而来的是宗族势力和财富的增加。谢氏不断地从其他宗族手中买来土地，有时是公平买卖，有时则会恃强凌弱。解放前周围各村对南村人非常忌惮，因为南村人颇有些势力，被认为蛮不讲理，仗势欺人。

依靠着强大的地方势力，谢氏宗族的族产也十分雄厚。清乾隆二十七年（1762），谢氏大宗祠崇恩堂置有物业公田116亩6分，果木店铺等另有若干。每年收入的田租等款项，由乡亲耄耋议事挑选3到5名可靠的族人负责管理账目，累编造册，收支详细公布。公田收入主要用于自然灾害赈济，扶贫济困以及奖贤学仕，鼓励子弟上进等公共福利事业。由崇恩堂议定的谢氏大宗祠花红条例38条，即对于取中不同功名的谢氏子弟给予白银奖励，如文鼎甲200两、武鼎甲150两、点翰林100两等。明清期间，谢氏入禀功名的人很多，共计有进士8名，举人6名，秀才、庠生、国学生39名。这些家族精英的崛起也带来了谢氏宗族的全盛，留下了辉煌的历史，现存村中的美轮美奂的祠堂与民居也大多为当时所建。2003年，费孝通先生以逾90岁高龄来到南村视察，并即席题下了"古代进士村"的墨宝。

光绪年间的族谱中只记录了一世至十六世的世系及姓名，现在南村正在请村中老人新修族谱，其中的重要工作就是将十六世以后的谢氏成员姓名增补进族谱，扩充世系表。据修族谱的江叔介绍，这个工作非常庞大，耗费了很多精力，因为清末以来谢氏族人有的漂洋过海，在国外开枝散叶，有的迁至广西、江西等地后没有续修族谱，即使知道有这么一支族人，如果没有相关的族谱资料接续的话也无法承认其宗族身份，还有的外迁后下落不明，只能在族谱中注以"不详"字样。时至今日，经历了700多年后，南村的谢氏从宋末算起已传至29代，村内及散居在海内外各地的谢氏族人已达8000余人，南村户籍的谢姓后裔子孙有3300多人，港澳海外的有5000多人，可谓枝叶繁茂。在谢氏大宗祠崇恩堂前挂有一副楹联：

  卜筑自大宋至今，朝代已经五易，瓜瓞绵绵，枝传廿八，礼乐衣冠缘厚德；
  聚居于南社之后，宗祠现又三修，门庭奕奕，子孙八千，春尝秋祀纪崇恩。

三、珠玑巷的传说

谢氏的族谱如珠江三角洲许多其他的宗族族谱一样，称自己的祖先来自南雄珠玑巷，南村的族谱记载了谢氏先祖从南雄府保昌县沙沱村的珠玑巷出发，沿河而下来到岭南的过程。

珠玑巷的传说在珠三角的广府文化中是一个充满神秘感的意味深长的文化符号。广府文化被认为形成于唐宋时期，这一时期，岭南地区发展迅速，唐代的广州已经成为世界性的贸易港口，宋代时珠江三角洲开始大规模围垦，大片荒地被改造成良田，吸引了北方移民迁移定居，刚来到的外来移民是没有土地的，被称为"客户"，经过长期的奋斗，和当地土著社会融合，逐渐站稳脚跟，成为当地社会的主流。[1]这个过程基本上在明清时期得以完成，而珠玑巷的传说在这个由"客户"到主流的转变过程中发挥了引导群体凝聚力的象征作用。不同姓氏的宗族都来源于珠玑巷的传说，使他们在与当地土著争取入住权、地方控制权时能结成共识，一起争取共同的利益。不管各族姓的历史是否真的与南雄珠玑巷有关，珠玑巷传说的产生、普及和广被接受认同并内化为宗族意识的组成部分的过程，正是外来移民群体逐步进入岭南社会的适应策略之一。珠玑巷也被记载入各族姓的族谱中，成为祖先们筚路蓝缕、艰苦奋斗的家族历史的一部分。

如南村谢氏一样，珠三角许多村落宗族的族谱初撰于明代，这正是外来移民已经扎根岭南，势力逐渐扩大的时期。关于珠玑巷的这一传说即盛行于明代，明代至清代中叶，是移住者深入珠江三角

---

[1] 司徒尚纪：《泛珠三角与珠江文化》，香港：中国评论学术出版社2006年版，第170页。

洲内部开发的时期，各族姓源自珠玑巷的传说，有助于消除以祖籍意识为基础的团体壁垒，促进彼此间的认同意识，起到整合移住者群体的作用。[1]同时，南下的移民有较好的文化素养和入住扎根的动力，在有一定经济力量后就培养子弟，读书进取，从明代中叶起不断在科举仕宦上取得成功，进入统治集团，从而进一步获得地方社会的控制权，并形成和确立自己的主流文化地位。

在族谱中，珠玑巷一般都被认作是一个北人南迁的中转之地，各族姓都源出中原文化，先自北向南来到南雄珠玑巷，后又因时代变迁而继续南迁到珠江三角洲各地。因此，珠玑巷也成为一个岭南广府文化与中原文化的联系纽带的象征符号。这个阈限[2]性质的符号仿佛是在中原文化与广府文化之间设置的一个阈值。广府文化中的各宗族如此集中地接纳珠玑巷这个文化符号，无不说明偏于一隅的珠三角地区，似乎都须经由此一阈限，来建立作为帝国周边的边缘文化与中心文化的联系，以维持自身主流文化的合理地位。是否这些宗族都出于珠玑巷反而不重要了，这种象征符号的附加反映的只是远离中原的区域边缘文化一种担心被"去中心化"的焦虑感，珠三角乡村地区共同的文化心理正是这种文化特征广泛存在的基础。

南村的谢氏宗族作为一个由外来小姓发展起来的宗族，要在当地立稳脚跟，维护本宗族的利益与声望，珠玑巷的象征符号就会成为必然的选择。这与他们是否真的来自于珠玑巷的关系反而不大，

---

[1] 叶显恩、周兆晴：《关于"珠玑巷"的传说》，《珠江志》2007年5月。
[2] 此处用的"阈限"一词来源于〔美〕维克多·特纳的著作《仪式过程：结构与反结构》一书，但所讨论问题与特纳的不同。这里主要是取其中所蕴含的"转换"的意思，但又不仅限于此意。特纳指出"阈限"在拉丁文中有"门槛"的意思，这一阶段是转换的必经阶段。本书用这个词表示一种文化形态发生变化所必经的形式化改造，并在改造中由于某些特征的获得而得到相对稳定的新的状态。

真正吸引我们注意力的是谢氏族人在由弱变强，由少变多的过程中怎样顺理成章地开始修撰族谱，确立自己珠三角文化拓荒者和中原文化承继者的形象，并使子孙后代融入这个形象。正如霍布斯鲍姆所说："它们采取参照旧形势的方式来回应新形势，或是通过近乎强制性的重复来建立它们自己的过去。"[1] 也许，几乎所有传统的发明因循的路线都有相似之处，那就是人们出于自身适应环境与时代的需要而作出的选择。

四、风水与家族的发展

中国古代人笃信风水，认为地理环境、山水气脉等与人类事生事死的各类活动关联密切。南村谢氏的十三世孙谢重华所撰《族谱凡例》中即说道：

> 古今建都邑立乡村，虽贵得天时人和，而未尝不资于地利。盖山洞水汇之地则才阜丁蕃，人文秀发，不然虽尽人事恐未足恃也。

与儒家思想礼法制度等国家话语不同的是，风水学说是地方社会的创造，而后自下而上地传播与扩展。创造出风水这么一套话语系统的，多数是地方知识分子。从功能的角度看，他们用风水将家族发展与所居地的空间紧密结合在一起，宣示的是对当地的合理的

---

[1] 〔英〕E.霍布斯鲍姆、T.兰格著，顾杭等译：《传统的发明》，译林出版社2004年版，第2页。

居住权和控制权。如果说皇权是通过国家话语来实现中央权力的控制,那么地方乡绅为了掌控乡村社区的社会秩序,对风水的各种附会与传说就构成了地方权力体系的一部分。

南村的风水颇被本村人津津乐道。[1] 南村的家族发展历史也与各种风水之说相联系。南村谢氏始祖谢尚仁最早来到茶山是居住在芦荻墩,该处幽僻荒芜,后来选址在月塘(今属东莞横沥镇),正要移居时听得一个风水先生说彼地"宝鸭是孤州,云枕罗浮他亦忧,功名富贵唔多有,出的子孙车水浸塘头",遂作罢。后来请人卜得南村,该地风水很好,山清水秀,于是迁到南村定居,并卜得一处好居所,及后果然逐渐人丁兴旺,子孙繁衍。今天的旧东园祠就是始祖谢尚仁的故居,当年他在此地居住的是草舍,生活艰苦,后来谢氏壮大后始以砖石建祠宇门巷,焕然改观。大门上一副楹联：

　　始祖初来居此地,我公重建卜斯堂。

对于自然环境与地域空间进行文化解读是中国风水学说的重要内容。从风水地理上看,南村的自然地理位置也确乎是山洄水汇之地,《崇恩堂序言》中写道："谢氏大宗祠前拱樟岗,盘旭苍菁,气势峥嵘如锦绣,后负马头,奔腾澎湃,春风回鹤映山河。"南村属丘陵地带,地势平缓,周围有一些小山包相拱,村南的樟岗岭尤如一道屏障护着村庄,族谱中的《樟岗记》提到,登上樟岗岭,"罗浮当其左,宝山峙其右,清池绿水浸其前,至于远近丘陵旋绕于其旁者不可胜数也。虽其间无高台华榭之美,无丝竹管弦之音,而禽鸟花

---

[1] 关于南村风水的说法由对南村运叔、林叔等老人数次访谈资料的整理而成。

木之往来于四时者，乐自无穷也"。

老村（围墙之内）的形状呈合掌对称，南北两边地势略为上升，村庄中间有一连串长形水塘，中央的庆丰桥边有一株近400年的大榕树，枝繁叶茂，其前后还有近代自然萌发出来的三株榕树，也都郁郁葱葱。南村人认为本村地形为一条大帆船，村北门鹤园高高翘起的位置是春山祖坟，此处为船头，村东面叫做樟岗岭的小山岗形似船头的瞭望台。几棵榕树是桅杆与风帆，村中心的大榕树是船的主帆，三条较小的榕树是副帆，村中部的水塘和南北两边稍高的地势正好是船身的形象，整个村庄就是一艘大船，在南畲朗这片水域正乘风破浪。这种村庄规划正是古代风水学说的具体体现。南村人也对此颇为自得，认为南村的发展、谢姓的壮大正是由于应了这种船形风水的妙处。1994年南村村委会办公大楼落成，其村标正是风帆的形象，这个象征符号的应用既契合了汉语中"一帆风顺"的口彩，又传承着南村村民们对历史上本村风水的美好记忆。

村人认为明清时期南村的人丁兴旺、势力渐长都源于本地的风水"地利"，南村的这种船形村庄建设形成于明朝初年，南畲朗引东江水来使船有活力，所以明清时本村日益繁荣，人口众多且人才辈出，"古代进士村"所引为荣耀的各种谢氏名人大多数出于此一时期。后来乾隆年间南畲朗上游建坝断了东江水，南村的风水就受了影响。当时的村民为了使"船"不至于缺水难行，就号召本村村民在村后筑了一道小坝叫石榴坝用于蓄水，取其蓄水托船的意思，并将南畲朗改名为南余朗，畲字出头为余，意为南村也要有出头之日。

南村古村规划建设成船形，以及村民中流传下来的对风水的一系列历史记忆与历史上村庄所处的南畲朗水域密不可分。出于日常生活和农业生产的灌溉所需，大多数村庄都依水而建。而随着村庄的规模扩大，人口增多，对水资源的争夺也必然出现。陈进国以福建的资料为根据来证明，家族之间在风水的象征资本方面的争夺，其实是生态压力即人多地少矛盾的文化反映，是当时移居或定居士民在开发地抢夺土地及其他生产资料，追求有利的生存空间的缩影。[1] 船形村庄的规划、建设与延续也可以看做是南村的谢氏祖先对地方水资源的占有欲望的体现，占尽地利与水利使南村的农业生产与发展在与其他村庄的竞争当中，可以说是处于领先位置，这种领先位置反过来又能帮助他们在进一步地争夺其他各类有限资源中更为强势。"乘风破浪"的村庄形象既是一种风水观念，也是引导村庄争取更多资源以求更好发展的象征符号。

除了村庄的形态、自然环境要与风水观念相承外，古代的人们还相信，祖先所葬之地的风水和下葬的时辰对这一支系的子孙有极大的影响，所以十分讲究祖坟的居所。据村民中的传说，谢尚仁迁居到南村后，家道艰难，人丁不旺，传到第四代谢贵贤，其去世的当晚，他的媳妇晚上做梦，梦见有神仙入梦对她说：要下葬在出现"人骑马，马骑人，头戴铁帽，乌鸡伏五雏"的地方和时辰。第二天抬棺往要入葬之地去的路上下起了小雨，刚好见到有一个喃呒佬拿着一只人骑马的纸马去村里做法事，见下雨了就忙把纸马套在头上，另有一个人拿着个铁锅赶路，也把铁锅戴在头上遮雨，这就是"人骑马，马骑人，头戴铁帽"了，于是当即决定在此地下葬，当时做法事的喃呒佬在地上拣起一件破衣，衣服下面就有五颗松子，报梦的内容全部应验了，这里就成了谢氏祖坟的所在。而之后谢姓的发展，果然也越来越兴

---

[1] 陈进国：《信仰、仪式与乡土社会：风水的历史人类学探索》，中国社会科学出版社2005年版，第104页。

旺，繁衍不息。谢氏大宗祠中堂的楹联追述此事曰：

随父宦以至南雄，想当年冠服翩翩玉树家风荣追两晋；避宋乱而迁东莞，追四传孙曾勃勃乌鸡神梦兆报五雏。

好的风水能帮助家族发展，同样，风水被破坏也就意味着家族的发展受到制约甚至打击。东江上游筑堤坝切断了南村的水源，使南村变成了"无水之船"，这在风水中被认为是坏兆头，所以村民自己也要筑小坝储水"行船"，但毕竟无源之水难以为继，后来，石榴堤坝日渐干枯，南畲朗只得变成了一片滩涂地。

清宣统元年（1909），政府修筑广九铁路，规划中经过南村，并且要穿过村头的春山谢氏祖坟，族老们认为这会极大地破坏村庄的风水，联名反对，上禀铁路公司要求修改线路，并发动村民多方抗阻。当时的东莞县令亲自到南村来调解数次均无效，不得已请当时已经告老还乡的乡绅，在谢氏宗族中德高望重的谢遇奇出面做村民的说服工作，最后南村谢氏同意在离坟十四丈处监督开工修建。但村人普遍认为，广九铁路的修建是破坏了南村的风水，南村周边再也不通水域，船不仅已经无法乘水而行，反而船身由于铁路修建导致破损，此后南村灾害频仍，也就再难像明清时期那样频出人才了。

1945年抗日战争尾声的时候，有一支国民党军队要伏击广深线上的日军，想在南村挖条战壕，村民们发现后坚决不同意，怕在这里打仗会破坏村庄的建筑和风水，相持不下，后来国军移至横沥镇某村的火车站附近打了一场激烈的伏击战。

有关风水的记忆积累着南村人对本地社区深厚的乡土情结，特殊的风水的空间建构与家族传说传递着一些神秘的家族特征，这些使此地区别于其他地方的地理特征和相关的传说保存于整个家族的集体记忆中，成为所有家族成员共享的象征符号。

第二节 家族的苦难记忆

一个家族在由小到大的成长过程中经历了许多事件，这些留在村民口耳相传的"讲古"（故事）中和记载在谢氏族谱中的内容沉淀为整个家族的集体记忆，尤其是那些有关苦难的记忆，对于家族中的个体和群体都是不容磨灭的烙印，它影响着家族的性格与命运。一些学者通过对苦难记忆的研究[1]，分析了"过去"与"现在"的联系，同样，南村的苦难记忆也能够让我们触摸到谢氏宗族的"过去"与"现在"之间的联系。

一、内省：围墙的来历[2]

围墙是南村的古民居建筑群中比较特别的一处建设，它也与南村人一段惨痛的记忆相联系。如今许多城楼已经被损毁，村庄周围只剩

---

[1] 郭于华：《心灵的集体化：陕北骥村农业合作化的女性记忆》，《中国社会科学》2003 第 4 期；景军：《社会记忆理论与中国问题研究》，《中国社会科学季刊》1995 年第 12 期；王汉生、刘亚秋：《社会记忆及其建构——一项关于知青集体记忆的研究》，《社会》2006 年第 3 期；陈旭清：《心灵的记忆：苦难与抗争——山西抗战口述史》，浙江大学博士论文（2005）。
[2] 本小节内容来自光绪《谢氏族谱》中《甲午本乡寇变》一节，部分参考楼庆西之《中国古村落——南社村》中关于围墙的内容。甲午应为甲申之误，崇祯十六年即甲申年，为 1643 年。《南村谢氏族谱》中《梁唐晋及汉周共十三主在位五百四十年天下》一节中提到兴工筑围为甲申年十月。

下若干段残破的遗址，在新中国成立前，这些围墙坚固地耸立着保护南村的谢氏族人，据南村《谢氏族谱》中之《本围谯楼志》所描述，当年刚建成的围墙全长1718步，合302.5丈，绕村一周，经4座村门共21座城楼。广府文化地区的村庄修建如此规模的围墙并不多见。

围墙建于明崇祯十七年（1644），从始祖谢尚仁于1275年迁居南村，时隔300余年才修筑围墙，目的是为了防御乱军、流寇的侵袭。据南村《谢氏族谱》中之《甲午本乡寇变》记载，崇祯十六年11月，流寇扬言要来抢劫南村，村中妇女皆逃避出茶山，3天后寇退走，到12月末流寇又至。在甲申年正月初一，从银瓶嘴来的流寇在南村附近的石岗安营扎寨，白天到处杀人，横行乡里，南村人来不及春节祭祖，纷纷逃避他乡，只留一些男子留守村宅。村中组织青年男子担任义勇，在村四角竖起临时更楼，分兵把守。每晚这些义勇身带武器，从大祠堂出发，打着火把往来巡视，昼夜戒备。

自春节至二月，流寇一直在附近骚扰，村民晚间都不敢留宿家中而逃避到山林蔗园之中。附近尹屋围村和牛眠石村被流寇攻入，数十村民被杀及被掳走作为人质勒索赎金。

南村人一方面组织义勇自防，一方面还去茶山巡海王庙求签请神明指点，又在村中建醮酬神，但没有见效，寇匪的侵扰反而变本加厉。当年8月23日，寇匪终于攻入了南村，村里乡勇敌不过，妇女也来不及逃走。贼人将村中金银财物抢劫一空，连妇女身上的首饰也不放过。到第二天官兵来讨伐时，不少村民还被流寇当做人质抓走。

这一次大劫，使村里老少不得不全家逃避，或出城、出省，或投亲戚远走他乡。谢氏族人回首此事，"想南村自立村以来，三四百年素称福地，昔年巨寇王西桥至境，忽堕一榕枝压其马首，寇惊回辕。何至今遂神不来佑也？"反省的结论是"昔人和气致祥，今人乖气致殃"。乡绅们认为过去的南村人相互团结，和睦共处，而现在社会风气变坏了，"骨肉相残，乡邻不睦，内变生矣，故外患旋作"。以前就提过要筑围墙保护村庄，但是人心不齐，总是做不起来，正是自己家族中的消极变化导致了家族的惨祸，所以必须重新让乡民们团结起来共同御敌才是正道。

谢氏族人经过总结经验，认识到南村组织起来的乡勇虽然在自卫中起过作用，但终归力量单薄，"非设险以守则无固志"。由族中有威望的葆初公和泽沛公提议，决心修筑围墙。在当年10月动工，至清乙酉年（1645）建成，"贫者出力，富者出财"，"诸兄弟协办同心完成此举"。当时只花了一年时间就建成了全村围墙，由于速成，质劣工粗，其墙不坚，其后又经过多次风雨侵袭，屡修屡塌，屡塌屡修，至1649年，前后用时6年才真正完成。

城墙建好之后，有关防卫的工作事项也进一步落实。在谢氏族谱中记载了当时创作的《守城歌诀》、《守围规条》，以及《谕乡人守围及巷战法》等一系列民约文件，将利用城墙御敌的方法与守则都一一详细说明。

首先是为城楼配置防御用的武器、弹药等设备。其中有远处攻敌用的弓箭、铳炮、弹子、火药，近处御敌用的石头、碎砖、白灰、泥沙，近身作战用的刀、枪、棍、炮、牌、竹帽，作信号与照明用的油、灯盏、灯笼、挂灯杆、松光、火绳等，可谓相当齐备。对于这些器材、武器的保护，也制定了相应办法："但有偷小器物者，查出即以贼论。"

其次是制定了城墙、城楼防御的规定条例。《守围规条》共11项，其中明确规定提督守围之责全在村中甲长，甲长在有流寇迫近时期"必须登楼上，宿邻楼，互相觉察"。甲长登楼必须检查更夫及器械是否齐备。规条中巡查的更夫职责更为具体，例如："知更之人俱要壮，不许以童稚顶替"，平时更夫可分上下班，但当山寇众多时，就全部都要上，并且"多持器械，或枪、或刀、或椎、或棍、或禾挑俱可。如空手上楼，猝然有警，何以御敌"，"知更俱要起身眺望，不许睡倒"，"上楼宜早，下楼宜晏，每朝落楼，必轮班留一人看守"。规条中连更鼓之敲法都有规定，"打更其更鼓不可太密亦不可太疏，太密则喧哗不闻，太疏则人心懈怠"，"围外动静，但须沿楼接续打去，其更鼓务依更次打得分明，不许乱敲，其传锣要打得锣响，不许空传，锣到即行，不许停止"。凡不按此规矩者，甲长与总巡查出则记名行罚。规条中还考虑到节日的情况，"元宵灯酒，虽当欢乐，但地方有警，防守须严，诚恐酒后酣寝误事，故饮酒不可至醉"。为让村民及乡勇能记住这些规定，还特地编了《守城歌诀》：

勤眺望，紧敲梆；
发火盘，积松光；
搬砖石，上城墙；
多种勤，密打桩；
风雨夜，更提防；
四五鼓，勿在床；
贼作势，莫惊惶；
禁妇稚，莫慌张；
守信地，戒喧嚷；
莫忧饿，有义粮；
功厚赏，当自强。

根据以往经验，族人还提出了针对贼人来袭时的守围与作战方法。在《谕乡人守围及巷战法》中，首先分析了山寇攻城的几种可能性，"其攻围之法有三：一曰偷开，一曰吓开，一曰哄开"。所谓"偷开"，即趁我"天寒则守望为难，日久则人心易懈"，"经年守望，贼未尝来，枉自劳苦，何如在家拥妻子而睡之为乐哉"。而这时敌人可能"以数十勇夫近城探听，见更鼓稀疏，无人眺望，云梯潜上，及警觉，贼已登围"。所谓"吓开"，即敌人"摇旗擂鼓，放铳呐喊，作势扬威，使围内惊恐，或私吊下城，或开门出走，然后贼众乘虚拥入"。所谓"哄开"，是敌人有意向村民"陈说利害祸福，或引诱乡人，使人无志固守，或声东击西，使我之精锐聚于一隅，而贼从他处入"，"或假意讲和，直至城边邀我打话，伺其无备，蜂拥入围"。针对敌人的三种攻围方法，族人们也想出了应付的对策，指出关键之处在于平时"关防不懈，镇定不惊"，即使有少量山贼偷上围楼，必须"切莫惊，狂走避走则乱矣，走则败矣，与其束手待缚，何如舍死以求生，急需紧闭楼门，持刀守住闸板，壮丁挺枪拥盾，尽力死战。又使人从楼窗放铳放箭，拒住续起爬城之人，而又鸣锣击鼓，使众楼闻之，各守信地，虽备迎敌，速发游兵应援，则数十之贼可以立毙围内"。

在苦难中的自省，使南村的谢氏家族获得了保护自己的经验。有了坚固的村围城墙，制定了详细的法规，又采取了严密的防御措施，南村的自卫能力大大提高。就在围墙建好之后的第三年，即清顺治五年（1648），南村又一次遭遇了外来山寇李万荣的侵袭，"巨寇万余环攻本围八昼宵，造云梯数十，欲乘夜偷围，余命燃松光悬照围外，竟不敢上；贼又扛大木撞围，余督乡勇以麻膏灌草焚之，且屡出奇破其阵，贼计穷，始引去，围得瓦全"（见族谱中《恬斋公志》一文）。八天八夜的围攻仍然没有攻破村围，南村围墙经受住了考验，南村的男女老幼得到了保护。在这之后，当地又经历了几次寇匪来袭，周围村庄有被抢掠的，而南村的围墙和自卫措施使南村人得以保全，在战乱时期还有不少其他地方的亲友特意投到南村避祸。

二、冲突：大振墟事件与白鸽票[1]事件

1. 大振墟事件

据族谱记载，清乾隆庚午年（1750）九月初五，有南村人前去茶山投墟，在买东西的过程中与茶山的钟、李、陈三姓人发生了纠纷，双方打了起来，南村人在打架上落了败，后来也没法再在茶山墟立足，于是动起了自己开墟的念头。招墟的地址看中了邻近的大镇埔（也作大振铺或大圳埔），但是邻乡人不同意，说当地水路不通，不适合开墟，如果南村能够打通一条水涌通过来才可以考虑。南村经过商议后同意了这一要求，用三个多月的时间给大镇埔通了一条水涌，当年的十二月十五日，开通了大振墟（又作大圳墟）。

南村人在此地投入巨资，设糖坊，开商铺，物品丰富，商贾云集，南村人在此地经营墟场长达179年，到民国十八年（1929），南村与邻村有了矛盾引发械斗，陈姓人于是放火烧毁大振墟泄愤，大振墟也就走到了终点。

2. 白鸽票事件

据谢氏族谱中的《记事》记载，光绪二十七年（1901）十二月，

---

[1] 白鸽票是一种古老的彩票。源于清代赌鸽，由赌局把《千字文》前80个字印在纸上（即白鸽票），参赌者在票中圈出若干心水字号，再由赌局开出底子若干（即中奖号码），一般有5字以上相符，便可按不同等级中彩。白鸽彩票在解放前流行甚广，风靡粤港澳等地。

南村人与塘尾村的李姓人因为赌白鸽票的事情发生了纠纷，进而打了起来，李姓人开枪打伤了南村的一人结下了仇恨。这件事经过官府和地方乡老的多方排解都没有解决，南村与塘尾村互不相让，谢姓和李姓见面就打，形势危险。南村的乡绅们后来考虑到"邻村满门戚好"，彼此之间都有很多亲戚关系，于是先命令南村人停止械斗，两村暂时相安无事了。

没想到第二年正月初十晚上，员头山刘屋村人发起挑衅，将南村南门的一座较寮烧了个一干二净。原来一开始只是得罪了石岗和塘尾村的李姓，没想到牵连到员头山的刘姓和超朗村的钟姓、邓姓，下周塘、石步村和塘角村的陈姓等，这几个村的人都联合起来对付南村的谢姓，搞了一系列的破坏行动：将南村靠近塘角村涌尾的厚耕堂名下的价值千余两白银的100多株荔枝全部拔倒，又把大振墟的盐铺拆毁，还将南村人谢叠勋在龙头地方开的米铺搬运一空。

南村人自然咽不下这口气，面对别人联合上门欺负，乡绅们不仅不再阻挡械斗，而且积极地想办法应对。打斗在所难免，"幸我村人奋勇向前亦赖同宗相助"，其他地方的谢姓也出钱出力帮南村谢姓共同对付外姓人。这时候的械斗不是冷兵器时代的刀剑相劈，而是真枪实弹地开火。南村购置了300余枝快枪，"弹丸如雨，场场获胜，合计伤毙各姓人命20余名"，南村则在场场枪战中"幸无伤损"。

但接下来发生的事令事态更加严峻。南村一名叫缺嘴妹的老妇人，60多岁，在各村严阵以待、仇人相见分外眼红的状态下，"恃老而胆壮"，想起田里的活计放心不下，在天刚亮时悄悄地越过村界去田里干活，结果被邻村守卫的人抓住，杀了之后割下首级。当时南村人发现老妇被抓后，"炮火崩天，驰往获救不及"，仇恨更加深化了。为了报仇，南村人于是每晚到村界附近越界抓人，半月之内就抓到超朗邓姓和下周塘陈姓各一人，也照样砍下了两人的头颅，以二换一才使南村人气怒稍平。

南村谢姓与周边各姓的矛盾越来越大，事态越来越不可收拾，地方上有名望的乡绅不得不出面干预，于是请来"西北隅社学缙绅"作为第三方的调解人，往来调停，最后的结果是其他各姓补偿南村谢姓1000元银圆了事。当年6月在各乡张贴和约，宣告这一事件的结束，各姓族人不得再纠缠此事再起喧哗。至此，一起由赌白鸽票引起的大械斗，历经半年有余，死伤几十人，就这样结束了。南村人事后统计，这次白鸽票事件共用去1万余两白银，"幸赖破财无丁损，是祖公洪福神灵庇佑也"。

南村人与周边各宗族的争斗还反映在旧时习俗中。据村中老人介绍，新中国成立前，南村一直有一个传统，每年农历八月，村子里的年轻人和小孩会分成两部分相互打架，这个月可以自由地打一整月架。打架时用拳脚和竹竿等物，大人不加干涉。打架时打得头破血流的，也只用祠堂中的香炉灰敷一下，伤口就没事了。老人们也说不清楚这个风俗从何时开始，只记得自己小时有过这样的可以随意斗殴一个月的经历，大人们不仅不阻止，而且打得勇猛且刚强者还能得到赞赏。这种风俗直到南村解放才被政府禁止。回顾南村与外村冲突的历史，可以推断这个风俗可能是南村人为防御外敌而作的乡勇训练，或是训练族人好勇斗狠习气以慑服周边各村。

三、自然灾害的记忆

南村虽说地利颇好，但在历史上人力难以与天抗衡的时候，也经受过不少灾害侵扰，人民生活艰难。族谱中记载了南村清代顺治以来历年所遭受的各种灾害，这里摘录部分：

1. 气候灾害

康熙八年（1669）六月十五，大风雨，树木皆拔，潦潮大溢。

康熙二十二年十一月，阴寒大雪，塘水坚冰，池鱼冻死，林木凋谢。

康熙二十五年四月，狂风拔树，暴雨溢水。

康熙三十二年八月，狂风大雨，围墙倒塌，树木皆拔。

雍正十年（1732）六月，大风雨，林木皆拔。

乾隆二十年（1755）四月，头遭大旱，五月下旬，狂风大雨，本乡树木皆拔，又崩福隆堤坝，屋舍多被水淹浸。

乾隆三十八年六月中旬，连日大风雨，房屋倒塌无数，水大四尺至江头。

嘉庆二年（1797），南村经历了有记载以来的最大的一次暴雨，村中几百年的大树，"或连根拔起，可中腰拗断，至于屋宇庙堂，或毁头进，或颓中进，围墙四隅倾倒百余丈，屋倒不可胜数"。本以为这样的灾害百年一遇，不会频发，谁知不满一个月，当年闰六月十九，风雨再袭，禾稻全部被浸，颗粒无存，堤坝无不冲缺，"暴骨漂尸，凄凉满目"。茶山的村庄与街市都一片汪洋，上次幸存下来的房屋树木这次难以幸免，惨况空前，"数百年来未有如此之灾难"。

2. 饥荒

清顺治五年（1648）三月，大饥荒，斗米八钱，很多村有饿死人的情况，当时谢氏族人葆初公将自己所有的谷米平价而粜，富有的人家出些粮食赈济，南村没有饿死人。

康熙三十五年（1696）三月，大饥，知县议济本乡。

康熙四十四年四月，大旱，禾田失收，六月又大水，淹浸禾田三分之一，年头大旱，年尾涝灾，斗米六分。

雍正五年（1727）闰三月尾，大雨成涝，斗米二钱四分。

乾隆十六年（1751），米贵赈饥。

乾隆二十二年，米贵大饥，邑侯周儒太爷赈济，单日男人到县领饥粥，又另给米三合回家养妇人，双日妇人到县领饥粥，又另给米三合回家养男人。

乾隆五十二年，大饥，本村许多人饥亡，用草席包埋，在大宗祠赈济月余。

乾隆六十年，春季大饥，斗米三钱八，大宗祠赈济。

光绪三十三年（1907），米贵极昂，怕贫民暴动，于是东莞明伦堂即安良局平粜赈济南村，一毫银买米二升二分，村人按人头领米回来，开粜一个月，村中垫出一百余两银。

3. 瘟疫

光绪三十四年三月尾旬，四方瘟疫大起，南村人去请列圣宫的菩萨回村，"出夜游座"，但游神并没有改善病况，反而比之前蔓延得更厉害了。族人只能感叹"气运使然，虽神灵难护也"。面对无法控制的疾病，南村人只好各想办法，有的人为避开瘟疫远走他乡投奔亲戚，有的人住进庵堂庙宇里盼望神仙的庇护。到五月，大家又集资请尼姑建醮三天三夜，但情况依然没有改变。后来东莞明伦堂分派银两赈济南村，南村人将分到的银子去买了烟花燃放，希望能驱邪，一连放了三晚，仍是无济于事。瘟疫蔓延的状况直到六月尾旬，才逐渐止住。

这次瘟疫对南村打击很大，全村因此死去男女幼少100多人，"幸男丁居少"，牲畜也遭害不少，黄牛及水牛死去200之多，"遭此祸惨不堪然者也"。

"有时，正是某块地方或区域，构成了家庭的源泉，或者说，正是某个家庭成员的特性，变成了一个家庭共同背景的多少有点神秘的象征符号，正是从这个共同背景中，家庭成员获得了他们那些与众不同的特点。"[1] 对于个体来说，也许是性格决定命运，但是一个家族的性格则是由它的命运，也即它所经历的家族历史形塑的。

南村历史上由小姓发展为大姓，又经历了诸多的灾害劫难，这些都组成了谢氏家族的集体记忆，苦难的家族记忆成为维系家族成长，凝聚全族力量对抗外界风险的载体。南村谢姓人与周边村落的各姓氏间关系也一直很复杂，既有通亲姻好，但由于对资源和利益的争夺，也争乱不断。南村人在这样的家族历史中一路走来，形成了对内团结、对外戒备、不认输、不服软的家族性格，甚至连山匪流寇都相互传言："不怕南村路，最怕南村佬！"

第三节 "事实的记忆"与"表述的记忆"

"所有开头都包含回忆因素。当一个社会群体齐心协力地开始另

---

[1] 〔法〕莫里斯·哈布瓦赫著，毕然、郭金华译：《论集体记忆》，上海人民出版社2002年版，第103页。

起炉灶时，尤其如此。"[1] 800余年前，南村谢氏始祖东山公谢尚仁带领家小来到南村开始创业持家的时候，也许还未能想到谢氏子孙有后来的繁盛，不多的家庭人口不需要太多的资源就能聚居在一起共同耕作生活，而当经历了百余年的发展，谢氏后代们发现自己的家族已经颇为壮大，族内人丁众多。在那个时代，人丁的多少直接关系到这个家族在地方影响力的大小和争夺有限的地方资源的优劣地位，于是将谢氏家族成员们联系起来共同争夺地方权力就是必然的选择，而联系家族成员的基础就是家族的共同记忆。记忆的内容从谢氏起源开始，至南村谢氏的开基始祖，而后至谢氏的繁衍过程，族人们用共同的祖先联结共同的记忆，用共同的记忆联结共同的利益。

作为研究者，我们总是试图解构再重构这些年代久远的材料，以获得天青日白式的理解。但是，记忆是如此主观性的研究对象，所以，本书试着用"表述的记忆"与"事实的记忆"的概念在功能性的记忆创造与客观的历史事实之间作出甄别。

一、"事实的记忆"与"表述的记忆"

"事实的记忆"是隐藏于文本或口头记事的符号之下的另一种记忆的形式，需要研究者站在客位的角度，如考古学家般找出现有符号背后可能存在的社会事实。20世纪末以来学界的研究趋势之一是解构"文本"历史背后的历史，用福柯的话来说，"历史是上千年的和集体的记忆的明证，这种记忆依赖于物质的文献以重新获得对自

---

[1] 〔美〕保罗·康纳顿著、纳日碧力戈译：《社会如何记忆》，上海人民出版社2000年版，第1页。

己的过去事情的新鲜感","历史力图在文献自身的构成中确定某些单位、某些整体、某些体系和某些关联"。[1]因此,要作记忆的考古,主要的工作还是面对文献找出"词"与"物"之间的关系,用知识考古学的方法分析文献资料和口头述事,对于历史记忆进行考古探寻,以找出真实所在。虽然我们都知道,最详尽的考古发现和历史考证也只能无限接近历史事实,而并不等同于历史事实,但是学者们也并不因此就放弃对事实的探索。

在各学科中,考古学被视为一种更客观和更值得信赖的研究手段,考古学的基本方法是根据对遗存的分析来推断历史存在,南村古村落和大量祠堂的保存为我们考证南村的谢氏家族发展提供了物质的佐证,谢氏大宗祠前兀立的十几块旗杆石也验证着谢氏明清之际的兴盛,春山祖坟就是一部家族史的象征,其他如残破的围墙、谯楼、庙宇、古屋等无不牵连着一段段的社区与家庭的历史与记忆,让后人得以追寻。它们不是脱离生活的碎片,而是占据着社会记忆的空间,并作为象征物代表着曾经真实存在的"过去"。

然而物质性的考古常常不足以完全呈现过去,研究者还得依赖于保存在个体记忆或群体记忆中的资料,如家族文书、口头传说、民间仪式等,利用知识考古学的思路,努力地追寻隐藏于其中的历史事实。对社会记忆进行的考古学式的研究则开创了一种新的研究框架,历史上的人们为着社会与政治的目的建构和制造他们的过去,考古学提供了一些独特的方法来揭示社会记忆中人们的心理与事实之间的距离。记忆的考古专注于对各类记忆载体的追溯与解释的过

---

[1]〔法〕米歇尔·福柯著、谢强等译:《知识考古学》,生活·读书·新知三联书店1998年版,第7页。

程，也可以看做是一个"深描"的过程，理解行为背后的文化意义，寻找实践者所在的价值观和文化系统。根据王明珂的理解，对记忆的追索还应该从历史心性的角度分析史料，目的仍在于了解历史事实，由此所得之历史事实，可补充、深化或修正史料表面所呈现的"历史事实"，而所要了解的主要是留下社会记忆或历史记忆的"当代情境"——特别是当代人群的资源共享与竞争关系，与相关的族群或阶级认同与区分。[1]

"表述的记忆"是研究者最直接面对的田野材料，它是那些常常以符号的形式叙述和传递的历史，是在长时段中不断被创造和修改的一套话语体系，从整个家族社区历史的发展来看，也可以把它看做纵向传递的文化心理的主要内容。"表达的、反映的和象征的现象对于考古学来说只是寻找形式的相似性或意义的转让所进行的全面阅读的结果。"[2] 面对"表述的记忆"，得从主位的角度出发，对它体会与理解，还得从客位的角度出发，对它进行分析与解释。

在南村调查所得的文献资料许多都是所谓的"文本"或"述事"的史料，这些表述出来的记忆显然贯穿着表述者自己喜欢的叙事模式和时代特征。如果我们从功能论的角度来讨论家族记忆形成和变化的过程，那么也不能回避，由于这些记忆要发挥的工具性作用而被操作的可能。家族中掌握话语权的少数乡绅成为表述与运用这些家族记忆的主导者，而真实的记忆或者说历史事实，在这个过程中只是被动表述的对象。追索真实的结果固然能够让我们获得更加理性的知识，但是表述的话语本身也是真实的实践，因此，本书所谈

---

[1] 王明珂：《历史事实、历史记忆与历史心性》，《历史研究》2001年第5期。
[2] 〔法〕米歇尔·福柯著、谢强等译：《知识考古学》，第211页。

的记忆的考古是"把话语作为系统地形成这些话语所言及的对象的实践来研究"[1]，其目的不仅在于考古的结果，或者说不仅在于王明珂所说的呈现历史事实，更在于发掘从"事实的记忆"转换到"表述的记忆"之间的过程。

二、族谱与家族传说

家族记忆是血缘系统内人们认同的基础，族谱是家族历史的记录，也是家族记忆的载体，同一个血缘传承体系的人们由此得以相互认同。通过它，人们形成并发展自己的团体的力量，通过团体的力量来对抗其他各种社会势力。所以明朝嘉靖年间的《南村谢氏族谱序》中说道，修谱既是"不忘诸远"，也是"以相统系"。从这个角度看，南村的谢氏族谱正如珠三角其他村庄族姓的族谱一样，不仅是宗族生活的历史，亦是同一族人在地方社会中保存自身势力，拓宽生存空间的一种策略的产物。

在传统的中国乡村，一个家族发展到一定阶段会用族谱的形式将家族起源、血缘传递、族中名人、大事件和公共财产及其分配规则等内容记录下来，成为家族发展的见证。族谱的编撰者一般是族内有名望的乡绅。南村目前保存完整的光绪年间族谱由若干部分组成：族谱凡例、各类谱序、世系图、先祖墓志铭、纪年表、官宦谱、风水志、年寿志、贤达传、家族记事、族规、尝田族产等。族谱分为"其一""其二"两册，封面上分别书写"千枝万派"、"永代留传"，表达着一个家族最根本的愿望。

---

[1] 〔法〕米歇尔·福柯著、谢强等译：《知识考古学》，第62页。

传统时期的族谱例则、族规族范，既体现了国家的权力意志，也体现了家族的意识形态，还体现了地方性文化的力量，所有这些，都是在地方"绅士"掌握的文字书写权力操纵下的一种"折中"表述，地方"绅士"在此充当了中介的角色。[1]族谱撰写过程中，作为书写者的地方乡绅都在自觉或不自觉中将自己对于家族的愿望和认知融入了其中，每一个书写者留下的文字既反映着个人的愿望与认知，同时还反映着他所代表的时代的认同趋势与当时的权力体系，这些因素一起形成了后代子孙认同所依赖的表述性记忆。并且，由于族谱撰写的过程是一个延续不断的过程，由不同世代的乡绅们参与其中，这些不同时代累积而成的表述性记忆也还在持续地发生着微妙的变化。

南村的谢氏修谱始于七世祖晚翠公，这一时期的谢氏已经枝繁叶茂，人丁兴旺了。其后，九世祖忍庵公进一步完善了这部族谱，再后十一世豫应公、恬斋公、美堂公等人继续增编谢氏族谱，可惜的是早期的族谱没有保存下来，在战乱当中丢失佚尽。之后又有族人集资重修，并且每隔一段时间，都会有族中文人对现有族谱进行增漏补缺，力求世系传承的完整。现在留存下来的是光绪三十四年（1908）冬续编的族谱，为二十三世孙谢敬宗等人所编撰。

为什么宗族会有延绵不绝的动力来不断地修补增编族谱呢？主要有如下几个方面原因：

一是保持世系的完整。

> 谱以叙世系，矢公矢慎，不敢妄入一人，亦不敢轻去一人，

---

[1] 刘晓春：《族谱、历史、权力》，《读书》2001年第7期。

其系我支派者，即愚贱不遗，其非我族类者，虽富贵与才智不录，盖非种必锄，难徇情面，若啧有烦言而事属暧昧，则于名下用口，以俟后世论定。[1]

光绪年间，谢氏族谱的世系图基本是按欧式谱法图作的（即欧阳修创立的小宗谱法图），自一世至六世为一图，六世至十一世为一图，十一世至十六世为一图，十六世至二十一世为一图，依次传递，每世按照长幼顺序记其子数，继子在生父和继父名下都注出，其他官爵、娶妻等情况则在后面另行记述。这种谱图既贯通地记载了血缘传递的历史，也使家族亲疏关系较为清晰地表现出来。

当家族日益庞大，用适当的秩序规范与组织族人就是必需的措施，世系的完整与亲疏的明确是家族内部秩序的基础，族谱中对族内支系的梳理与追溯一方面是为了敬宗收族有所依据，另一方面也是为了确立家族中各房支、各族众之间的秩序，从而更有效地达到对族人的组织。

二是教化族人。如谢氏族谱的十三世孙谢重华所撰《族谱凡例》中"谱有行实，多隐恶而扬善，然善必核实，不敢虚谀，其有败类为宗族之玷者，特书一二以存殷鉴，后人毋蹈其覆辙"[2]。族谱中所录之乾隆五十四年（1789）的十八世孙谢维翰所作的《族谱续编序》中提到的修谱原因是"族之有谱所以谱一族也，一族中贤否不一，修之者必老成典型，美可法，刺可戒，始克副其责"[3]。

族谱中的贤达传、年寿志、古今宦谱等将宗族内一部分人物事

---

[1] 《族谱凡例》，光绪《谢氏族谱》（其一）。
[2] 同上。
[3] 同上。

迹逐一记述，以树立后人效法的典型，这些人物事迹必须符合国家与地方的意识形态，也包含着家族中需要的伦理道德原则，以教化族中人丁接受和遵从国家与地方的价值体系和文化规范。

三是作为家族与国家互动的载体。不同时代，族谱中传递的这些意识形态与伦理道德也在发生变化，是以增修续编族谱的过程也是乡绅们不断修改家族规范和调整认同趋势以适应社会发展需要的过程。比如明朝灭亡而接受清朝的统治，这种认同必得在族谱中有所表示，以承认对新的国家政权的臣服，而获得家族在地方社会中继续生存的权利。

南村谢氏族谱在明亡清替之际修谱的频率要高于有记载的其他历史时期，由豫应公之后，族人"兢兢以修谱为念，自顺治年间屡加增谱，至今十余年"[1]，而后在康熙十年（1671）、康熙四十年和康熙四十二年都有较大的重修和续修族谱的行为。虽然由于资料的散失，我们无从得知那一时期族谱增修的具体内容，但仍可以推究，增修的内容必不能回避朝代更替的社会现实，也不能回避对新的国家权力的认同与否。为了家族的生存和发展，族谱更可能是以一种积极的态度对社会变化进行回应，在家族与国家的互动中选择性地塑造着家族的集体记忆。

记忆不仅是被历史、文化、政治等外部力量形塑的产物，也是记忆主体能动性的建构的结果。[2] 这些被书写者表述出来的记忆在建构着家族和社区的历史，既凝聚着家族成员们的认同，也混合着族谱编撰者的个人情绪。从谢氏族谱开头的几篇序来看，虽是出自不

---

[1]《重修族谱序》，光绪《谢氏族谱》（其一）。
[2] 王汉生、刘亚秋：《社会记忆及其建构——一项关于知青集体记忆的研究》，《社会》2006年第3期。

同时期的族谱编撰人之手,但其叙事风格中都可以感受出有种字里行间的焦虑感,仿佛总担心得来不易的祖荫被后世的子孙败坏,于是依托于修谱,选择性地"完整"记录下家族"表述的记忆",以保存和延续他们认可的价值体系和文化规范。

与地方知识分子在族谱中表述与建构家族记忆不同的是,不擅文字的普通乡民则用各种传说与口头记事表述与传递他们有关家族的记忆。前面所提到的有关南村风水的传说,就是在村民间口耳相传了许多世代的家族记忆。保留在家族传说中的记忆与族谱中书写的记忆不同的是更多的神秘性与传奇性,乡村知识分子受儒家思想教导的"子不语怪力乱神"的影响,他们的作品中很少加入那些超自然的成分,而乡民间传递的故事则充满了奇诡的情节与想象,为家族记忆加入了神秘的浪漫主义色彩。

南村历史上有个著名的财主叫谢苍宇,号称是东莞东部地区的三大银王之一,当时还有童谣传唱"茶园刘孔武,石步封筱仪,南村谢苍宇"。南村的老人讲了一个关于谢苍宇如何发达起来的"五鬼运财"的故事。

> 谢苍宇为南村谢氏十一世祖,他生于明嘉靖二十八年(1549),年轻时候的谢苍宇家庭贫困,以收卖废品为生,每天早起担着货箩走街串巷叫喊收买,然后将收得的货物担到石龙的废品站换得一点微薄收入。
>
> 有一天,他到邻近的员头山村收废品,下午过后,突然天昏地暗,电闪雷鸣,谢苍宇当即收档回家,谁知到中途一处废弃的房屋处,听到蛤蟆怪叫,黄狗狂吠,大雨即时落下,将他淋湿。谢苍宇吓得赶紧跑回家,但回家后就一连病倒十天。别

人家的米缸常满，而他的米缸空荡，无奈之下只好将家中剩余的一点废品挑去石龙卖，买回几升白米。回来的路上已是傍晚，路烂难走，他边走边自语："风冷冷兮周身寒，今晚归不去兮宿路旁。"走着走着来到一间被烧过的残垣断壁旁，想起之前在员头山村的遭遇，不免心惊，不敢再往前走，于是在断墙边过夜。

第二天一觉醒来，正要离开时忽见瓦砾堆里有一块长方形的被火烧黑的砖块，想起自己家刚打烂一个瓦枕头，于是想拣回去做枕头用，翻拣之下发现总共有五块这样的砖块，于是一起拿回去。到了家里顺手将砖丢落在地上，无意中发现了黄澄澄的颜色，在地上一磨，竟是金砖，于是谢苍宇从此发了大财。

后来谢苍宇享寿92岁，建了孟俦公祠和古狂公祠，后人说他的发达是靠的五鬼运财，也就是那五块金砖，是老天给的财富，所以能够成为一代银王。[1]

历史真实的人物和魔幻情节的结合显然很吸引人，我们现在听这个故事当然不会相信五鬼运财的说法，但这并不妨碍这个故事几百年来在地方社会中积淀下许多内容。一方面谢氏家族的这个故事告诉后人们生活中存在由贫困至富贵的可能性，给予人们生活的希望，另一方面向人们可能更多是向周边的其他族姓的人们，传递着谢苍宇成功的合法性，是老天爷的恩赐。而在故事背后，也许我们还可以解读出一些另外的可能性，比如谢苍宇的金砖是他从石龙回南村的路上捡到，这是否喻示着他的财富是从村庄之外获得的，一

---

[1] 根据林叔的手写稿《南村古建筑群村史》中相关内容整理。

夜之间的暴富,是否喻示着他的财富缺乏积累过程,而故事中提到的关于邻近的员头山村的情节,与谢苍宇的财富又有着何种内在而隐秘的联系,由于缺少更多的"遗址",我们的考古线索也只好到此为止。实际上这些口头流传下来的家族传说中蕴藏的记忆,因为时代变化,参与传递者众多,背景各异,其中积淀着丰富的层次,面对着它们真正犹如考古学工作者面对着堆积丰富的文化层遗址,引人入胜。

除现在正在新修的族谱外,南村谢氏族谱最后记录到宣统三年(1911),即武昌起义后截止。此后,由于战乱不断,无人再续修族谱,到解放后,族谱等被作为封建产物遭到大肆毁坏,现在传下来的光绪族谱当时被族中老人收藏起来,躲过劫难,直到20世纪90年代才敢拿出来。在族谱中断以后,民间的口头记事就成为了表述记忆的主要形式。一个人对于"过去"的记忆反映他所处的社会认同体系,及相关的权力关系,"社会"告诉他哪些是重要的、真实的"过去"。[1]从对南村的一些老人的访谈而得的材料中[2],可以看出他们喜欢讲的并不是自己的个人生命历程,而是南村和谢氏宗族的历史发展,尤其是因为应古村落旅游业开发所需,一些个人记忆被"调整"与"折中",个人记忆自觉地向公共记忆靠拢。老人们所口述的关于南村在解放前和解放后的一些事件与变迁,构成了南村在这段族谱缺失时期内的历史记忆,在这些记忆中,国家的、家族的和个人的认同体系与权力关系仍然是表述的主题。

---

[1] 王明珂:《历史事实、历史记忆与历史心性》,《历史研究》2001年第5期。
[2] 有关一些老人们的口述史内容,分散地见于其他各章,以用来说明和解释不同的研究主题,此处不作重复。

第四节　记忆：人格的文化背景

人们根据他们当时的需要记起或遗忘过去，这是一个主动和持续的过程，社会记忆的建构包括在一个时期内对祖先的直接怀念，还包括在对景观或纪念物的重新阐释基础之上的某种模糊而又神秘的联系。[1] 如我们前面一直讲述的，家族起源与风水传说之类的家族记忆一直以来被南村的谢氏族人们传递与共享，在家族这个社会空间内，每个生活着的人，都是承载这些社会记忆的必然的主体，是这些记忆的延续者，对于家族的成员来说，这是一种道德责任。

人类学者了解"过去"是为了理解现在。追求与发掘记忆，从这些记忆中寻找历史的各种可能性，呈现出可能最真实的过去，却又不是仅仅停留在对家族记忆的考古，而是希望在这记忆的考古过程中获得对家族传统文化的了解，了解在这种传统文化中传承与生活着的村民，他们各种行为的动因与情境。这些记忆形塑了家族的性格，影响着社区发展的历程，也正在和将要影响人们的选择。

记忆在家族世系的更替中传递，传递的又不仅仅是记忆，还有这些记忆中隐藏的地方文化的经验，一代又一代通过教育与模仿传递下去。拉尔夫·林顿将组成这种传递内容的主要框架称为文化综合结构，并且将之在不同层面上的意义和作用区分为"文化实体"、"文化构建体"以及文化的"理想模式"[2]，文化实体是一个总和性的文化结构，而文化构建体近似于在文化实体模式内各种变化的众

---

[1] Susan E. Alcock, Ruth M. Van Dyke (Editor), *Archaeologies of Memory*, Wiley-Blackwell Press, 2003: 3.
[2] 〔美〕拉尔夫·林顿著、于闽梅译：《人格的文化背景》，广西师范大学出版社2007年版，第40—45页。

数，也即人们获得经验的社会文化环境，再进一步说，即是从群体中归纳出来的群体人格的具象。而理想模式则显然是存在于记忆中或者表述中的，但不一定与现实相符的文化想象。在南村的例子里，保留在族谱或乡民们口头述事之中的社会记忆，其中传递的国家与地方互动的价值体系与家族文化就是林顿所说的理想模式。实际上，族人们有关家族的美好愿望与现实确实还有些距离。

南村在光绪三十四年（1908）发布了由第二十二世谢日文所撰写的《南村乡布告第一〇一号》[1]：

> 南村创业开基，溯自东山始祖，历代源远流长，均能克绳祖武，彼此谊同一家，各房向称和好，近日有等无知，妄将意见制造，每分拳社两房，往往是非颠倒，未满三个月头，不幸事情两度，须知兄弟阋墙，人命视如芥草，不特元气大伤，邻乡亦笑刺肚，何必挟恨寻仇，何必冤冤相报，当思木本水源，总可追查族谱，试观其豆同根，无非共一父母，当此乱世时期，正值蓷符遍道，村中劫案频仍，自卫务宜及早，大众合力同心，共御外来匪盗，确定桑梓治安，一致保卫乡土，若能痛改前非，方是谢家之宝，重振玉树家风，日后光宗耀祖，各位伯叔兄弟，务望听吾劝告。

从这篇半文半白的乡村布告中，我们可以读出现实中谢氏族内各房支之间隐藏的矛盾与冲突，与理想的和睦团结的宗族生活之间的距离，以及由这些矛盾而引起的乡绅族老们唯恐被邻村耻笑和外

---

[1]《记事》，光绪《谢氏族谱》（其二）。

来盗匪侵袭的焦虑。正因为现实中人们的行动与理想模式间存在着变数，研究者能够触摸到的是那突显出来的文化构建体，是共享着理想模式的社会成员们真实存在的文化结构，这些都凝结在集体记忆中传递下去。

家族记忆成为家族传统文化的脚本，也是家族传统文化传承的主要载体。珠玑巷所代表的与中原文化联姻的想象促进了儒家的家国思想在谢氏家族记忆中的地位，民间的家族传说也很多是关于家族名人由贫贱达至富贵的想象。而对于谢氏家族苦难记忆的追述与分析已经表明，苦难的经验影响着家族的性格与命运，尽管"痛苦和苦难并非单纯来自生活的偶然事件，也有可能是在社会秩序的名义下主动制造和分布的经历"[1]。在这些受损害和被迫害的记忆中，谢氏家族形成和继承着对内团结、对外戒备、不认输、不服软的家族性格，他们有着作为一个历尽磨难的家族的坚忍，也有对于朝代更替这样巨大的社会变迁作出迅速调整与适应的能力。不过，正如前面所分析的，这种家族性格也是一种理想模式，而且，是被研究者构建出来的理想模式，它发挥着韦伯的理想类型的作用，用以认识和陈述经验事实，用以帮助我们理解这个社区中世代相传的家族生活其中的文化体系。

对于家族性格的笼统的结论与其说是分析不如说是推测，20世纪三四十年代盛行的文化与人格学派和心理人类学派的学者所作的大量研究已经充分地证明，人格的形成确实与其置身其中的文化体系不可分割，但是当我们想抽象出由于历史传统与家族记忆而形成

---

[1] 〔美〕麦克尔·赫兹菲尔德著，刘珩、石毅、李昌银译：《什么是人类常识——社会和文化领域中的人类学理论实践》，华夏出版社2005年版，第250页。

的某些共性的集体意识与人格特征时，研究者自身的语境特点太过明显了。所以，虽然研究者能够触摸到作为人格的文化背景的记忆，但是对于人格的理解，来源于集体记忆却还是要还原于村落里的个体与家庭中去，还原于他们的社会实践中去，换言之，村民们的社会实践受着他们的人格结构（包括家族性格与个人的个性特征）的指导，而这抽象的人格结构背后真正为我们所观察和掌握的就是记忆。保罗·康纳顿这样讨论"过去的知识"与"现在的体验"之间的关系：我们对现在的体验在很大程度上取决于我们有关过去的知识。我们在一个与过去的事情和事件有因果联系的脉络中体验现在的世界，从而，当我们体验现在的时候，会参照我们未曾体验的事件和事物。相应于我们能够加以追溯的不同的过去，我们对现在有不同的体验。[1] 南村的例子也许可以看做是我们能够在记忆中，追索现存体验的更丰富内涵的一个不错的注解。

全球化作为一种巨型变迁，已经使南村发生了巨大的不可逆转的变化，南村变迁的过程也是所有南村人变迁的过程，为村民们共享的社会记忆也参与在这过程之中。记忆、文化与人格，我们难以分清它们在社区变迁中的次序，也许本来就是无法分清的。如今，南村的明清古村落作为东莞市重点宣传的文化单位，已经被包装成为岭南农耕文化的代表，在旅游业开发的过程中，作为谢氏家族的传统社会记忆也被开发出来，成为人们寻根的岭南传统文化的一部分。在旅游景点的指南手册上和导游的解说词里，家族传说与历史风物是让游客们饶有兴味的内容。

---

[1]〔美〕保罗·康纳顿著、纳日碧力戈译：《社会如何记忆》，第2页。

第六章 信仰、仪式与变迁

南村的社会记忆流淌在村民们的日常生活中，影响着他们当下的体验与实践，而"有关过去的意象和有关过去的记忆知识，是通过（或多或少是仪式性的）操演来传达和维持的"[1]。在人类学学者看来，仪式是一种特殊的行为模式，与生活经验相关，也与当地的社会结构与社会关系相关。我们从仪式与象征入手探讨社会与文化及其变迁，实在由于它们原本是人类思维与行动的本质体现然而却经常被视作当然，甚至被视而不见地存在于现代社会生活与政治生活之中。[2]

第一节 南村人的神灵体系

涂尔干认为，宗教可以分解为两个基本范畴：信仰与仪式。仪式属于信仰的物质形式和行为模式，信仰则属于主张和见解。[3] 杨庆堃先生在研究中国宗教问题时指出："在中国广袤的土地上，几乎

---

[1] 〔美〕保罗·康纳顿著、纳日碧力戈译：《社会如何记忆》，第40页。
[2] 郭于华：《仪式与社会变迁》，社会科学文献出版社2000年版，第1页。
[3] 〔法〕涂尔干：《宗教生活的基本形式》，上海三联书店1995年版，第63页。

每个角落都有寺院、祠堂、神坛和拜神的地方。寺院、神坛散落于各处，举目皆是，表明宗教在中国社会强大的、无所不在的影响力，他们代表了一个社会实在的象征。"[1] 杨先生显然认为中国的宗教与西方标准的宗教很不相同，这种宗教信仰是与我们日常生活密切联系在一起的，非组织性非制度化的，因此是一种分散性（Diffused）的民间宗教。"在中国人的这种信仰体系中以祖先崇拜为主，没有组织、教堂，没有经典，假如有就是孝经，祖先崇拜之外有四时祭祀，有一般的神灵崇拜，甚至泛灵崇拜。我们有一套对宇宙的假定，用来满足我们自己的超过人的境界的一套信念。"[2]

南村人的信仰体系主要由护宅家祀、祖先崇拜和外神系统三个部分组成，由内及外地满足南村人不同生活空间的精神需求。仪式操演中则可以分为两个亚系统，主要体现在对于不同层次神灵的拜祭仪礼中，在两个亚系统中仪式的操演者是有分别的。一个是祖先崇拜的亚系统，由家中的男性主导，基本上所有关于祖先的祭祀过程鲜有女性参与，在以继嗣为原则强化祖先认同的仪式中，女人是被忽视的部分。另一个是祖先之外的其他神灵信仰的亚系统，包括对家神和外神的祀奉则基本上都是由女性主持和参与的。对于门神、土地、灶君等家神和庙宇里的神祇，除了少数的老人外，一般南村的男人不参加拜祭这类神灵，甚至有的人还认为男人如果做这种事是一件丢面子的事情。这种分立的二元体系的存在一方面说明在南

---

[1] C. K. Yang, *Religion in Chinese Society: A Study of Contemporary Social Functions of Religion and Some of Their Historical Factors*. Berkeley and Los Angeles: University of California Press, 1961, p.6. 转引自金耀基、范丽珠：《研究中国宗教的社会学范式：杨庆堃眼中的中国社会宗教》，《社会》2007 年第 1 期。
[2] 李亦园：《新兴宗教与传统仪式——一个人类学的考察》，《思想战线》1997 年第 3 期。

村人的信仰体系中祖先崇拜这个层次是最重要的部分，另一方面也体现了信仰仪式系统在性别框架中的一种平衡的努力。

一、家祀

表达信仰的仪式活动通常都有特定的场所和程序，比如在祠堂里敬奉祖先，在寺庙里祀奉神仙，而除了这些专门的信仰和仪式的操演场所之外，村民们与神灵沟通的另一个重要场所就是在自己的家里。中国历史上家祀的传统比宗祠与寺庙等专门祭祀更悠久，祖先与护宅神是家祀的主要对象。

一般的村民家，门上贴门神、门官，厨房里供有灶君的位，厅堂中都供有神龛，神龛中神像的位置摆放为观音像，放在上首，地主菩萨（镇宅之神，形式为一个牌位或是一张写着地主字样的纸）位于其下，中间是家中祖先的牌位，上写先人的生卒年。家中的女人一般每天都会上一次或两次香，初一十五摆酒肉祭，也有些人家只是初一和十五上香。

我住的房东家中是比较有代表性的一种神位摆放形式。大门边有一凹入的神位摆了左土地右门官"大吉护宅"的神位，大门进去对着的客厅墙壁，左边上角供的是家公家婆（前者有照片，后者找不出相片就用神牌代替），右角（电视右边）供放着神龛，神龛的上方放有齐天大圣塑像，后面插放一面"天后赐福"的绸制小红旗，前面置放着香炉供奉。这个神像是婵姨的家婆留下来的，她自己也不知为何供这个，但一直沿用下来。村里其他人家也有供这个的，也有供观音、华佗等的。电视下边的柜中间供的是地主神位，上书"五方五土龙神"，"前后地主福神"，供奉的是主管此栋房屋的神仙。

电视上方的墙上贴着左右两排纸剪的贵人神像，左边四个连接，右边八个连接，贵人像上写着"四方贵人"或"贵人"的字样，这是婵姨前几年春节时从东岳庙中请回的贵人。贵人像下面贴着两道符，左边一道上印着"关帝圣君"，左边一符上印着"东岳庙印"。

按照传统做法，家中的神位应是每天早晚各三支香，初一十五肉祭，庙宇里的神仙也应该是每月初一十五要去敬香。而婵姨说：

> 我以前在家里干活的时候也是早晚各三支香，后来做了现在这份工，每天下班回来都晚，回来后又忙着做饭，也就免了晚上的香了，只在每天早上敬三支香。有时候自己上香，有时候叫女儿上香。以前去庙里次数多些，会初一十五去庙里，现在做这份工没法保证按时去，与其有时去有时不去不如索性不去了，只是在工作时正好顺路经过庙时进去拜一下。还有就只是每年的年初一、初二去关帝庙和东岳庙拜一下。东岳庙烧了之后还去过，见不到神像，只在原来的位置上贴了纸，上面写着神仙名字，就对着纸拜。
>
> 以前自己种菜时时间宽松，拜神也多些，有时和村里其他妇女一起包车去外地拜神。其实各地的神都一样的，有的庙里的神更多些。去了潮州、韶关、云浮这些地方，有些比较有名的庙，去了后每个神都要拜，有时候再花点钱请些神回来。包车的司机是专门拉各村妇女去外地拜神的，一辆中巴车一般坐12或13个人，车费住宿费大家平摊。去韶关拜神还要住一晚，花费100多块。村里的妇女去拜神都是自愿，一般是南方的一个阿婆组织，叫上其他人，年纪都比较大的，几次去的人当中

我都是最年轻的。现在要上班基本都不出去了。[1]

婵姨现在做着村里的绿化工,每个星期放一天假,每天早上8点上班,下午6点多才下班,中午12点下班,14点上班,确实是早出晚归,没有什么拜神的时间了。在这之前,她一直是自己投了村小组的菜地,种菜卖菜得到一些收入。两年前菜地被征了之后,就找了绿化的这份工。婵姨是神灵信仰比较浓厚的人,然而工作时间与生活时间的变化使她的拜神观念和行动都只能相应调整。传统的民间宗教的信仰和仪式是与传统乡土社会的大周期性的生活作息相适应的,农业活动的时间安排可以灵活处理,农忙与农闲的交替等都是村民们在祖先崇拜和神灵祭拜的仪式活动空间,而当这种生产与生活的时间周期发生变化的时候,当村民们必须按照工业社会中的时间观念上下班和领取月薪的时候,原来的仪式活动的时间与空间不发生变化是不可能的。新的生产和生活的时间特点改变了村民的祭拜观念和习惯。

村里的年轻人对老一辈的信仰有些不置可否的态度,婵姨的女儿、大学生阿枝就说:

> 我对信仰较淡,对这些神信一点点,宁可信其有不可信其无,妈妈这种年纪大的就比较信。我过年时会陪着妈妈去拜神,比如年初一去村里的关帝庙上香,磕头。我没去过村里的其他庙,经过土地庙也不会拜。有时会早上给家里的神位上香,也只是当干家务活一样。[2]

---

[1] 2008年7月17日访谈资料,地点:房东家中。
[2] 同上。

二、祖先崇拜

南村人的信仰体系中祖先崇拜占据很重要的位置，大量祠堂的存在与延续正是南村人对祖先的敬仰与崇拜从过去到现在一直长盛不衰的例证。中国人一向认为家族是祖先生命延续的具体表现，家族子孙的命运与祖先的庇护能力有着莫大的关系，所以供奉祖灵，通过一定的仪式将死去的先祖和现在的家族或家庭联系起来，是中国传统祭祖观的基础。"事死如事生，事亡如事存，孝之至也"[1]，中国传统的民间视供养祖先的亡灵为孝道的主要体现，希图通过操演社会认可的祭祖仪式，求亡灵庇荫和繁荣子孙。

一个人死后是否能成为祖先，取决于他是否有后嗣，子孙的延续将对先人的怀念与供奉代代相传，所以在传统的父系社会中，父系继承的链条也就是维持祖先崇拜的依据，也是以父系组织为基础的其他社会组织得以延续的依凭。所以各类祖先崇拜的活动与场所一方面传递和加强着家族意识，另一方面也成为整合地方社会的重心。

1. 谢氏大宗祠[2]

在珠江三角洲的传统社会中，宗族的重要标志是祠堂、谱牒、族田等，祠堂的作用非常重要。清代学者屈大均曾经指出："其大小宗祖祢皆有祠，代为堂，构以壮丽相高，每千人之族，祠数十所，小姓单家，族人不满百者，亦有祠数所。"[3]祠堂建设的大小多少，华丽与否是当地社会判断宗族势力大小和社会地位高低的重要标志。

---

[1] 《大学中庸》中庸第十九章，山西古籍出版社2000年版，第109页。
[2] 有关祠堂的建筑格局描述参考楼庆西的《中国古村落——南社村》一书中部分内容。
[3] （清）屈大均：《广东新语》（下）卷十七，"祖祠"条，中华书局2006年版，第56页。

在南村人的祖先崇拜仪式中，祠堂是个中心场所，而谢氏大宗祠作为南村谢氏家族的总祠堂，又是其中最重要的。祠堂祭祀是宗法制度的产物，历史上一直为贵族专有，直到明朝中期，普通士民才能自建宗祠，位于古村的中心位置的谢氏大宗祠，初建于明嘉靖三十四年（1555），万历四十一年（1613）又对祠堂进行了一次大修，之后还在清乾隆五十八年（1793）、宣统元年（1909），以及最近一次的1996年进行过较大规模的整修。

谢氏大宗祠堂号"崇恩堂"，取崇尚祖先之恩德的意思，这里是合族祭祖的地方，一般的祭祖分春祭和秋祭两次，分别在农历的三月十二日和九月十二日进行。祠堂也是家族议事的地方，社会治安、开赈义仓、分猪肉、派花红等社区的公共事项都是在这里商议举行。这个祠堂也是南村谢姓人权势的象征，祠堂门前的十几块旗杆石，彪炳着谢姓家族在地方社会中的权力与辉煌，它一直作为南村的政治和经济中心被族人供奉着。由于谢氏家族经历了筚路蓝缕的发展轨迹，有关先祖艰苦创业、庇佑后代子孙的社会记忆代代相传，再加上地方知识分子出于整合家族力量的需要而进行的地方性知识生产，使得南村的谢氏族人从小就受到"崇恩"的教育，对祖先的祭祀也十分尽心尽力。

1949年新中国成立后，新的国家意识形态显然不再同意这种旧社会形式的祖先崇拜场所的存在，改造与破坏成为当时乡村中各族祠堂的普遍遭遇，谢氏大宗祠也不例外。1951年，上级派来的土地改革工作组进驻南村，将谢氏大宗祠改作为工作组的办公场所，谢氏大宗祠和崇恩堂的牌匾被取下销毁。因为工作组中有妇女成员，当工作组在进入祠堂时还遭到了村中一些村民的抵制，因为在此之前，女人是被严禁进入祠堂的，这也是传统的祖先崇拜体系中父系成员维护其承嗣正统性的手段之一，也早已成为乡民约定俗成的族规。但是抗议与抵制都不能阻挡历史的潮流，致力于打破一切旧制度的新政权依然没有停止对大宗祠的改庭换面，谢氏大宗祠从1951年起一直到1994年都是南村大队（村）办公机构所在地，这里依然是社区的政治与经济中心，但祖先崇拜的功能已经不再有。

在20世纪50年代到80年代这30余年中，南村的祖先崇拜实际上也并非如新政权所希望的那样完全被消灭，家庭中祭祀祖先的仪式偷偷摸摸地在继续着，本地的干部一般也睁一只眼闭一只眼，但是在大宗祠这种公开场所的祭祀活动倒真是绝迹了，在摆几围满月酒都被游街示众的年代，谢氏大宗祠只能悄无声息地静默。

80年代以来，社会对意识形态的约束日渐宽松，珠三角与香港的联系日益密切，80年代后期逐渐形成了海外南村宗亲会的雏形，1993年在香港成立了南村同乡会。宗亲会的亲友们返回南村想认祖归宗之时，却找不到南村谢氏家族崇恩堂来祭奠祖灵，追念先祖，于是在南村同乡会的强烈要求和村民的积极配合下，1994年，原驻于谢氏大宗祠的村委会机构搬入了新建的村委大楼，而由南村海内外谢姓人捐款重修的谢氏大宗祠在1996年重修完毕，重新挂上了谢氏大宗祠和崇恩堂的牌匾，众位祖先的牌位重新"入伙"，这里又成为了南村谢氏家族缅怀祖先恩德，见证血缘传递，进行春秋两祭的庄严之所。

重修后的谢氏大宗祠占地约306平方米，由前至后，先为门厅，面阔三开间，进深两间，大门安在中缝，两扇黑漆大门，门下有巨大的门枕石，门上悬挂着"谢氏大宗祠"的门匾。门前有一对石狮，两旁分列着13块旗杆石，上面刻印着当年高中举人、进士的谢氏族人的功名与姓名。进门后，迎面一道格扇门，安在中央开间的两根柱子之间,这道门一般是关闭着的,只在祭祖或有重大活动时才开启。入大门后一般由两侧绕行到天井,在第一进天井两旁是廊屋,天井之后即为前厅,是一处空间高敞的厅堂,厅中央的脊檩高达7.55米,不安门窗,后檐两根立柱之间安有格扇与后天井相隔,格扇平时不开,格扇前放有一长条几案,横梁上高挂"崇恩堂"匾,厅内柱子与两侧墙上悬挂着数幅楹联。绕过格扇进入后天井,祠堂最后一进祀厅即在天井的北面,也是三开间,进深只有4.3米,厅的后墙上设着神龛,龛内分五层供奉着谢氏家族自始祖到十六世祖的历代先祖的牌位。

传统的祠堂为了维持其神圣性,保持祖先崇拜的神秘感,往往制定许多禁令,命族人严格遵守。比如南村的谢氏大宗祠传统上不允许妇女进入,不允许外姓人进入,祠堂中间的门平时关闭,只在祭祖时才开启,一般人只能从两侧绕行,只有族老和族中显贵才能从中门跨入等。而现在作为旅游景点的南村古村落,谢氏大宗祠是其中一个重要景点,每天来自各地的游客穿梭其中,拍照、谈笑,与传统的祖祠氛围大相径庭。谢氏大宗祠一方面仍然还是谢氏族人的总祠,每年的春秋两祭照常举行,一方面又是旅游景点和村民的休闲中心,平时这里面经常坐着七八个村里的老人在聊天。

2. 其他祠堂

村中现有保存较完整的祠堂25座,除谢氏大宗祠是村中所有谢氏的总祠外,其他都是祖上不同世系各房支的分祠,是谢氏宗族不同分支进行祖先崇拜活动的重要场所,当中供有各房支祖先的牌位,定时祭扫。

祠堂是宗族房派权势的象征符号,其中族人的社会地位与经济实力决定这些祠堂的形制、大小和存续年代。有的房派人丁旺盛，有钱有势，就能兴建多座祠堂。如七世祖谢松英（晚翠公），其子八世祖谢宏（樵谷公），谢宏之子九世祖谢文卓（东园公），文卓之子十世祖谢彦关（社田公），这四位生活于明代中期的谢氏先祖都在村中建有以他们名号命名的祠堂，即晚翠公祠、樵谷公祠、东园公祠和社田公祠，可见当时这一支脉必是财雄势大。

一般来说，一座分支祠堂供奉着一个房支的祖先世系，还有一种情况是有些弱小的房支无力建祠，甚或人丁凋敝无法维持，就将自己的世祖供奉在相关或相邻的房派祠堂中，到时一起祭拜。往往建祠之时会追溯到建祠者的上若干个世代的祖先，一起请入供奉，所以越往前的先祖，在祠堂中被重复供奉祭祀的就越多。每座祠堂所供奉的祖先都有几个世代以上，如晚翠公祠中供奉着从二世到二十四世的族人牌位。

有些南村的老人还在世时先将自己的牌位在祠堂"入伙"，一般要交给祠堂500元左右的入伙费，就可以将牌位摆入分祠的神龛，但必须在绿色的木牌位上蒙上红绸布，表示尚在人世，还不能享用祭祀的香火，等到过身之后由后人将绸布揭去，就可以正式坐享后代子孙的祭拜了。有的是夫妻双双入伙，共用一块神主牌，名号分列两旁，如果其中一方去世而另一方尚在的话，就将罩住神主牌的红绸布剪去去世一方的位置露出其姓名，以示区别。

村中比较特殊的祠堂是百岁坊和谢遇奇家庙。百岁坊是一座坊与祠相连的建筑，前为牌坊，后为祠堂。当时的东莞县令李文奎向朝廷报告，为南村四位百岁老人申请建坊纪念。百岁坊于万历二十六年（1598）建成，形制特别，建祠纪念的不是一个支系的血脉而是几位年逾百岁的老人，前坊后祠的样式也使它比村里其他的祠堂更显华丽。谢遇奇家庙是清代建威将军谢遇奇家祭祖先的祠庙，一般祠堂用于追祭较远的先祖，而两三代之内的先人是用在家中供奉牌位的家祭形式。谢遇奇因为财雄势大，家产丰厚，乃有实力将普通的家祭先人的形式扩大为祠庙祭祀，于清光绪二十七年（1901）建筑了这座堂皇的家庙，门脸高大，颇有气魄。

与谢氏大宗祠一样，新中国成立后一度所有祠堂都被封闭。50年代到80年代间，这些房支的祠堂被改作他用，基本上都被作为封建族产充公，分配给了贫穷农户，小型祠堂分配给一户人家，大型的祠堂常被平均分配给两到四户人家。这些被分后的祠堂有的用来居住，有的用来作柴房，有的用来作牛圈等。改革开放后，一些海外宗亲和村民想逐渐恢复祭祖的习惯，但祠堂都已经被分配给了私人使用，很不方便。1985年，南村多次召开村干部会议和村民代表会议，决定由村委会出面，以每平方米60元的价格向分得祠堂的私人赎买回祠堂，赎买的款项由所属祠堂的房派子孙自行捐献筹集。于是不少祠堂重新启用，成为各房支的公产，但也有些房支人员外流，或人力不振，其分祠也就此沉寂。

一般的祠堂都是广东农村常见的合院式布局，排列在中轴线上的厅堂与两侧的廊屋组成前后两个四合院，中央为天井，大者三进小者两进，有前厅和祀厅之分，前厅为平时议事和摆灯酒等房族活动所用，祀厅后墙上有神龛放神主牌，前方摆置供桌，为祭祀先祖所设。90年代以来纷纷经过一轮重修潮，在祠堂建设中带入了许多古建专家看了扼腕叹息的现代元素，如水泥地面、玻璃砖、铁栏杆等。

村中的各个祠堂现在也与谢氏大宗祠一样成为了古村落景点的一部分，在2002年决定开发古村落为旅游景点的时候，南村保存良好的众多祠堂是其中的亮点，一旦向游客开放，必将对各个祠堂实行开放和作些改造,有些房派提出反对意见,认为祠堂是供奉祖先的地方,搞成景点人来人往的不合规矩,是对祖先不敬,这些祠堂不愿意对外开放,平时是上着锁的。不过,更多村民还是接受了村干部的安排,服从于发展的需要,将自己房支的祠堂交给了村委会,配合旅游规划,比如将简斋公祠改造成茶山风俗陈列馆等,平日祠堂大门洞开,敞迎四方来客。祠堂的祖先祭祀活动也还在继续,每个房支会有专门指定的管理人员,负责每日上香,初一十五给供奉的祖先献上果品,以及最重要的每年两次的拜山活动,在作为旅游景点的祠堂里仍然准时操演。

祠堂作为中国传统宗族文化的重要部分,承负着多种功能,是民间实践祖先崇拜的主要场所。南村的众多祠堂既是南村谢氏族人凝聚家族力量并与其他谢姓分支联宗归宗的基本符号,又是新的历史时期南村经济社会转型中的重要角色,从这个角度来看,南村谢氏先祖确实有福荫后人之德了。

3. 拜山

拜山,也即扫墓,是宗族最重要的表达对祖先敬意的仪式活动之一,因为一般的祖坟都埋葬在村子附近的山上,所以去坟前拜祭祖先又称为拜山。拜山也分两种:一种是拜始祖,就是全族一起拜祭共同的祖先;一种是各房支分别拜祭自己这一支的祖先。拜山的日期在每年的清明和重阳前后。在南村,谢氏大宗祠每年拜山有两次,固定的时间是农历三月十二日和九月十二日,其他的分祠堂拜山就不一定有固定时日,多数在清明、重阳前后的某个周末前去。

每年拜山之前村中会在祠堂门口贴出通知通告各户,一些出门在外的村民会尽量赶回村来参加，许多在港澳的谢氏宗亲也会提前几天回到南村，在他们看来，参加拜山是表达对祖先的尊重，祭祖是和孝道联系在一起的。若是不参加祭祖，就会被看做是不孝顺的人，忘记祖先的人。谢氏的祖坟分布在春山、竹子罗、青冈、草松等地，其中始祖东山公葬在春山，大宗祠拜山时是由各家各户的代表参加，都是男丁，每次有几百人参加，各分祠拜山是各房的子孙有空的都去，先集中去祖坟处拜山，然后回到祠堂给祖先上香、烧些元宝蜡烛等。

按照习俗，祭扫首先要扫墓，就是将墓园打扫干净，为坟添上新土，拔除杂草，修整坟墓，还要在上边压些纸钱，让他人看了，知道此坟尚有后人，唐代诗人王建曾有诗句"但有陇土无新土，此中白骨应无主"，可见古人是由墓上有无新土判断墓主有无子孙的存在，因此给祖坟祭扫培土是被视为敬祖的重要行为。其次是祭祀，在坟前摆上祭品，主要有烧猪、熟鹅、熟鸭蛋、烧饼、糯米饭、甘蔗、酒水，还有仙香、蜡烛、纸钱、纸花、鞭炮等。将食物供祭在墓前，再将纸钱焚化，奠酒（即将酒洒在地上，代表向先人敬酒），一边做这些仪式一边还有老人在一旁念祭文，内容是表达对祖先的怀念与感恩，希望祖先有灵继续保佑子孙等。合族祭的祷词比较规范，房祭的祷词就宽松许多，一般由长者口中念念有词："祖公祖婆，今日是清明（重阳），我们回来拜山，这里有三牲酒醴，粗茶淡饭，请你们来到要吃饱吃好，保佑我们全家……"然后来的每个人点燃三支香对着坟头拜几拜，插在坟前或坟边。礼毕，待香烛点完后离开。

拜祭完祖坟后，将供在坟前的大部分祭品带回，大家一起回到大祠堂，将带回的供品分配，尤其是供祭的胙肉，"分太公猪肉"，吃拜过山的烧猪能分享到祖先的福荫，得到庇护。分猪肉也有规矩和讲究，一般是按男丁的人数来分，每个男丁都必然能分到一块，年纪越大分到的就越多。

每年的拜山是谢氏宗族的重大活动,尽管与传统相比,现在的仪式形式发生了一些变化,比如在祭祖的时间上宽松了许多,以前人们认为过了四月初八就关上了墓门,不能再拜山了,而现在村民们出行半径扩大,工作方式变成了工业社会的周休制,这些使他们只能调整传统仪式的时间限制,笔者观察到2008年有的房支到农历四月二十才举行拜山。而且分食供祭猪肉的意义也发生了很大变化,传统上那种分享祖荫的意义已经所剩无几,人们在分食太公猪肉的过程中更多的是感受一种人人参与的狂欢气氛。

人们在拜山仪式操演过程中的神圣性降低了,随意性增加了,但这个仪式过程在未来仍将会代代承袭下去。南村的祠堂众多,房支关系复杂,但村里的年轻人基本上都能清楚地知道自己属于什么祠堂,分属哪一房支,与其他人的亲戚辈分关系,这些意识都是在每年的拜山祭祖活动过程中得到的。谢姓族人通过扫墓祭祖加强了自身的家族凝聚力,梳理了几百年的血脉关系,传承了属于当地的宗族文化基因。祖先的墓地不仅是生命之根,同时也是情感之结。

三、神仙与庙宇

除了祖先崇拜,乡民们还将许多对超自然的解释与朴素的愿景寄托在中国传统民间宗教的众多神仙偶像上。神仙与凡民之间通过庙宇等特定的宗教场所和供奉拜祭等神圣仪式建立起心灵联系,在这一套系统里,神与民相互依存,互惠互利。正如谢氏族谱中《建关帝庙头门两庑引》中开篇所言:民者神之主也,民之不蕃神将焉

南村的祠堂群

祀，而神者民之依也，神之不安民焉能兴。[1]

新中国成立前，南村中先后建有关帝庙、侯王庙、土地庙、大王庙、文庙、苏王庙、永定庵等宗教建筑，庙宇建筑众多一方面表明南村的富庶，另一方面也说明南村人神灵信仰的多元化。南村人对庙宇既有崇敬之情也不乏实用性的态度，如乾隆年间曾建文庙于村北门，后来嘉庆年间，惠州来的土匪肆虐，"乡人旋撤其砖石藉之以葺围墙，治其急也"[2]。抵抗外敌的紧急状态下，只好先把庙拆了建围墙御敌，20年后，癸酉年冬再次重修文庙。解放后，村内的这些庙宇都被认定为封建迷信，在破四旧的运动中大部分都被破坏，有的庙宇则改做了他用，如"文革"中上巷的文庙和大王庙就做了

---

[1]《建关帝庙头门两庑引》，光绪《谢氏族谱》（其一）。
[2]《新建文庙序》，光绪《谢氏族谱》（其一）。

学校，现在则租给私人改做了打铁铺和家具厂。现存的仅有土地庙、关帝庙和苏王庙，而且基本上都是改革开放后重修的。

1. 关帝庙

关帝庙又叫武帝庙，供奉的主神是关羽。三国时期的武将关羽在明朝时被明神宗封为"协天护国忠义帝""三界伏魔大帝，神威远镇天尊关圣帝君"，从而成为官方与民间共同信奉的神灵，关羽也被尊称为关帝。关帝信仰遍及全国各地，百姓们对关帝的信仰也逐渐加入了许多更为世俗与现实的祀拜内容，驱魔避邪、招财进禄、消灾祛病等等，关帝成为了与"文圣人"孔子齐名的"武圣人"。

南村很早开始供奉关帝，于清康熙三十六年（1697）始建，前址"僻处樟冈之侧一斗室耳"[1]，后来在现址上修建了较大的关帝庙，之后又经历了几次扩建与重修。关帝庙在茶山一带都属于较大的庙宇，吸引着村民和附近村庄的人们前来祭拜。

南村的关帝庙是谢氏家族所修，属于宗族公产，因为迁到此处时占用了谢氏族人谢成运的太公家所有的土地，因此约定此庙日常由这一家管理，凡祭祀时，每人每次至少给二两白米做香火钱，也可以现钱代替白米，这些钱米都归运叔家所有，而他家也需要负责管理关帝庙的日常运作和祭扫。运叔家从他的老伯公开始，伯公、爷爷、父亲、自己、儿子、孙子，家中共有七代人与关帝庙相依。运叔8岁开始住在庙里，青少年时期都在庙里度过。据说20世纪40年代日本军队占据南村时，有一些日军还来庙里拜祭关帝，并下令不准士兵破坏此庙和村里的祠堂。

---

[1]《建关帝庙头门两虎引》，光绪《谢氏族谱》（其一）。

新中国成立后，在1952年的土改中，关帝庙被分给了四户贫农，此时运叔19岁，离开关帝庙住回村中。1958年大跃进时期，该庙被东方农业生产合作社占用作为集体食堂，当时将庙的格局也改了，打通了各个殿厅，在殿两边开了两扇大门，当时有400多人在此吃饭。庙内菩萨全部被捣毁，庙内的各类门栏、木雕等都被毁坏，四穿八漏。集体食堂无以为继关闭之后，分给四户村里没有房住的子女多的贫户居住。

90年代后期，南村的古村落名声外传，关帝庙和其他的祠堂古民居一起被作为文物受到重视，随着许多祠堂被修葺，村民中重修关帝庙的呼声也很高，于是由村委会出面以每平方米60元从原来的四户农民手中买回，再加上村民捐款，重新修整，重塑神像。

当时刚提出搞古民居保护规划，运叔就提议重修关帝庙，于是与林叔及现任的关帝庙管理组长等人一起积极申请，作为颇有历史意义的关帝庙配合古村落的概念，很快就得到了村委同意，大家选出12个人组成重修委员会，每个生产队都有代表，主要是上了年纪的热心老人。委员会的老人家经常去到市场摆摊，呼吁大家捐款，捐款的人除了本村的还有不少外地人，如东坑、石排等地的，还有四川、江西等外省人也有捐钱的，捐了钱之后会马上出榜公示。

重修关帝庙之前老人们去参观了一些其他地方有名的庙宇，如东坑坑美、寮步矮岭、沙墩等地的寺庙，观察其布置与神像设计。在黄旗古庙参观时，有一位自梳的姑子向他们介绍了自己的一个亲戚，是高埗镇的一位塑神像的师傅。此人原来也是一个喃呒，老人们专门去看了一下他为其他庙做过的神像，看过后觉得不错，于是请了他来做菩萨。关帝庙很快重修竣工，并于2003年11月重新开光，当时请了一班外村的喃呒来开光，老人们觉得本村的喃呒不够认真，而从外村请的喃呒不敢乱来，要做足全套功夫才能赚到钱。

表 6-1 2003 年重修武帝庙收支情况表（单位：元）

收入			支出项目			
捐款单位	人数	金额	项目	金额	项目	金额
东方	317	44620	造菩萨神像	58487	水泥沙灰	8553
南方	197	26830	香炉三个	14800	油墨颜料	4336
西方	136	17858	神楼龙柱	5600	瓷昼两幅	968
北一	109	20938	泥水工程费	27280	铜线铜片	812
北二	198	23618	木工工程费	12680	造铁皮屋	4665
上巷	167	26500	木料	37795	车运费	4825
上边	74	8600	红石及工程费	8640	水电工程及水电费	2103.53
外地	268	39463	神楼工程费	4200	搭竹棚	680
村委会拨款		55000	砖瓦费	11908.6	什项费	4243.6
利息		61.4	香亭及刻对联	5440	香炉铁架	494
投旧杉		38	香亭水槽原料工程	2140	电器	1755.7
转让水泥		14	神台 6 张	1300	办公文具用品	1778.6
香港同乡会港币	62	52000	大门一套	7420	捐款芳名石碑	15000
村民港币	25	9100	铂金字	8000	谢××公款医病	17332.48
港币兑成人民币		63607.6	作鳌鱼狮子昼墙画	10600		
厂商	11	11760	开光喃吭及祭品	8785.46	总计	332805.57
合计	1546	337908	开光 170 席酒	40180.1	结余	5104.43

说明：表 6-1 和表 6-2 的资料在关帝庙中公示，笔者整理而成。

重修后的关帝庙神像基本是按照以前老庙的神像位置摆设的，主要是运叔靠自己的记忆恢复。整个关帝庙中共供奉了45座神像：门厅左侧供奉马军老爷和赤兔马，右侧是土地公婆神像，经过一个天井，正殿内供着手捋长须的关帝坐像，左右立着执刀的关平、周仓，左侧是张王爷、文昌大帝，右侧是雷帅、康帅。左偏厅为众母苑，正供的是华佗先师、金花夫人和天后娘娘，由左后到前供的是：第一奶娘姓熊，第三奶娘姓孙，第五奶娘姓祈，第七奶娘姓钱，第九奶娘姓夏，第十一奶娘姓黄，花公谢四伯；由右后到前供的是：第二奶娘姓黎，第四奶娘姓蔡，第六奶娘姓刘，第八奶娘姓江，第十奶娘姓何，第十二奶娘姓张。右偏厅为神仙洞，正供的是华光大帝、吕帝、包公，两侧由左前至后供奉的是：朱雀老爷、宝鸭夫人、根豆相公、医灵大帝、财帛星君、玄坛老爷、哪吒太子、飞云童子；由右前至后供的是：劝善菩萨、紫衣、绿衣、杨五亚官、五殿阎王及九天玄女。各路神仙的神位分立在各处，满足着善男信女们的各种信仰需求，体现着乡村社会信仰中多元共生的神灵体系。

村民们一般每个月农历初一、十五都会来关帝庙上香，而初二、十六，就是"祭牙"，农历五月十三日关帝生日和六月二十四日关平生日也要特别上香祭拜，传统上的关帝庙还有游神活动，将关帝、文昌等神像抬出庙游行祈福。祀拜关帝的一般程序是：先由下厅的中央开间开始，先拜关帝及其侍将，然后由北间至南间，正厅北耳房至南耳房，再由门厅的北间到南间，按昭穆之序祭拜。村民们也可以按照自己的需求专门参拜某一掌管专项的神仙，如求子的拜十二奶娘，求姻缘的拜金花夫人，求医的拜华佗先师等。

村里的关帝庙还发挥着一定的区域整合的功能，是茶山一带村民共同祭祀的神祇。以前，周围的村庄也都村村有庙，解放后都被

关帝庙和守庙的老人

破坏掉了，大部分后来也没有恢复，茶山的沙墩也有个关帝庙，比南村的小。现在南村的关帝庙重修之后，渐渐地在周围传开了名声，不少外村的人也都来这里拜神，还有从企石等外镇来的，有的地方还组织妇女一起来拜。茶山镇的东岳庙以前香火很旺，但2007年起了一次大火，之后香火就受了影响，人们认为庙里的菩萨连自己都保不了，不灵。现在镇里最大的就是南村的这个关帝庙，据说很灵验，只要是诚心来求神的都会有所收获。在庙里供着十二奶娘的偏殿的一面墙上贴着一张红纸，上面用黑色的毛笔字写着：

特拜关帝庙各位神仙显灵

本人来自安徽外地人，因家多年困难，受病阻压，运气不顺，三饭不饱,连年欠数,实在没有办法,受别人指路来到广东茶山南村,住上巷村,六年勤劳苦干,全靠神仙指点,有了今日的幸福。本人今年已 40 岁,妻子 38 岁,在前四年大病缠身,生命不保,经医查明基本无生育能力,家现有一女孩 16 岁,心中感到不如别人。在三年前,南村各位神座保佑,求保一男孩,如今现三年期限一到,神确实给生健康一男儿,安全顺利生下来,家庭经济运气大有好转,吃水不望(忘)挖井人,幸福不望(忘)以前老共党,求神不望(忘)神恩,做人不望(忘)情恩,特许现金 1000 元,已交关帝庙管理人员手中,香火、边(鞭)炮、鸡、鱼、水果、喜糖贡品,特敬南村关帝庙各位神灵保(宝)座,保佑我们家人口平安,人才(财)两旺,以后我们将记住神恩,只要在南村,我们家都不会望(忘)神,年年求拜。

　　拜神人:南村上巷外地人　　车××

2008 年农历二月二十八日
特此拜神

　　关帝庙现在由一个关帝庙管理处管理,有 8 个人轮流值班,其中有退休的老干部,有 2 个党员,最年轻的 30 多岁,是上巷小组推选过来的,认为有个后生好帮忙做事,但他不用值班,值班的主要是老人。管理工作主要是搞好寺庙的卫生,管好火烛。从关帝庙的收入中每个月拨给这 8 个人 500 元费用,这笔钱是管理处的老人们初一、十五聚在一起时买些菜来吃。庙里的收支情况每年公布一次,如表 6-2 所示。

表 6-2　关帝庙 2007 年收支情况表（单位：元）

收入			
上期结余	8299.79	油香款	3900
鸿运塔	6170	出售塔香	1500
信用社利息	48.55	总收入	19918.34
支出			
电费	765.4	财塔香	3117
菩萨	872	利是	848
通胜	21	煤神灯	50
金花红布	200	横额利是	7
生油	460	新年祭品	156
手中印油	34	红灯泡	30
参观香亭	1109	土地诞	93
建宝炉包材料	1684.2	天后诞	130.5
跪毡	48	金花诞	82.5
建铁棚	5197	关帝诞	850
菩萨三个	2250	电饭煲	110
胶桶	18	红布	18
神灯线	7.2	铁链	42
总支出	17992.8		
结余	1915.54		

2. 苏王庙

村里还有一座较小的苏王庙，位于村子的北面，在北二和上巷交界之处，村民又称之为鬼仔庙，1949 年立庙，有 60 年的历史。这是个比较特别的建筑，其内的布置与一般庙宇无甚大异，但所供的主神位有两尊神像,注明称之为蔡伦、蔡亮。苏王庙属于东方小组的一个私人家庭所有,蔡伦、蔡亮是虎门太平人,被东方的一个教师认作契子,但可惜英年早逝,契爷在伤心之余建了这座庙堂用以纪念,其中所供的就是他的两个契子,所以村民又叫它鬼仔庙。

庙坐西向东偏南,前后两进房屋,前为门房,后为正房,中间夹一个小天井,两侧有廊屋相连。庙的规模不大,庙门直接开在砖墙上,大门的两边贴着一副对联"上蔡争称神赫濯,群伦共仰庙巍峨"。除了供奉蔡伦、蔡亮之外,苏王庙里也还供有其他各路神仙,进入大门内的门房两侧供有土地公公、土地婆婆和保寿老爷的神像,进入正房,正面供的是蔡伦、蔡亮的神像,两侧墙边也砌有供台,放置有黄大仙、七圣仙娘、财帛、太岁、华光、包公、玄坛等诸神塑像或神位。

它的特殊之处还在于,"文革"中南村的其他庙都被破坏,而苏王庙却保存得较为完好,村民们说这是因为那位教师为人颇善,村里人都感其德行而没有破坏他家的财产。苏王庙规模小,外观与一般民居差别不大,又处在古村外围,外村人或游客很难注意到它,有些村民都认为它并不算庙,也很少有人专门到这里拜神,来这里祭拜洒扫的主要是它的主人,也就是东方小组的那户人家。

3. 土地庙

土地庙在古村中央水塘右岸的祠堂后面一条小巷顶头的位置,非常小的一间屋,仅占地约 6 平方米,只有民房墙壁的一半高。没有门,门框上贴着"福德宫"的字样,左右贴着对联"公公公十分公道,婆婆婆一片婆心"。屋内设一神台和一张供桌,神台供着土地公和土地婆的瓷像,供桌上灯烛香火长年不断,村中的一些老年妇女经常会来祭拜。

第二节　南村的传统习俗

一、传统的生命周期与人生礼仪[1]

满月　也称"弥月"或"出月"。新生小孩周月之期，不分男女，摆酒答谢前来祝贺的亲戚朋友。客人们一般带来项链、玉镯和衣物等作为礼物，其中属于同一房支的亲戚尤其要送一块"pou"布（扶持的意思），一般三尺，意思是宝宝穿用这块布做的衣服能得到亲戚们的扶持而健康成长。主人家则要派糖姜水和糯米饭给大家吃喝。现在做满月酒一般请到20多围，一围400元左右的标准，来的客人会给小孩一个红包，普通客人的行情是50元，亲戚们就要多给些。

开灯[2]　凡新添男丁的人家，在元宵节前后举行开灯庆典，昭示自己家添丁之喜，并在祠堂大摆宴席，请全族男人共同庆祝。

婚嫁　传统的婚嫁严格按照父母之命，媒妁之言。经媒说合，男女双方互合生辰八字，父母同意后便择吉订婚。订婚时，男家将槟榔、首饰、衣物、礼金和桔柏等送交女方，称为文定，女方一经收下，称为纳采，不得反悔。

到结婚之日，男家花轿迎亲，新娘与诸女伴把家中的门都关上，藏在最里面的房间中，表示不舍得离开娘家。一直到晚上，按例要女方的家长进行规劝后，男方迎亲人开始"打阁"，这时，新娘的女伴在房间门口燃放爆竹，而男方派人用谷箩当盾牌冲进去，打阁成

---

[1] 本小节部分内容参考《茶山镇志》（1988年），和《南村古建筑群村史》，未刊稿。
[2] 有关开灯的内容在后面的开灯节的变迁部分另有详细论述。

功后，由新娘的大衿背着新娘出来，女伴们手捧米斗，一路撒谷壳，一人撑伞遮着新娘，其他的亲属则手提灯笼送上轿。新娘上到轿中要哭唱"出嫁歌"。

出嫁月令歌

正月绣花龙绣锦，花针落地甚难寻。二月燕子含泥归结窦，结时欢喜拆时愁。三月谷芽落种，神仙难得谷芽浮。四月佛爷初八诞，难望同群煮佛汤。五月龙舟浮水面，大好龙舟无女扒。六月龙眼结球风打散，风吹容易结球难。七月街头人卖神仙果，手扶仙树上枕桃源。八月禾碌中秋成庆景，难望同班赏月明。九月重阳归扫墓，谁人扫到姐妹坟边。十月菊花开尽无人问，难望同班摘朵髻边傍。十一月较寮开较响，难望同班聚蔗场。十二月花开过后难抽蕊，奴身一去永难回。

到了男方的村中，新娘由人背着到新房中床上端坐，床上撒放果品任由小孩子们抢食"床头果"。之后举行"告祖"仪式，宣读"祝文"，意思是告诉家中的祖先，今日家中迎娶新人。接下来就是参拜天地、父母、夫妻交拜等拜堂程序，礼成后由礼生们（伴郎）簇拥入洞房。

第二天早上，新娘在大衿的陪同下到井边挑水，然后向亲属长辈捧茶捧酒，对方回以"利是"。一连几晚，新郎要戴礼帽携灯笼，挨家挨户邀请人家"闹新房"。

寿辰　每年一度为"闲生日"，十年一度为"大生日"。尤其是六十岁以上，都会做寿辰，到时亲戚朋友都来祝寿，以牲畜、酒水为礼仪，也有封利是的。当天主人家设宴酬客，席上必备一道菜是猪肚粉肠鸡蛋煲木瓜（万寿果），并在客人告辞时回赠以松糕、寿饼。

丧葬 当人咽气后，即刻给换上新衣服鞋袜，洗面整容后让其脚朝门卧，在厅堂的地上铺上稻草。随后向各方至亲报丧，亲邻封宝烛钱来致吊。有死者儿女没有在临终时送终的，要从村口脱鞋跪爬着回家，并由一长者拿一根木棍轻打，以责其不孝。

出殡前，孝子要持孝赤脚，手执水盂到河边取水，称为"买水"，然后由仵作工人（八里佬）用纸帛蘸水在尸身上揩抹后入殓。由巫师念咒挥铃主持祭奠仪式，亲友们拜祭一番后，一人持幡于棺前撒纸帛开路，一人（选父母俱在的男青年）担石灰，上肩后不能半路转肩，孝子持丧棍披麻戴孝追随棺后，遇桥即跪，上坡即跪，一路送到山头，在坟前哭祭一番。安葬完毕后，主事人在山头上派给送殡者糖果、毛巾和长寿钱。返回时，每人都要折一根树枝，循原路放回死者的门前，将毛巾在村外洗过。

第二天天亮之前，孝子们要备三牲祭品到新墓前祭祀，沿路不能跟人打招呼，祭后径直回家，称为"还山"。家中设灵堂，每隔七日哭祭一次，连续七周，谓之"做七"，之后还有"百日"与周年哭祭（俗称做英雄）。

二、节庆习俗

春节 农历正月初一至初三，俗称做年。大年初一，小孩一早起床向长辈说些恭喜发财的吉祥话，讨利是红包，族里或有些做生意的私人请舞狮子麒麟的人来热闹一番，大年初一不动刀、不杀牲，但要添几次香，奉几次神，所以奉神用的都为素菜。大年初二，称做开年，男女都沐浴，村里会演出木偶剧或粤剧，吃的饭菜除了常有的鸡和肉之外,还要有猪手(横财就手)、猪腩(发财大利)、蚝豉、发菜(好市发财)、腐竹(富足)、芹菜(勤劳)、大葱(聪明)、生菜(生财)、橘子(吉祥)、苹果(平平安安)和马蹄、慈菇(寓意添男丁)等等,压轴的为一条活蹦乱跳的鲤鱼,象征新的一年家人生生猛猛,如鲤跃过龙门。开过年后,妇女则带着孩子提着糕饼、三鸟等回娘家探年。

正月初三又称辞神,过完三天,一切工作又要转入正常,所以,又"有三朝香一过又做完年了"之说。大年初三的傍晚,主妇们会虔诚地烧香祈祷一番后,把供桌上的茶、酒漱完(称漱钱),再反过来盖在供桌上,等到正月十五元宵节再用。所以,过了这初一迎神、初二开年、初三辞神的三天就意味着迎接来了新的一年。

元宵 此地将年初七至十五都称为元宵灯节,年初七为人日,意为所有人共同的生日,有人如果不知道自己的生日,就以初七日凌晨时分为自己的生辰。人日时家家煎年糕,煮七种蔬菜吃。前一年所生的男孩要在元宵时开灯,家中张灯结彩,放炮仗,向祖先祷告家中"添丁",接着就是摆灯酒。

拜山节 在南村,每年农历三月初三及九月初九重阳节,各家各户都要上坟祭祖,俗称"拜山"。南村在外地经商求学的人及港澳地区的谢氏宗人都会专程回乡扫墓。平时关闭的各房分祠这时会大门洞开,由族人打扫清洁后齐齐向祖先牌位祭告,然后带齐烧猪、三鸟、香烛、纸钱等物至祖坟拜祭,除草斩荆,长者会为晚辈回忆过去先人的艰苦创业事迹。以前的谢氏大宗祠崇恩堂规定每年农历三月十二和九月十二日为祖坟扫墓日,届时全村谢姓人都参加,祭毕每人都有钱和烧肉分,如属功名耄耋则可多分几倍。现在对于祭祖的时间比较灵活,在其前后几天内都可以,同一房支的人或协商约定一个日子，人数也不求全，每家有代表即可。

端午节 农历五月初五的端午节，南村人也和其他地方的人们一样以吃粽子作为一个主要的活动。每家每户都准备材料，于节日前后做好，粽子分甜咸两种，作为礼物分赠亲戚和邻居，小孩佩戴香袋，以避邪秽。在南畲朗上游还没有筑堤堵住，与东江相通的时候，每年这个时节也是大赛龙舟，举村狂欢的节日。

中秋节 南村的中秋节看重一家大小团聚，除了例牌的吃月饼外，还习惯以鱼粥、鸡粥为晚餐，小孩在晚上提着各色灯笼在村中游走嬉戏，到晚上9点至10点明月高悬之际，村民点着香烛，摆鲜果月饼于供神的台上向月光拜祭，之后全家一起赏月玩乐。年轻男女在月夜会到晒谷场上去迷八仙三姐，在降仙的咒语中仿佛真能如神仙附体般表演。男青年迷的是八仙，女青年迷的是三姐。

冬至 农历节令的冬至日，俗称做冬，有谚云：做冬大过年。这天大人小孩理发修容，备祭品奉祀祖先，一家人围坐聚餐。

祭灶日 农历年底二十四日，俗称菩萨上天。传说这一天是家中的灶君上天述职的日子，一定要专门供奉，在厨房的灶君牌位前装上三支香，摆一碗"糖不甩"，以期粘住灶君的嘴，不要上天说家中人的坏话。务农人家会将三支香倒放在一碗水中看香吸水的程度，以判断来年的雨水程度。

除夕 农历年底三十日称为除夕。前几日要"扫尘"，大搞卫生，也有扫除旧年晦气的意思。大年三十日家家户户贴春联、门神，炸煎堆、油角。小孩用染红的鸡蛋向长辈"卖懒"，大唱卖懒歌，寓意把懒惰卖掉，以后就勤奋上进。村民在家中焚香祭祖敬神，献三牲，鸣爆竹，炊年糕，印硬饼，吃团年饭。

卖懒歌

卖懒罗，等勤来，眉豆锯，谷花开，今早人人都卖懒，明天清早拜新年。拜好新年赏大吉，赏完大吉赏银钱，油煮碌堆摆正面，串枣糖环摆两边，正处一盆金橘仔，龙眼荔枝蔗果甜，打鼓临门烧炮仗，今年好过旧年长。

到傍晚，妇女们会把煮鸡蛋用的松木水来揉粉做咸丸，做出的咸丸有红有白。咸丸像北方的"汤丸"，只是无馅而已。除咸丸外还有饭和菜，菜式一般最少有六道，因"六"与"禄"谐音。一般用双鱼、双肉、双牲做成。这顿饭菜要做得比平时多，要吃不完，留待大年初一，这叫做"有余甚剩、年年有余"。饭后，主妇们又忙着摆放过年的供品，以迎接新的一年到来。子时一到（俗称"交子"），家家户户就会焚香祭祖，敬上苍，烧冥币，祈祷合家平安。

三、开灯节的变迁

开灯的风俗普遍存在于珠三角的广府民系中，是一个重要的家族节日。灯在粤语中的发音同于"丁"，开灯即开丁，是家族中添丁进口的意思。开灯习俗始于何时已无可考，估计应在明代或明代以前。在父系继嗣社会中，家族中男丁的增加是家族势力增长的基础，男丁的人力资源优势是家族争取地方资源，掌握地方控制权的基础，南村的谢氏家族的发展历史就是一个充分的例子。因此，家族中新的男丁的出生是一件值得庆贺的事，开灯庆典的举行一方面有庆贺之意，另一方面也在向外昭告本家族人势的增长。

开灯的习俗与正月十五元宵节联系在一起，可能是因为由中原传来的元宵节中有赏灯放灯的习俗，取其灯音的寓意。一般来说，开灯节从正月初七开始，称为"点灯"，至正月十五结束，称为"结灯"，凡在前一年生了男孩的人家，不论贫富，都要在这段时间内为孩子举行开灯仪式。开灯的人家要在家中和祠堂中摆放茶园公仔[1]，一般买来"四兄弟"（刘备、关公、张飞、赵云）的公仔像，家中摆一套，族中祠堂也要摆，有些还送给亲友。摆"四兄弟"的公仔取其开枝发叶、人丁兴旺之兆和团结友爱、互相扶持之意。还要在家门前和所属的祠堂门前挂上一盏灯笼，祠堂挂的灯笼越多，说明人丁越兴旺。并且选一日在祠堂中摆灯酒，宴请亲戚朋友来饮灯酒，让大家认识本家新添的人丁。只有完成了这一程序，新生男孩的姓名才能被记入族谱，正式成为家族一员。到了结灯之夜，灯长率领各灯户将纸灯笼烧毁。然后带上茶园公仔，偕同鼓乐手一起送到村中各家各户，如果有的家庭中有未生男孩的少妇，灯户们就用壶斟水浇湿她的衣襟，喻义为童子尿。

在南村，每年生的第一个男丁都被称为"灯头"，上一年生了男丁的正月初七（人日）至十四都分别在祠堂摆灯酒，每个房支都有传统上分配的固定的日子摆灯酒。添丁的父亲称为灯公，新丁中年纪最长的父亲称为灯长，如果有多个灯公，就由大家分摊摆灯酒的酒席费用。开灯的花费很大，有的富裕人家除了参与分摊全村的庆灯酒宴，自己房支还另外设宴再庆，多摆几次酒是很有脸面的表现。而穷苦的人家对于添丁开灯的负担就很重，在旧社会，有的人家无

---

[1] 茶园公仔是茶山当地一种传统手工艺制品，用陶土制作的各式人物小像，涂画各色油彩，多取材于戏曲和历史人物，是孩子的玩具，也是开灯仪式中的重要道具，现在已不多见，被评为广东省非物质文化遗产，现在仅有少数的传承人了。

钱买酒菜设宴，又不愿在族中丢面子，竟有卖掉长子为幼子开灯的事情，茶山的地方诗人刘其勉有诗云：嘉肴旨酒喜盈庭，拇战宵来醉未醒，知否贫家悬罄样，鬻丁惆怅为添丁。[1]

除了各房支的开灯仪式与灯酒外，在正月十五这一天的晚上，南村谢姓的16岁以上男丁全部可以去谢氏大宗祠免费吃饭，这个合族灯酒的钱由当年开灯的灯户分摊。这顿饭一般有标准菜式，每桌六个菜，八个人为一桌，这时妇女不能进去，她们帮男人把菜洗摘好就要离开，男人自己做好饭菜后围餐。这个传统一直持续到人民公社时期才被取消。

开灯被当时的意识形态认为是封建陋俗，被严格禁止，但一般的百姓朴素的添丁进口的喜悦之情总是习惯性地通过传统方式来表达。"文革"时期也有村民偷偷地开灯，但不敢在祠堂里，而是在家里摆灯酒招待本房亲戚。但是1975年，在南村附近的棉花围村，有一户人家摆入伙酒被公社知道了，当时的公社领导立刻带领民兵前去围住了现场，让到场宾客逐一登记，通知单位前来领人才放行，而摆酒的屋主被罚站在村口示众三天。当时南村也有人前去饮酒被扣，这件事在周围一带震动很大，其后几年都没有人再敢摆酒。

80年代后期，香港宗亲会的乡亲回乡，提出要把祠堂摆灯酒的习俗恢复，以找回南村的凝聚力，大家都赞成，就简单维修了一下祠堂摆灯酒，但当时面临一个问题是，宗亲会当中有成员是南村籍而非谢姓的，按传统规矩，外姓人是不能入谢氏大宗祠的，但对于当时来帮助南村发展的乡亲，不让人家来饮酒于情理上说不过去，于是村委决定废除以前不让外姓人进祠堂饮灯酒的习俗。非谢姓的

---

[1] 东莞市茶山镇志编写组：《茶山镇志》（下册），1988年，刻印稿，第330页。

人也可以进入祠堂饮谢家的灯酒了，但外姓不可以在谢氏的祠堂摆灯酒，南村非谢姓的几户小姓摆灯酒就是在自己家中摆。

从这时开始，南村又恢复了开灯和正月十五的围餐活动，形式与以前差不多，费用支出则由村委会牵头，计算每年灯头有多少人，每户出多少钱，超支部分由村集体出。2000年后，又有了一个改变，除了饮灯酒外，正月十五在大宗祠吃围餐的人也不再分姓氏，而是按年龄，凡南村村民60岁以上者男女都可以参加，但是男性在祠堂吃，女性在村饭堂吃，女人还是不被允许在祠堂吃饭。村里的妇女也没有觉得这有什么不妥，还认为现在女人也可以吃元宵围餐是男女平等了的表现。而且，近几年来，有的家庭中生了女孩也搞开灯，摆灯酒，但只能自己在酒店或村饭堂摆酒，不被允许在祠堂开灯。

2008年南村共有15户人家花灯报喜，其中东方小组2个（含一卫姓），西方小组6个，北一小组1个，北二小组4个，上巷小组2个。每户收灯费500元，共计7500元，正月十五的庆灯共花费43760元，超支部分由村委会负担。开灯的费用节后会在谢氏大宗祠门前张榜公示，2008年的详细开支如表6-3所示。

南村人很重视开灯节，这也是家族文化中重视男丁，延续血脉的一贯追求的体现，一般的南村家庭中必然要生育有男孩后才会停止生育意愿。不过，南村的年轻一代这种想法淡化了很多，年长的村民观念也在转变，生女也被看做是添丁，对于男女的权重开始慢慢在调整。开灯节在改革开放以后发生了不少的形式与内容的变化，对于外姓人的接纳，对于女性的态度调整，以及村委会组织和主导着节庆的过程，这些都意味着乡村的家族意识在逐渐开放，家族节日逐渐变成了社区节日，传统的靠族别与性别的区隔来维持的父系权威体系在融入全球化与现代化的当今社区里正在进行策略性的转变以求得适应。但是,丁的概念仍然是这个节日中的中心主题,宣示着人们履行了对祖先的义务,家族和村庄延续有后的喜悦。

表 6-3 2008 年正月十五庆灯费用表

支出项目	费用(元)	支出项目	费用(元)
早餐、午餐费	992	猪肉	1592
烧鹅	3200	奉神物品	180
洗洁精、烟、食品、酒、汽水等	8034.7	虾仁、白鳝、鲩鱼	10396
鸡	2500.2	菜、芽菇	2013
调味料	818.6	冬菇、蚝豉	4321
硬柴	375	厨师费用(2人)	1000
炮竹	886	副手费用(5人)	750
车费	250	司机(手拖)	120
鱼丸	2325	灯头利是、工作人员工资	3510
蒜苗	16.5	总计	43760
五子连灯	480	超支	36260

2010 年 2 月 28 日也即农历庚寅年正月十五的傍晚,南村的开灯宴又热热闹闹地举行了,古村里张灯结彩,各个大小祠堂门前都挂着红灯,鞭炮震天。谢氏大宗祠里外摆了近 50 围酒席。年纪大的男人(通常都是七八十岁以上的)坐在谢氏大宗祠里面吃,其他人包括 60 岁以上的男女村民和去年添有男丁的家庭(只限男丁及其父母)及工作人员在祠堂外边的酒席上吃。开宴之后,村支部和村委会的两套班子成员挨桌敬酒,村民们谈天说地,大快朵颐。

南村农历庚寅年正月十五开灯宴

四、斋醮

斋醮也叫建斋，做斋。做斋前，村中各家户合伙养"轮猪"，这是献给神灵的猪，因此各家轮流饲养，以表明对神灵的崇敬。快到做斋日，就请人将此猪烧成金猪酬神，村人邀请外村的亲戚朋友前来村中"睇斋"，因为除了做斋的仪式之外，村里一般都会请来粤剧团或戏班唱上几天或安排演木偶戏等节目。

村里建好斋坛，安放一些竹扎的神像，如鬼王、城隍等，并摆放些花木字画装饰。到了正斋开始，一群喃呒穿着八卦衣，或手执木笏，或手摇铜铃，口中念着咒文登上斋坛作法。有时候喷水掷米，有时挥舞刀叉，作法时间常常长达两三个小时。做斋时间的长短由主事人与巫师们事先商定，短时一天，长时三五天，打多少时间要看经济基础，钱多的可以时间长些，焚烧的纸扎越大，请的喃呒的人数越多，花费的就越大。

做斋虽然是人们试图与超自然的神鬼沟通的仪式，是神秘和肃穆的，但实际上斋期也是村庄中的一个狂欢性质的节日，人们在神圣仪式中穿插了不少世俗的节目以让乡民们娱乐，相互告知亲友睇斋，大家在这期间相互走亲访友，非常热闹。诗人刘其勉有一首纪实诗就是写的斋醮时节的村庄生活："数年盛典值迎神，踵来增华景物新，早岁豢将豚在栅，还从此日款诸亲。"[1]

南村的族谱上记载了一次斋醮的情形，清光绪三十四年（1908）三月，南村及附近村庄遭遇了瘟疫，族人认为是招惹了神灵，于是请来菩萨游神，之后又请尼姑建斋三天三夜，但是瘟疫还是给南村造成了重大损失。事情过去后，南村人反省责怪自己，认为主要是平时未敬神明而招致灾难，于是从那时起规定全村每三年斋醮一次，每次三天三夜。在做斋时将村中谢姓男丁姓名详细列榜张贴于西面的村墙上。斋醮期间男女都须斋戒沐浴，青年人抬着关帝、雷帅等菩萨神像在村中巡游，请来喃呒和尼姑诵功德，晚上舞醒狮麒麟、火龙等，十分热闹，成为南村三年一次的大典。三年一次的大斋需要花费不少钱财，一部分由谢氏大宗祠的公田中出，一部分是各家各户分摊，尤其是家中男丁多的要多出。每次做斋是在农历十一月二十号前后，冬至前几天，这时候已经割完禾，进入农闲时节，这时候打斋，四方八邻的亲戚来了就有时间待客了。

这一传统一直承续到解放初期才停止。南村在解放后打过一次斋，据说那次打斋时，南村的妇女表现夸张，许多女人戴着黄澄澄

---

[1] 东莞市茶山镇志编写组：《茶山镇志》（下册），1988年，刻印稿，第337页。

的手镯（其实是黄铜做的），别村来的人看了都说南村人很有钱，妇女都戴金镯，这消息传到"上边"，当时正是抗美援朝战争时期，本身税收就紧，南村有钱的名声传出去了，这样一来"上边"就加重了南村的税负，但因为本身是铜不是金，只是虚荣的表现，并不是真的富裕，难以完成"上边"交代的任务，南村人这一次都被掏穷了，后来就没钱再打斋了。再加上后来开展破四旧等运动，打斋的活动就销声匿迹了几十年。

20世纪90年代，社会风气开放以后，有一些富起来的村民也开始自己请人打斋，有的去茶山东岳庙，还有的去罗浮山。这种私人性质的打斋一般时间不长，主要是为祭奠先人亡灵，请两三个喃呒念半天或一天的经，烧些纸扎，与以前整村打斋的盛况不可同日而语了。

现在南村有一些老人也在建议恢复以前三年一次斋醮的活动，"古村落旅游就要搞些历史上的东西来吸引游客，搞些人家没见过的东西，以前打斋很热闹，周围很多村的人都来看，这也是民俗，现在恢复起来会受欢迎，到时不需要公家给太多钱，主要是各家各户出钱，尤其是男丁要出钱，现在大家生活好些了，也会愿意出钱"。

第三节　信仰、仪式与社会变迁

一、仪式变迁与国家的在场

我们现在能观察到的各种信仰或仪式，在南村，都经历了变迁的过程，也都经历了统一的时代背景：传统社会随着家族和社区的兴衰而变化，新中国成立后随着占统治地位的意识形态的转变而遭禁，20世纪80年代以后，随着政治和意识形态环境的宽松而复兴。不过，并不是什么都能复兴，即使那些侥幸得以复兴的也不可能是原封不动地重现，在相当大的程度上，人们主要是把传统文化作为素材，在国家允许的框架里重新塑造出来，进行自己的文化生产。[1] 从这个角度看，仪式的变迁就是村民主动进行一些行为模式的调整，以能符合时代与国家的要求，同时又能满足自己或社区的整合需求的选择。在国家面前，村民个体与社区的力量显然都不足以抗衡，而必须找到一种共生之道。

我们通常用大传统来指国家认同的文化体系，而用小传统代表民间的地方文化体系，如果说在新中国成立前的乡村自治的中国社会中大传统与小传统是分立的，新中国成立后到80年代的一段时期内是大传统淹没小传统，那么改革开放后到现在，小传统在复兴，而大传统与小传统之间呈现出融合共生的趋势，许多地方性的传统文化在复兴之后，其展演过程中会自觉或不自觉地加入国家的象征符号，以求获得在当前时代的合法性存在。

例如在古村中的几处重点展示的祠堂中于入门处和显眼位置都摆放着一些大幅的国家和省市各级政府领导来到南村视察的照片和说明，祖先的牌位与众领导的影像共居一室也没有让村民和游客们觉得突兀。又如南村举办的民俗展示活动中，村内各处放着纸扎的高大的宣传牌，写着"爱国爱家"、"继承传统"、"守望家园"、"培育精神"一类的醒目标语，这些代表国家的符号在社区非官方仪式中的出现，让地方仪式的展演也充满了国家动员的意味，为地方

---

[1] 高丙中：《民间的仪式与国家的在场》，《社会学研究》2001年第1期。

仪式的举行提供了一种新的情境,其中展示了民众心中的国家意识,也包含了地方社会文化得到国家认同的含义。

另一类国家在场的情况是主旋律文化主动与地方社会的互动,将国家动员的仪式贴近社区与村民,最极端的当然是"文革"期间全国人民看八部样板戏的例子。改革开放后,政府也不曾放松精神文明方面的建设,十六大以来,党中央提出了思想宣传战线"三贴近"的原则,"三贴近"是指贴近实际、贴近生活、贴近群众,也就是要求各级政府通过各种百姓喜闻乐见的文化形式将国家大传统认同的精神文明的内容提供给群众,融入小传统,融入社区与民众的日常生活。

2008年7月18日上午,笔者去南村旁边的塘角村观看了"茶山风采"——茶山镇实践科学发展观文化三贴近活动启动仪式[1],塘角村委会大楼前的广场上搭建了一个舞台,出席的领导有市文化广电新闻出版局局长、茶山镇委书记、副书记、镇委委员、镇文联主席等,观众席上也黑压压坐了一片人,塘角村的村民则围站四周。启动仪式由领导讲话与歌舞表演组成。先是由茶山镇副书记介绍这一活动的内容,然后是市文广新局局长讲话,讲话内容中提到茶山既有南村明清古建筑所代表的历史文化,还有代表现代文化的机关文化、校园文化、家庭文化、企业文化等。然后是由局长和镇委书记与塘角村支部书记共同拉下一个横杆,象征着活动正式开启。接下来是歌舞表演,由茶山音乐舞蹈家协会的演员们表演了歌舞《没有共产党就没有新中国》、男声独唱《心连心》、男女合唱《北京欢迎你》、群舞《志愿者之歌》。其中贯穿着各种主旋律:爱国爱党、赈

---

[1] 2008年7月18日田野笔记,地点:塘角村。

灾、奥运、志愿服务等。

在启动仪式结束后,领导和各界嘉宾兴致勃勃地参观了"茶山风采"艺术展和食品名镇"名牌荟萃"图片展,展出的作品主要是本地的书法、摄影、美术、集邮和盆景等艺术作品,以及展示镇内名牌食品企业的摄影图片等。在活动现场,镇内多名美术、书法、摄影、棋艺爱好者现场作画、摄影、表演书法和下棋。该镇粤曲协会会员在榕树底下进行粤剧表演,与群众进行互动交流。茶山盆景协会也组织了一批在国内外获奖的盆景在现场展出。

"茶山风采"文化三贴近活动将持续两个月,通过艺术精品巡回展览和文艺表演,把高雅的先进文化送进社会和企业,提高广大群众和新莞人的文化修养,努力开创茶山文化艺术事业大繁荣、大发展。

镇委书记×××认为:"茶山风采"文化三贴近活动是落实科学发展观、推动农村文化建设的一项有效途径,也是促进社会和谐的有效措施。现在农村方方面面的建设都需要文化去推动。所以搞好文化三贴近活动,一个能够活跃文化市场,特别是农村的文化市场,更加能够给他们有一个好的、和谐的环境。第二个是提高人的素质的一个具体体现,通过唱歌等有益身心的各种文化体育活动,使人的素质不断提高;第三在人与人之间有一个宽松的环境,大家互相沟通,共同建设美好的家园。所以说文化三贴近活动意义非常之大,使得全茶山整个文化活动有声有色、使得茶山的和谐更加好。[1]

---

[1] 东莞阳光网,http://www.sun0769.com/subject/newtown/townnews/cs/t20080801_394056.htm。

在这类仪式中,政府是仪式的操演者,表演的内容由大传统的主旋律和小传统的地方性知识共同构成,各种的文化形式按照国家的标准被贴上不同的标签:传统的、现代的、高雅的、先进的等等,一些传统的因素也被用国家的话语体系加以解读与翻译,国家在场的仪式成了一种国家政治的象征性叙事,让地方和民众在这种仪式的展演中领会国家意志,目的显然是服务于国家的意识形态需要,从而成为国家权力在地方社会的一种新的控制形式和统治过程。

二、全球化中的民间仪式

吉登斯认为,现代性在消解传统的同时又在不断地重建传统。[1]全球化与地方社会并不是想象中的延续不断的对立,在全球化成为我们当代生活的日常体验的时候,传统并没有消失,我们以为被摧毁或被淹没了的那些地方性的信仰与仪式会以另一种面貌出现在人们面前。

2009年9月12日,一场名为"感受东莞,品味茶山"的东莞市非物质文化遗产保护体验日活动在茶山南村古村落举行[2],本次活动由市群艺馆、茶山镇政府等单位主办,是以东莞市非物质文化遗产保护项目为资源,展示内容涉及东莞市首批非物质文化遗产38项名录及"茶山小吃"名镇的图片展、部分名录实物展、民歌展、民俗活动展、文艺演出等项目。具体的展示项目有:

1. 图片展览内容:东莞市非物质文化遗产名录中的38个项目及

---

[1] 安东尼·吉登斯:《现代性与后传统》,《南京大学学报(哲学·人文·社科版)》1999年第3期。
[2] 2009年9月12日田野笔记,地点:古村内。

"茶山小吃"名镇的图片展

  地点：古村西门村口

  2. 实物展览内容：七夕贡案、龙舟模型、清溪麒麟头、醒狮头等

  地点：照南公祠

  3. 东莞民歌展示内容：龙舟说唱、木鱼歌、客家山歌、咸水歌

  地点：南村大榕树

  4. 木偶戏演出内容：大朗镇巷头村木偶戏剧团现场表演

  场地：南村洋楼前

  5. 粤剧、粤曲及茶山泥公仔制作展示

  地点：粤剧在影剧院、粤曲在晚翠公祠、茶山泥公仔制作在念庵公祠

  6. 民俗活动展示：婚俗展示、放莲花、猜灯谜

  地点：古村内中央水塘周围

  当天的南村非常热闹，古村内可谓摩肩接踵，有来自四邻八乡的村民，也有许多东莞和周边城市的市民，可见非物质文化遗产这一代表那些行将逝去的悠久传统的名号对人们的吸引力。当天的活动安排得很丰富，游客们可以欣赏到以前只有在庆祝节日时才有得看的七夕贡案、龙舟模型、清溪麒麟头、醒狮头，还可以一边逛一边听木鱼歌、咸水歌和粤曲。村头还有一些妇女现场制作传统的小吃，供各位前来参与活动的观众免费品尝。而活动的高潮是广府婚俗的展示，由群众演员扮演的媒婆、伴娘、新娘、轿夫、吹鼓手及送亲队伍20多人，穿着颜色鲜艳的类似于舞台服装的旧式装扮，一行人锣鼓喧天，热闹非凡地围着村中央的水塘游行一圈，沿途游客们拥挤着指指点点，评头品足。这样的婚俗游行基本上每隔三小时循环一次，展示给人们一幕幕活剧。

整个体验日活动从早上9点开始,到下午5点结束,随着人潮的渐渐散去,古村复归平静。主办方认为这样的体验日活动的目的,"一是进一步巩固东莞人对东莞'非遗'的认识,搭建了解东莞传统文化的平台,二是塑造市旅游文化品牌,整合文化与旅游资源,向全省乃至全国、辐射东南亚推广千年莞邑的全新形象,以吸引外界访问与旅游观光兴趣,带动全市各个行业尤其是文化创意产业取得跨越式发展"[1]。

根据联合国教科文组织通过的《保护非物质文化遗产公约》中的定义,"非物质文化遗产"指被各群体、团体、有时为个人所视为其文化遗产的各种实践、表演、表现形式、知识体系和技能及其有关的工具、实物、工艺品和文化场所。各个群体和团体随着其所处环境、与自然界的相互关系和历史条件的变化不断使这种代代相传的非物质文化遗产得到创新,同时使他们自己具有一种认同感和历史感,从而促进了文化多样性和激发人类的创造力。非物质文化遗产分世界级、国家级、省级和市级等等,各级别有相应的遴选标准和保护政策,我国近年来积极开展非物质文化遗产的保护工作,从2006年起,将每年的6月第二个星期六定为文化遗产日。

非物质文化遗产在今天成了学界和民间都很熟悉的词语,在我们印象中代表着那些古老的、快要消失的、与现代社会不相适应的旧传统。人们会想当然地觉得社会的快速发展必将抛去一些跟不上这种发展的东西,比如产能和产量比不上工业生产的手工艺制作,或者是传播与普及比不上现代音像业的民歌传统等等,当全球化将西方式的

---

[1] 《东莞茶山周六举行非物质文化遗产保护体验日活动》,《东莞日报》2009年9月7日。

现代性意识传递到中国社会中来时，传统逐渐与我们日益现代化的日常生活分开了。实际上，传统与现代，本身就是全球化过程中西方式权力话语的产物，将本来属于地方社会日常生活中的信仰与仪式标签化、模式化，从而获得一种类似于进化论意义上的效果。

非物质文化遗产是以活的形态出现的，与人本身是密不可分的，是以人为本的活态文化，[1]它依托于人们的生活而存在，以身口相传作为文化链贯穿在人们的生产和生活方式当中，那些被我们看做非物质文化遗产的地方传统仪式，婚俗、舞狮、山歌等，都是与特定的人群和特定的社区相联系的，它们存在于地方的地理生态、生活方式和社会记忆之中，离开这些特定的载体，这些信仰与仪式就只能作为遗产被独立的保护，作为戏剧被随时地展演。当全球化的生产和生活方式开始挤压地方生活的时候，那些作为日常生活的各种文化形式也就需要寻找其他类型的认同。全球化包括了这样的压力，它迫使社会、文明和传统——既包括"隐蔽的"传统又包括"发明的"传统——的代言人转向全球性文化场景，寻求被认为与他们的认同相关的思想和象征。[2]

传统的各种仪式通常是村民日常生活的一部分，是社区的常态，他们的生活就是体验的过程。现在，当人们积极地拥抱全球化，按照现代化模式改变自己的生产和生活方式的时候，即使是乡村中的人们也需要把这些曾经属于日常生活的传统仪式集中地放在一起来进行体验，将各种传统文化形式通过戏剧化的表演来吸引人们的注

---

[1] 何星亮：《非物质文化遗产的保护与民族文化现代化》，《中南民族大学学报》（人文社会科学版）2005年第3期。
[2] 刘晓春：《仪式、地方文化与全球化——以2000"中国·绍兴文化周"为个案》，《"双三角论坛"国际大都市群理论与中国当代城市发展研讨会论文集》，2006年5月1日。

意力，从而达到"保护"的目的。地方文化成了全球化中的一个想象空间，传统成了招徕注意力的一块金字招牌。全球化一方面以同质性的西方文化模式冲击着其他多元性的地方文化，使它们失去生存的社区空间和背景，另一方面又赋予那些行将消逝的地方传统以非物质文化遗产的名号，号召加以保护，这种悖论的存在正是文化全球化的吊诡之处。正如费孝通先生指出的：在现实中，全球化也带来了一种边缘性，边缘层还会不断地从自己的角度进一步强化自身的认同和地方性。这一地方性甚至是族群性的认同，常常和文化的生产和再造联系在一起。即在全球化过程中，生产、消费和文化策略之间已相互扭结为一个整体。作为全球体系之中的地方或族群，常常在文化上表现出双重的特点，即同质性与异质性的二元特点。[1]

从积极的角度看，我们可以把全球化看做是世界各地日益加强的各种联结，文化的全球化是某些特定的生活方式和价值观世界观在全世界范围内的传递与共享过程，那么多元的地方文化恰恰是它存在的基础，人们接受着它的指导，与之交流与融合，而出现了全球化时代的"后传统"，全球化与地方化相互依存。在地方社会中，民间仪式的变迁与新型仪式的出现，非物质文化遗产所日益受到的注目与保护，就是全球化带来的地方化潮流。

---

[1] 麻国庆：《费孝通先生的第三篇文章：全球化与地方社会》，《开放时代》2005年第4期。

第七章 村落家族的文化与权力

学界对于家族与宗族这两个概念的界定与用法向来存在争议，大致分为两种类型的观点：一种是功能论的观点，有代表性的是弗里德曼将财产与祭祀作为宗族界定的标准，认为家族或家庭主要是一种财产共同体，宗族是具有祀产或祖祠的家族或房。另一种是系谱论的观点，有代表性的是陈其南认为系谱性的家族与房的概念才是中国社会亲属制度的基础，而有祀产的宗族及其支派是在系谱模式的基础上增加各种功能性的辅助因素而形成的亲属团体。有一些学者从世系追溯上判断，系谱纵深较浅的称为家族，较深的称为宗族，还有的学者在研究中将这两个概念混合使用。[1]

本书中用村落家族的概念来指称南村从始祖东山公传下来的世居南村的谢氏血缘团体，此处所用的家族概念既有血缘继嗣的系谱性因素，也包含有公产、共居等功能性因素。而在南村谢氏几百年的发展过程，有些房派支系迁居外地，虽然也是出自同一祖先的血脉，但离开了南村这一特定的社会生态系统，这些人群的发展与特性显然会有所不同，这部分可视作与南村谢氏家族的同宗群体，统称为谢氏宗族。

---

[1] 陈其南：《家族与社会》，台北联经出版社1990年版，第151页。

第一节 宗族与家族

一、宗—族—房—户

如前所述,宗与族的概念有时很难区分清楚,他们的概念都是来自于共同的祖先,《尔雅·释亲》中称"父之党为宗族"[1]。即以一个成年男子为中心,按照父子相承的继嗣原则上溯下延,就统一称为宗族。在始祖传承的过程中,有些子孙会由于各种原因离开大宗,比如发生了家族内的纠纷或是迁离了始祖原居地,而另立宗族,这些分支虽然可能在分立以后与原来的大宗没有实质性的关系了,但在血缘联系上仍然与之是同出一宗的。

宗有敬宗收族的责任,有些离开了大宗的支派流散各地,大宗对这些宗亲有收族、合族的义务。这种义务在灾荒战乱之年大家无暇顾及,但是一旦生活稳定,对祖先的敬奉恢复的时候,就会焕发出强烈的需求。对于宝树堂的谢氏大宗来说,南村的谢氏宗族是历史上南下的小宗,有回归大宗的需求,20世纪90年代与谢氏宝树堂取得了联系,参加了一些宗亲活动,虽然从系谱来看,这种联系仍然比较模糊,但不妨碍南村谢氏作为全球谢氏宗族的组成部分的加入。南村谢氏也有和本宗同源的同宗脉的合族以及对从本宗流失出去的小宗有收族的义务。续修族谱的江叔说:

> 全村谢氏有8000多人,其中包括海外的4000多人,都是南村分出去的,这些都要回来认祖的。我们修谱时,还曾去过连

---

[1] 胡奇光、方环海:《尔雅译注》,上海古籍出版社2004年版,第202页。

州等地，历史上有说那里是南村分出去的支条，但当地没有族谱，跟我们这里对不上，联上不联上就意义不大了。在花都有姓谢的是由始祖的另一分支过去的，当地有族谱可以跟我们这里的族谱对得上，这样就联宗了。谢岗的姓谢的也是跟我们南村的谢氏是一个宗的，还有增城一带都有，可以联宗，修族谱的时候可以补上去说清楚。茶山有个谢家村（自然村），这个虽然很近，但那里的谢姓跟南村的谢姓没有关系，不是一个宗。[1]

家族的概念中比较多地强调聚集的因素。汉朝班固的《白虎通·宗族》中也是将宗与族分开定义的，谈到"族者何也？族者凑也，聚也，谓恩爱相流凑也。上凑高祖，下至玄孙，一家有吉，百家聚之，合而为亲，生相亲爱死相哀痛，有会聚之道，故谓之族"[2]。因此，家族必是有血缘联系的众多家庭的联合体，也是通常同居一地，彼此互通来往，守望相助的亲属群体。在村落这样相对独立的空间中聚族而居的村落家族，血缘关系稳定持久，家族观念与家族文化已经延续了几百年的历史。在村落中，家族的权威与功能十分巨大，通常是乡村中主要的自组织形式，在国家权力力有不逮的基层中发挥着组合社群、稳定社会秩序、维持乡村社会运转的各种功能，在这种社会状态中，村落空间与居于其内的家族相互适应，形成了中国农村常见的村落家族的形态。"在稳定的社会中，地缘不过是血缘的投影，不分离的，地域上的靠近可以说是血缘上亲疏的一种反映，区位是社会化了的空间。……血缘和地缘的合一是社区的

---

[1] 2007年10月22日访谈资料，地点：古村管理办公室。
[2] （清）陈立：《白虎通疏证》（上）卷八宗族，中华书局1994年版，第397—398页。

原始状态。"[1]

南村的谢氏家族在南村的开基始于宋末,虽然谢氏的宗姓可以往上追溯至周王封邑,但年代久远,许多世系已经失考,而南村的谢氏家族,能够有清晰的父子相承关系的先祖就是从东山公谢尚仁开始。从早期的世系来看,二世至五世人丁都不旺,四世有一支拆户迁到东坑,之后从六世开始,人丁开始兴旺,从六世的五个男丁开始,谢氏家族分为五支一直延续到今天,如崇恩堂后堂的一副楹联上所称:"千枝由大本,五派溯同源。"从这五房开始,其后的子孙繁衍越来越兴旺,其下又再各分不同的房派,逐渐形成枝繁叶茂的家族之树。

房是一种线性的父子关系,陈其南提出中国家族制度中房的概念的重要性,家族和房之间的关系恰似一个整体与部分的关系,这种关系充分说明了中国的父系亲属团体的基本结构法则。在中国的家族制度中,如欲强调一家族内的差别性,便提及房派的关系,如果要强调各房派之间的包容性,则多使用家族来指称。[2] 南村谢氏的房派众多,彼此之间既有合作也有竞争。在一村之内,经济实力强、人口多的房派会恃强凌弱欺压小房派,对族内公共资源的分配与控制也有时会引起房派之间的争斗,甚至流血冲突,在谢氏族谱中有过记载。各房支之间的贫富差距也比较大,有势力的房派可以大修祠堂,拥有众多房产田产,而弱小的房派不仅无钱修祠,甚至连自己的住处也可能保存不住。不过一旦与外姓发生矛盾,或者面对外来的侵袭,这时所有的房派会团结起来,以家族的统一形式一致对外。

---

[1] 费孝通:《乡土中国》,北京大学出版社1998年版,第70页。
[2] 陈其南:《家族与社会》,第133—134页。

在家族力量强大的南方村落中，个人与个体小家庭是一种群体化生存状态，许多生活贫困的农民家庭需要依附于家族生存，大量的田产属于家族或房公有，农民们要从中租来耕种，灾荒年月要靠族中周济才能渡过生存危机。因此作为个人或家庭很少能够在族中发出声音，族权被族老和少数族中的乡绅把持，在族规、族约的框架内生活。

虽然几世同堂是主流的观念，但一般只有富裕人家才能做到，对于大多数农民来说，儿子成年之后或者父亲去世之后分家过是一种普遍的做法，但是分家并不意味着父亲的财产也全部随之分到各个小家庭中。南村谢氏家族传统上的做法是，父亲的财产大部分会留作祀产，成为祀奉这个祖先的房派的公共财产。比如第十世谢社田去世前即留言，将自己所居的房屋改造成祠堂，自己所置的田地大部分作为祀田，用于"蒸尝"，一部分作为书田，用于接济和奖励子孙读书科举，剩下一部分分给三个儿子："祀田六百五十石，内基田一百五十石，收者贮纳粮差并整田用，东门地租银十两，鱼塘三口；书田六十石；三男共拨租四百五十石，共计一千一百石。"[1] 正因为这种家庭资源分配形式的主导，所以，小家庭的能量是有限的，离不开族或房的血缘团体，很少有独立的家庭事务。

南村的谢氏家族能在 800 年中不断地发展壮大，家族的凝聚力保持到现在，与一直延续的家族公共财产模式有着密切关系。弗里德曼也论述过宗族的族田与房支田作为宗族存在与发展的经济基础作用，在南村我们也能清晰地看到这一点。谢氏大宗祠有着不菲的公产，一部分公产是由几个房派轮流掌管，每年所得收益归该年掌管这些产业的房支，在《光绪族谱》上记载：归于谢氏大宗祠崇恩

---

[1] 这种分配方案是谢社田去世前自己所撰，刻于石碑，镶嵌在社田公祠的墙壁之内。

堂名下的物业中,"乌石田五丘处一石二斗(内乌石地三丘),蚬岗头田五丘种七斗,大江头田五丘种八斗(内屋头岭地一丘),竹子罗田四丘种七斗(内竹子罗地二丘),神前坑田三丘种三斗(内锅底塘地一丘),牛过朗黄塘坑田七丘(中税二亩计种五斗),东坑平岭头地五丘(中税九亩六分,乾隆年间典与卢飞夏价银八十两),山仔下田五丘种二斗,以上物业落轮:丁壬长房,戊癸二房,甲已三房,乙庚四房,丙辛五房"[1]。另一部分公产属于众收物业,这部分物业中产出的收益归崇恩堂所有,也即属于全体谢氏家族子孙,由族老们按传统进行经营与分配,一部分用来维持谢氏大宗祠的日常运作和家族的日常事务,一部分储存起来以应付家族大事。

在中国的乡村中,家族可以被看做是血缘群体一种自我组织自我治理的集体主义形式,在小农经济社会,个人或家庭的生存能力有限的境况下,选择集体式的生存模式,以应对经济或是社会安全方面的各种危机,是一种安全的策略,也由此使得千百年来的传统乡村社会中,宗—族—房—户的结构不仅是亲缘结构,也是社会文化结构。

二、家族文化的变迁

传承几千年的村落家族文化构成了地方社会的基本特质,马克斯·韦伯称之为"家族结构式的社会",家族文化对地方社会的发展与运行和乡民们的整个日常生活都有着极大的意义。有学者将村落家族文化所承担的功能归纳为生存、维持、保护、绵延、族化和文

---

[1]《记事》,光绪《谢氏族谱》(其二)。

化六种功能，[1]正是因为这些功能的发挥，村落家族系统才能获得生命力，持续地存在于中国社会。

南村谢氏家族的由微而昌也有赖于其家族文化的推动。最早来到南村的始祖谢尚仁居住在茅草屋，以补鞋为生，缺乏土地等生产资料，单个的小家庭在村中生存压力十分巨大。在家族后来的发展中，随着家庭积累的增加，子嗣的增加，族人开始置买田地，并用家族公共财产制度将血缘集团成员联系在一起。家族形成之后，血缘的绵延需要更大的社会空间，谢姓族人通过不断地买走其他姓氏的土地，排挤了周边的小姓而得到了南村。这个家族由弱变强的过程中引人注目的一个原因是家族凝聚力的突出，讲到谢姓先祖为什么能为子孙打拼出一片基业，村中的老人们说是因为谢姓"非常团结"，"血缘浓"，"推崇祖先的观念比其他村都强"。甚至说到，在1942年茶山沦陷，日军进驻南村期间，日本人看到南村非常多的祠堂，觉得这村很特别，而没有太为难村民。

南村的谢氏族人虽然人数众多，房派关系复杂，村民之间也不乏矛盾冲突，但族人中的家族观念确实深厚，这种家族凝聚力的传递是谢氏家族文化的重要组成部分。族中非常注重对祖先的祭祀，通过族祭或家祭等各种祭礼将家族观念深入人心，"开灯"等仪式不仅是对家族新成员的身份认证过程，也是将年轻一代族化，纳入村落家族的既有秩序的过程。

谢氏家族的崛起还与家族中重视教育，提倡子孙用功读书科举的家风有极大关系，也是一种传统的知识改变命运的范例。古人推

---

[1] 王沪宁：《当代中国村落家族文化——对中国社会现代化的一项探索》，上海人民出版社1991年版，第107—143页。

崇"学而优则仕",平民子弟靠科举取得功名从而光宗耀祖,家势大振的故事普遍见于各种文学作品,南村谢氏家族就是这样一个现实例子。始祖谢尚仁之父谢希良就是官宦出身,为宋末景定四年(1263)癸亥会稽进士,死于南雄节度使推官的任上,后来由于元兵南下的战乱,谢尚仁家道中落,迁居南村,但鼓励后人功名进取的观念一代一代积累和传递下去。村中百岁坊[1]内有两幅楹联曰:"读书可作传家宝,勤俭如耕足水田","先代贻谋由德泽,后人继述在书香";樵谷公祠[2]大门楹联:"东西衍绪,科甲联芳",止步处楹联:"门外岂无题凤宇,堂前惟有读书声"。这些祖先的教导与敦促无时无处地影响着谢家的子孙们,重视耕读传家的家族文化厚积薄发,到明朝年间,谢氏族人开始不断有人取得功名,跻身官宦,南村谢氏也由此借势发展得更加壮大。

在家庭、文化群落中存在极为明显的"微风气"(Microclimates),它们可能鼓舞或抑制社会流动,或是使社会流动移往特殊路线。[3]南村谢氏家族几百年重视教育与功名的微风气使得整个家族在村庄中,在周边区域中逐渐向上流动。在珠三角的乡村,家族中有人取得功名后,族人会在祖祠前竖起高高的旗杆,用来插旗杆的石碑上会刻上有功名的族人的名目及官职等,以昭示本族的权势。在谢氏大宗祠前所竖之旗多时达到13枝,至今留下的十几块旗杆石还可以看到当年光宗耀祖的意气,如其中一块石上清晰篆有"光绪二年丙子恩科会试中式第九十九名进士,钦点即用知县,钦加礼部

---

[1] 堂主人为第十代谢彦庆与其妻叶氏。
[2] 堂主人为第八代谢樵谷。
[3] 〔美〕布莱恩·艾略特:《传记、家庭史与社会变迁研究》,出自〔美〕S.肯德里克等编:《解释过去,了解现在——历史社会学》,上海人民出版社1999年版,第128页。

郎中祠祭司行走，谢元俊"的字样。

家族中对求学上进的子弟有不少接济手段和奖励方案，如表7-1所示，由崇恩堂的蒸尝田中所收的租金里，每年会有一部分作为花红，由族老议事分配，用于奖励学业成绩和功名。在这种家族文化的推动之下，作为家族权力象征符号的祠堂与旗杆越来越多，地方社会的权力架构也在发生着变化，谢氏家族所掌握的资源与权力也越来越多，在地方社会中有了自己的话语权。

表7-1　乾隆二十七年（1762）的崇恩堂花红条例

名目	花红数额	名目	花红数额	名目	花红数额
文武院试	五钱	文鼎甲	二百两	遗才	一两
文庠生	六两	武鼎甲	一百五十两	会试	三十两
武庠生	四两	封诰	十两	升任	十两
国学生	二两	捐封诰	五两	建坊	五两
例贡生	四两	恩拔副岁	二十两	文举人	三十两
科考	一两	考选	十两	武举人	二十两
入闱	二两	进庠报子	一钱	举人报子	五钱
捐八品	三两	捐七品	五两	捐六品	八两
捐五品	十两	捐四品	五十两	捐三品	二十两
文进士	六十两	武进士	四十两	点翰林	一百
点侍卫	七十两	寿百岁	十两	百岁旌表	二两
寿七十岁	二两（妇人无领）	寿八十岁	三两（妇人领一半）	寿九十岁	五两（妇人领一半）
进士报子	二两	鼎甲报子	四两		

说明：根据光绪《谢氏族谱》中内容整理。

村落家族文化是地方文化体系的一部分，其存在与能够发挥的作用向度取决于主流文化对它的态度。在传统社会家国同构的文化结构中，家族文化与正统的儒家文化相适应，或者说传统家族文化的内核正来自于主流的儒家文化，因此，在国家权力未曾深入的乡村社会中，家族制度与家族文化几乎就构成了整个中国乡村社会的基本秩序。但是，当社会主流文化发生变化时，传统的家族文化就必然受到巨大的冲击。

毛泽东在1927年的《湖南农民运动考察报告》中指出，族权与政权、神权和夫权一起，代表了全部封建宗法的思想与制度，是束缚中国农民的四条极大的绳索。因此，在新中国成立以后，解放农民的行动之一就是推翻族权。

50年代的土地改革运动是对家族制度和家族文化的一次重大打击。如前所述，谢氏家族的强大凝聚力很大程度上来源于家族公共财产制度，许多田地、商铺和房产是以族产的名义存在和经营的。在土地改革中，南村在邻村和邻县买来的地被无偿地剥离出去，本村的土地包括所有的族产全部用于重新分配。村民中划分了不同的阶级成分，新的社会关系植入了原有的亲族关系中，原来在村落中处于生活边缘的村民，被认定为贫民后被外来的工作组推上了乡村政治舞台，成为贫协、农会等新型政治组织的干部，而家族中原来掌握各种资源的族老和乡绅被认定为族权压迫者，被划入了社会底层，新的组织原则代替了原来的家族体制。更重要的是，作为家族文化内聚力核心的各种信仰与仪式被看做是封建迷信、旧习陋俗而被一并禁止。土地改革运动可以说，几乎从各个角度对村落家族制度造成了有力的冲击，给束缚农民的"四条绳索"松了绑。

之后的合作化运动、人民公社运动在此基础上进一步冲击着村落家族制度，从生产方式上，以社会主义的集体化模式完全取代了家族式的集体化模式，从生产关系上，血亲关系已经退出了生产、分配、消费的整个过程，在日常生活中也受到很多限制。宗—族—房—户的社会文化结构被公社—生产队的行政结构取代，并且在建构新的行政结构的时候，有针对性地对原来的家族结构进行瓦解。社会主义的集体制度比之村落家族的传统集体制权力更加集中，规范更加严格，个人与家庭在这样的组织形式中，集群化生存的状态更加明显了。

村民们都觉得历史上的南村原来就是一个整体，不分的，虽然有不同的房派，但居住生活都是在一起，不会特意分清楚。只是新中国成立后按国家要求根据公社—生产队建制编排人口，这才把南村分成了七个小队。当时的区分主要是按村民的居住地方划分，上级领导也要求同一个房派的尽量打散，有几兄弟的要分在不同的组，怕他们同一房的在工作中搞小团体。当时批斗宗派思想也很严厉，甚至亲戚之间都不敢来往。

这些冲散族权的做法有助于权力在村庄中集中到新的国家建设和掌控的权力机构手里，看起来在社会主义的国家架构中，村庄日益行政化，村庄秩序由国家权力直接主导，传统的村落家族文化与社会主流文化相冲突，失去了运转和存续的空间，村落家族文化是否就此退场而消亡了呢？从功能性的角度看，随着村落家族若干功能都被取代和取缔，它似乎没有存在下去的充分条件，不过从系谱性的角度来看，相对固定的乡村社区生活空间仍然是培育血亲关系的基地。人民公社的组织形式限定了人们流动的可能性，人们在以"队为基础"的原则下生活、生产、分配和消费，口粮制度和户籍制度进一步明确了固定的地理边界，一定的群体仍在一定的范围内生活和延续后代，血亲关系依然在悄悄地联结。在社会体制不让其表现的时候，可以说它们是一种自然关系，一旦条件允许，血亲关系还会再次显现。公社化虽然改变了家族共同体的组织形式，但没有有效地从物质上改变它的其他特性。这一状况影响着现在，并将影响着未来。[1]

此外，黄宗智的研究也指出，在从土改到"文革"时期的中国乡村社会，存在着两个层面的社会体系，他用表达性现实与客观性现实的分析概念区分了那一时期政治建构与社会现实之间的差别。[2]在南村的情况中，我们也能发现，在对家族制度与家族文化的表达性的禁止和限制中，村庄内部的现实性状况颇有不同。在生产队评工分时，村民给同队社员的评分常常与对方和自己的亲戚关系的远近相关联，据说这还是很令上级领导头疼的一件事，认为房派思想流毒很深。不能在祠堂开灯，也有人私下因陋就简地邀请自己房的亲戚到自己家里来履行这一新丁认证仪式。文化的存续有它自己的逻辑，村落家族文化并没有因为国家权力的禁止而就此消亡，并且在社会主流文化再次转向，国家权力对乡村的控制手段发生变化的时候，家族文化开始复苏了。

三、宗族的"复兴"

1978年以来，随着农村改革序幕的拉开，国家权力逐渐从乡村回缩，乡村的社会空间开始日渐宽松。随着家庭联产承包责任制的推行，

---

[1] 王沪宁：《当代中国村落家族文化——对中国社会现代化的一项探索》，第56—57页。
[2] 黄宗智：《中国革命的农村阶级斗争——从土改到文革时期的表达性现实与客观性现实》，《中国乡村研究》（第二辑），商务印书馆2003年版。

乡村社会中的生产方式和组织制度也发生了重大变化，家庭成为了生产组织的中心，开始有了更多的主观能动性和更广泛的行为范畴。人民公社时期高度的集体化与计划性生产机制使村落家族文化失去了赖以存续的物质基础，村民们的文化观念也被干预和压抑，从而村落家族文化的各种文化表征一度消失，不过，文化的内联性不会被强制性的行政制度轻易地改变，其结构仍然保存在延续了千年的乡村社会中。改革开放以后，社会体制发生了新的变化，家庭与家族的经济能力与自组织能力得到保障，村落家族文化的观念和意识开始复苏。

20世纪80年代开始，一些原来被禁的传统信仰与仪式开始重新出现，首先恢复的是家祀，许多人家中又摆上了神龛，祖先的牌位和家神地主神重新得到了奉祀，之后，离散到外地和海外的谢氏子孙纷纷回南村敬祖，"文革"中被运叔埋藏起来才免于焚毁的族谱重见天日，然后是祖祠和地域性庙宇大规模重建或修缮，除了谢氏大宗祠之外，其余房派也纷纷重修各自的分支祠堂，到90年代末，村里几乎80%以上的分支祠堂都已经整修过一番。村民们认为，如果其他房派的祠堂修了而自己的分祠堂没有修是一件没面子的事。90年代以后，各祠堂的每年春秋两祭也逐渐恢复，日益富裕的生活也使人们有更多的物质和花样可以在这些传统的祭祀仪式中展示，重修后的祠堂和仪式中的物质展示成了村民们喜爱使用的象征符号。

表面上看都是一些老人在热心地奔走，为修祠修谱主事，但这些活动背后都离不开村委会的支持。1986年，村委专门开会，为各房派回购所属祠堂议定了一个统一价格：60元/平方米，各房可以向在土改中分得祠堂的村民赎买回祠堂，后者必须卖，且不能高于村委会议定的价格。在每年元宵开灯时，主要的费用是由村委会承担，续修谢氏族谱也是由村委会组织人、财、物完成。波特80年代在茶山增埗村的研究还用赛龙舟活动的恢复来说明一种当时的新现象，即赛龙舟这种仪式与象征的活动，恰恰是由当地干部来控制的，干部们声称掌握了重新出现的传统文化习俗的方向，共产党的意识形态和传统的文化形式都含有象征意义，两者都在龙舟比赛中得到了强调。[1] 也就是说，看起来是宗族复兴的许多现象出现，其实并不完全是传统宗族的重现，新的生产方式和社会体制中出现的宗族"复兴"现象，其中的宗族概念与内涵与革命前的传统乡村宗族存在着不小的差别，最起码已不再是弗里德曼原型意义上的华南乡村自组织了。

萧凤霞认为"文革"后传统仪式与宗族组织的再出现并非旧传统的复兴，因为新出现的仪式和组织从形式到内容都受到了政府的监控和管理，年轻一代对这些东西的认同也发生了改变。[2] 前面的例子似乎印证着这些观点，国家权力虽然对农村基层的控制宽松了许多，但并不意味着会回到新中国成立前宗族权威作为主导的乡村治理状态，甚至直到 2001 年，《人民日报》上还登载了特别报道，文中说道："伴随着改革开放和农村经济转型，宗族势力在一些地区开始抬头，对农村基层政权造成一定威胁……封建迷信等社会丑恶现象沉渣泛起，死灰复燃，农村宗族势力乘机抬头，大兴族谱之风，大肆募集钱财，搭台唱戏，聚集数千上万人进行庆典，通过族谱、建祠、祭祖等活动，建立省际、县际联系。……"[3] 可见，国家对农村宗族的正式态度并没有太大的改变，仍然认为族权是需要打击的

---

[1] Sulamith Heins Potter, Jack M. Potter, *China's Peasants: the Anthropology of a Revolution*, Cambridge University Press, 1990, p. 261.

[2] Helen F. Sui, *Agents and Victims in South China: Accomplices in Rural Revolution*, Yale University Press, 1989, p. 10.

[3] 周国政：《警惕农村宗族势力膨胀》：《人民日报》2001 年 5 月 30 日，第 10 版。

对象，不能容忍它对国家权力的可能威胁，只是实际行动上进行了变通，由原来的禁止与压制，变为了监控和管理。

但是，从乡村宗族组织本身来说，它的"复兴"并没有明确的指向，不像解放前拥有的独立的宗族权威主体的权力形态和作为这些权威代言人的族老和乡绅的具体人物，乡村社会组织架构早已是以社会主义的行政体制为主，这一点不会改变。因此，现代村落家族文化的内联性主要体现在血缘的系谱特征上，现代的宗族"复兴"更多的是观念与意识的复苏，其恢复的文化表征也主要是祠堂与族谱等具有系谱特征的仪式与象征物。这种"复兴"的宗族不会拒绝与对抗国家权力的监控和管理，甚至是欢迎与盼望与国家权力融为一体，通过将血缘群体与国家在村落中的行政体制架构（村委会或其他类型的正式组织）相结合而得到一种新型的经济、政治、文化集体模式。所以，宗族的"复兴"中国家的在场不应该看做是被动的状态，而是乡村宗族为获得重新生长作出的主动性适应。

除了宗族"复兴"的空间这一基本条件外，我们还可以探讨一下乡村宗族"复兴"的动力因素。当然，中国人对于血缘的追索与执着有着悠久的传统，这也是宗族之根，除此之外，"复兴"活动中的组织者都是具体的人，也就是村落家族中的村民，他们对传统的家族观念和亲属网络的回归热情还有更加理性的原因。20世纪70年代末以来，发展"三来一补"等对外加工业的热潮兴起，南村与港澳等地联系加强，村庄最初的发展资金就来自于境外宗亲的捐款与投资，修缮祠堂与摆灯酒等习俗的恢复最早也是宗亲会回乡探亲时提出的，尽管当时政治环境依然比较严肃，但在整个珠三角招商引资求发展的热烈经济氛围中，不独南村，许多乡镇都默许甚至鼓励村干部和村民通过宗亲关系吸引外来资金办厂，这是在当时来说成本最小而效果颇佳的一种招商途径。在这样的状况下，村民们自发地将原来被中断和压制的村落家族网络重新连接，发展出"新"的社会资源，并将之转化为经济资源，服务于家族与地方的经济发展。

范可用福建农村的例子也证明了宗族复兴与地方经济发展之间的内在联系，他认为这种宗族活动的复苏与全球化之间存在复杂关系，这些复苏活动以及由此带来的各种形式的认同的建构，是对全球化进程之吊诡式的反应和回响。[1] 范可所谓的吊诡式反应指的是全球性的同质化与复兴的地方文化的多元化相应发生发展的悖论性存在，然而这种悖论从全球化出现的那时起就已经存在，它本身已经成为全球化所有的一个特点。全球化带来的经济转型升级的地区间转移是包括南村在内的珠三角农村迅速发展的重要外部因素，这种转移的走向也许正是现代乡村社会宗族"复兴"的动力方向。全球化在珠三角乡村的延伸过程与乡村中宗族的"复兴"过程相互呼应，新时期的宗族活动也呈现着全球性的特点。宝树网是全球谢氏宗亲的一个网络平台，号称是全球谢氏的门户网站，其口号是"让宝树走向世界，让世界了解宝树"，网站上主要内容是谢姓的宗谱知识、联宗联谊活动，还有一部分是企业信息。广东谢氏宗亲联谊网则更加明确提出了"团结宗亲，信息共享，共同致富目标，共创美好明天"的口号，宗族与血缘在网络平台上的伸展与联结也成为了全球性时空联结的一部分。

宗族的"复兴"还来自于村民对集体主义传统的留恋与对自我认同的惯性。正如前文中已经讨论过的家族制度的集体模式与社会主义的集体模式在村庄中的交替统治，村民们已经习惯于将自我的

---

[1] 范可：《旧有的关怀、新的课题：全球化时代里的宗族组织》，《开放时代》2006年第2期。

个体与家庭作为社会集群中的组成部分得到认同，在集体主义的庇护中获得基本的生存安全与社会保障。20世纪70年代末的家庭联产承包责任制，将家庭转化为村庄生产与生活的中心，在一开始对于打破计划体制，解放被禁锢的生产力来说是具有爆发性的积极意义，但是，随着市场体制的推进，小农家庭和小规模的经营模式在资本主义市场中的风险显而易见，出于对生活与生产安全的考虑，出于面对风险时依靠集体庇护的惯性，村民开始转而在本地社区中通过对宗族一类血缘群体的重新追溯来寻求自我认同。农民们对血缘关系的深厚情感是他们在快速的社会变迁中，当一切都可能发生各种变化的时候，他们还能依赖着这不会改变的血缘血脉，是他们自我保护的安全岛。

"整体大于各部分之总和"，家族群体这类组织在历史上积累的良好的社区动员与整合能力是村民们能唾手可得的最佳组织资源，在这里，宗族与归属、定位、认同、安全、信任、忠诚有关，同时也不能脱离整个国家统一的基层行政架构而单独存在，因此，在这一过程中，新的社会主义集体制度的形成也就顺理成章。与改革开放前强调政治化的旧的社会主义集体制度不同的是，新的集体制度更多的是建立在经济联系上的共同经营集体资产的集体模式，这与传统的建立在家族财产公有制基础上的家族主义集体模式有着共同之处，两者相辅相成，成为今天珠三角乡村社会中的基本结构。图7-1表示的是在类似于南村这样历史上有着深厚的家族文化传统，和当代有着雄厚集体经济基础的村庄中，在全球化和地方化的双重作用下，在现有的国家—地方框架内，宗族"复兴"的基本模型。在这种模型里，家族文化传统与社会主义传统同构为一种涵盖整个社区的政治、经济和文化，以及社区内所有个人和家庭的日常生活

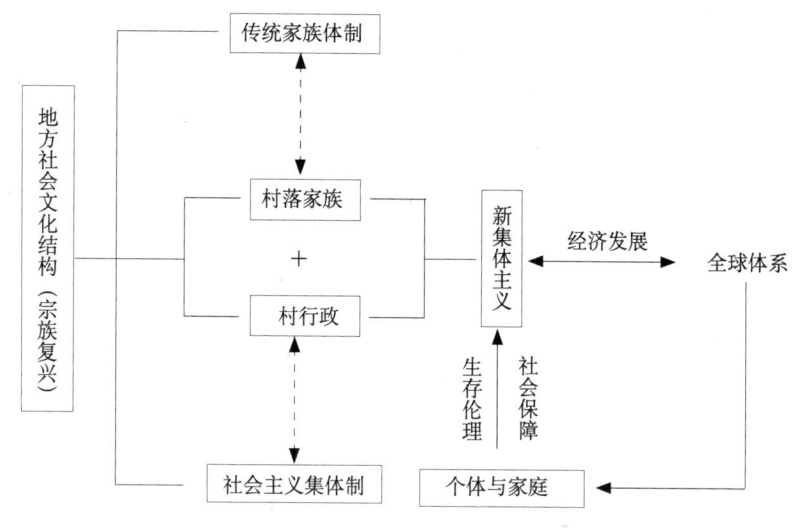

```
                  ┌─ 传统家族体制 ─┐
                  │       ↕       │
地方社会文化结构   │   村落家族    │   新        经济发展
（宗族复兴）──────┤      ＋       ├─ 集体 ←───────────→ 全球体系
                  │   村行政      │   主义
                  │       ↕       │    ↑ 生存伦理│社会保障
                  └─ 社会主义集体制 ┘  │          ↓
                                        个体与家庭 ←────┘
```

图 7-1 宗族"复兴"的模型图

的新的集体主义制度，并且通过经济发展与全球体系联结在一起，我们所看到的宗族"复兴"就可以理解为这种联结的产物，包含在变化着的地方社会文化结构之中。

因此，90年代中国农村家族复兴的实质，不过是农民对某种集体主义的追求，这种追求是自耕农式的小农谋求生存及安全的集体选择。在珠三角这些经济发达、福利健全的农村，社会主义的集体主义和家族的集体主义共同发挥着作用，担起主要作用的还是社会主义的集体主义。[1] 这种"复兴"离不开全球体系对乡村社会的渗透与压力，也同样是乡村社会和传统体制谋求经济发展而主动与全球化相呼应的产物。

---

[1] 郭正林：《家族的集体主义：乡村社会的政治文化认同》，《社会主义研究》2002年第6期。

第二节　村庄的权力网络

一、族权与绅权：传统的乡村精英

人类学语境中的权力多数受福柯的影响，认为权力指操纵一个体系的能力，存在于任何不平衡的社会状态中。乡村研究虽然关注的是微观社区的具体生活，但对具体生活的理解离不开相关的制度性场域和国家情境。对于乡村社会中的权力研究，大多数研究者是在国家—社会框架内寻找权力的阶梯结构。

传统社会中的村庄，其基本的整合机制是家族制度，因此掌握村庄各种资源的主要是有族内话语权的族老和乡绅，他们分配家族公共财产，制定族约族规，调解族内外纠纷，作为家族成员必须服从这些权威。南村虽然从明朝起就归入了国家的正式行政区划，但当时的村庄还是自组织的形式，官方的正式组织依托于非正式组织而发挥作用，保甲制、里甲制等政府用于征收赋税和维持治安的制度都需要配合乡村社会运行的规律，依靠村庄内的家族组织发挥作用。村长即族长，族长一般是德高望重的族内长辈，由族老们和乡绅提名议定，族长的产生通常与家族内各房派的财富势力大小和人丁兴旺程度密切相关。家族内的长幼辈分和序齿、嫡庶等基本秩序决定着村庄成员在权力等级体系中的位置。

而拥有功名的，也即获得了国家权力认证的乡绅作为连接地方权力与国家权力的"国家经纪人"[1]则有着特殊的权力地位。1909

---

[1]〔美〕杜赞奇：《文化、权力与国家》，江苏人民出版社1994年版，第28页，这里主要指保护型的经纪人。

年清政府修筑广九铁路通过南村，村民认为靠近春山祖坟会破坏风水而抗阻施工，在官方作出让步后仍然拒绝合作，商讨无着的情况下，两广总督亲自"谕饬谢遇奇监视开工，各绅耆开导村人"，这样才使得修筑铁路继续下去。从这个例子可以看出，即使族中有了像谢遇奇这样名望卓著的人物，当他退休还乡后，虽然在村庄中的权力颇为鼎盛，但也避免不了国家权力的摆布，有时会陷入一种两难的境况。因为他们权力获得途径的特点，使乡绅这一阶层的权力带有两面性：一方面他们代表乡村与国家打交道，被族人寄予着保护村庄的期望；另一方面他们又是官方与乡村社会的纽带或润滑剂，经常需要作为国家中介来帮助国家对乡村的控制。

村庄中的政治精英拥有公认的权威，这些权威不能轻易被冒犯。南村传统的调解方式叫做"请老大"。当村民中发生了争执或冲突时，需要有人评理调停，就由投诉方约请有名望的乡绅或长者，自己先行把祠堂清扫干净，摆好桌椅，置放些茶具、烟丝等，恭候调解人入座，双方讲述事项，申辩理由，再由调解人协商，或责或罚，一旦议定不能反对，反对"请老大"的处理方法，要冒被全村人千夫所指的风险。这些自发的权威来自于儒家文化几千年来对中国乡村的影响。清末以后，随着现代政治制度的发展，国家对乡村控制的逐步加强，统一的行政力量日益成为乡村社会整合的主要基础，不过，由于民国时期战乱频仍，国家对乡村基层的政治建设并没有充分开展起来，许多制度形同虚设，乡村政治格局与以前相比没有太大的变化。

二、村庄权力的变迁

翻天覆地的变化发生在1949年中华人民共和国成立之后。真正的国家一体化的变革使南村和全国其他农村地区一样，被纳入了党和国家的政治体系之中。族权与绅权被推翻，族长与乡绅地主一类原来的乡村精英被打倒在地，成了权力架构中最底层的人群，而原来沉默的大多数，普通的村民被赋予了更多的政治权力，新的乡村精英出现了，这些人恰恰是旧的权力格局中被边缘化的贫民，他们在旧的社会制度中受益最少，也就最能被新制度吸引，积极地响应新政府的号召，翻身做主人。新中国成立前饱受苦难，生活在社会底层的林叔在新社会中迎来了崭新的生活：

> 解放前我们很苦，以赶集为生，在横沥墟买谷，然后隔天卖去石龙墟，靠脚力赚点差价，不够温饱。在村里我这一房支人丁少，经常被大房派的人欺负。如果不是共产党来解放我们，生活很难过。
>
> 刚解放时，解放军进村清匪除霸，收缴了许多私人的枪支弹药，枪毙了几个村里的恶霸，清剿了附近的土匪。村里的事务一开始还由"旧基层"（解放前的村长、保甲长等）管理，后来就逐渐将这批人淘汰，换上贫苦出身的农民。1956年土改时把南村和塘角西村合并成立了南村乡，上级让我当乡长，乡政府里有贫协主席、乡长、副乡长、妇女主任和文书五个干部，上级拨付主席、乡长和妇女主任三个职位的工资，然后五个干部分，我拿到的工资是12块5毛。[1]

新社会推行的是破旧立新的建设原则，为了改造旧的社会秩序，

---

[1] 2008年7月22日访谈资料，地点：古村。

旧的状态被刻意打破。传统的村落家族被认为是阻碍新的社会组织建设的封建力量，必须有新的整合力量加入到村庄的权力格局中来。上级政府在谢姓占95%以上的南村，安排了一个黎姓的村民做南村生产大队的大队长，其在任时间从1964年一直到1992年，在党支部委员中也一直有卫姓、朱姓、麦姓等的代表，在组织建设和政治实践中增加小族姓参与的机会，扩大他们的话语权，其目的是为了分散谢姓一支独大的局面，防止谢氏家族权力坐大，导致封建族权死灰复燃而与新政权抗衡。

  党的领导是村庄权力格局的一种新经验，而这种新力量正是整个权力体系中最核心的。党员是一种非常重要而难得的政治身份，只有那些出身好，有坚定的政治信仰，在国家的各种政治运动中能够有积极行为的人才能得到[1]。茶山地区的党支部最早建立于1953年，全区的党员共12名，到1976年为止，整个茶山地区也只有811个党员。南村于1956年8月16日成立了党支部，村中共有4名党员，2名谢姓2名陈姓，党支部在村庄中是最高权力机构，村庄中的权力高度集中于党支部尤其是支部书记手中。大队支部由公社党委直接领导，下面的生产队设党小组，党的出色而有效的组织能力由上到下地贯通了社会的各个层面，掌握了乡村的社会生活。政党不仅仅是意识形态上的东西，而是化为了实实在在的控制系统，成为村落生活中体现国家意志的主导者。

---

[1] 现在的党员选拔标准可能已经有所变化，党员仍然是个重要的身份，并且不光在政治上，有时还能与经济福利等相联系。在南村入党非常难，从提出申请到正式入党，通常要经过几年时间的考察。村里的大学生都希望能在学校里入党，那样相对来说容易些。村里的一个喃呒先生听说我是他儿子读的大学里的老师后，非常热切地拉着我絮叨，希望我能承诺帮他儿子尽快入党。

党组织和基层行政体系的两种控制系统交叉着发挥作用,后者往往又是隶属于前者,党的决策地位不容置疑,生产大队长也是大队党支部的副书记或委员,两委的各委员们分工管理村里的生产、文化、计生、民兵,以及共青团和妇女工作等全面事务。通过各种运动和宣教,基层党组织的权威地位日益牢固,新的乡村精英来源都是由上级政府进行选拔和任用,这也使得这些乡村治理者主要是对上负责,配合政府将村庄融入整个大的计划体制中。在政社合一的体制下,农村基层管理复制着公社体制,表现为党政合一、政经合一的重叠管理结构,而群众性组织则是党组织联系村民的纽带。[1]村落中的非正式组织几乎全部消失,新建立起来的各种正式组织通常只起着传递国家意志的基本作用,公共生活领域也基本上只有政治生活,村民们走亲戚都心有顾忌,怕被扣上搞宗派的帽子。

在全民动员式的各种政治运动的洗礼中,普通村民们的政治化程度大大提高了,超过历史上任何一个时期,但其集群化生存的状态并没有太大的改变,在社会主义制度的框架内,个体和家庭的自主性被压缩得很小。与以前相比,在村庄生活中他们能够发出声音了,但通常只能发出被认可和被限制的声音。他们的政治实践带着些被动,带着些戏谑。一个村民对"文革"时期的记忆是"不断地开会,大会小会接连开,干部在上面说,我们在下面织毛衣"。

20世纪70年代末期,珠三角农村成为改革开放的试验区,乡村社会的变迁十分剧烈,通过经济转型,农村地区越来越直接地融入全球化进程之中。全球化是一个整体性的社会变迁过程,它在极大地影响各国经济生活的同时,也对各国的政治生活发生着日益深刻

---

[1] 王春生:《珠江三角洲农村村治变迁》,第67页。

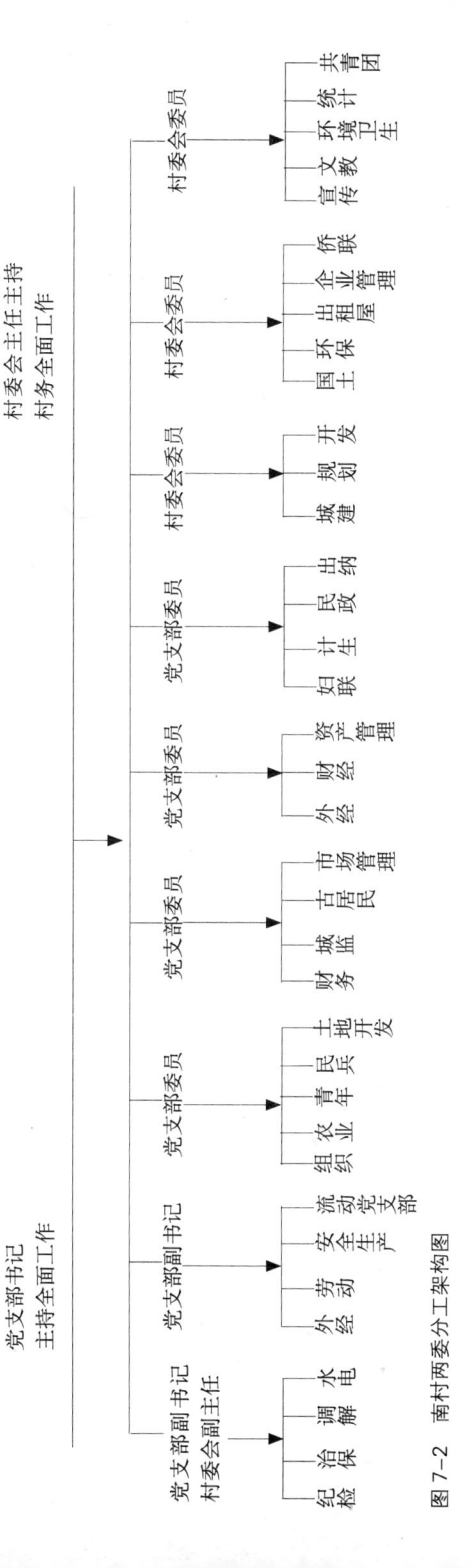

党支部书记
主持全面工作

村委会主任主持
村务全面工作

```
党支部副书记          党支部副书记        党支部委员         党支部委员        党支部委员        党支部委员        村委会委员        村委会委员        村委会委员
村委会副主任
   │                    │                  │                 │                │                │                │                │                │
 ┌─┼─┐              ┌───┼───┐          ┌───┼───┐         ┌──┼──┐          ┌──┼──┐          ┌──┼──┐          ┌──┼──┐          ┌──┼──┐          ┌──┼──┐
纪 调 水            外 劳 安 流        组 青 民 土       财 城 古 市      外 财 资          妇 计 民 出      城 规          国 环 出 企      宣 文 环 统 共
治 解 电            经 动 全 动        织 年 兵 地       务 监 居 场      经 经 产          联 生 政 纳      建 划          土 保 租 业      传 教 境 计 青
保                       生 党        农           开   居   民          管                              开              屋 联          卫          团
                         产 支        业           发   民   管          理                              发              管            生
                            部                          理                                                              理 系
```

图 7-2 南村两委办工架构图

的影响。在珠三角地区，全球性的政治潮流与中国特色的政治制度都在发挥着各自的影响力和控制力，结合着地方社会运行秩序，合力造就着乡村权力的新格局。

与计划体制时期相比，上级政府对村庄经济与政治生活的控制明显减少，社区政治的独立性增加了，除了原来的政治精英以外，经济发展产生的一批经济能人也开始在社区中增强影响力，并且在通过选举向村民自治发展的过程中，经济精英与政治精英的重合度也在不断加强，现在的南村两委内的成员有一半以上都有自己的企业。经过新集体化的过程，村两委班子的权力不仅没有减小，而且由于管理着雄厚的集体资产，掌握村庄公共财产的分配规则，其权力还在增强。在两委中，基层党组织的权威仍然是决策性的、主导性的，国家意识形态并未随着对基层调控手段的改变而退场，相反，农村推行村委会直选制度以来，村委会的干部不再像以前那样只对上级负责，而是更要对村民负责，上级政府的意志传递更集中于对村党支部[1]的掌控，在这种支持力量中，党支部书记成了村庄中权力结构的顶峰，统管全村的党务、村务、财务等各项事务。在《中华人民共和国村民委员会组织法（修订草案）》中明确规定：中国共产党在农村的基层组织，按照中国共产党章程进行工作，发挥领导核心作用，领导和支持村民委员会行使职权；依照宪法和法律，支持和保障村民开展自治活动、直接行使民主权利。这种以党组织为主，联合村委会，适度实行村民自治的政治生态在珠三角农村社会经济急剧变迁的时期，对于维护党的领导，稳定社会秩序起了关键性的

---

[1] 2007 年，南村党支部共有党员 113 人，其中有选举权的正式党员为 92 人。有部分村（如增埗村）在行政村一级设党总支，自然村一级设党支部。

作用。

　　国家对村庄的调控最终还是要依靠乡村精英的具体操作，集体制度也必然要按照某些领导者的意志运行。在乡村精英的形成过程中偶然性很少，与新中国成立初期依靠出身和忠诚而获得精英身份的一些底层农民的翻身有些戏剧性因素不同的是，在现代的农村社会中，要想在村庄里成为享有充分话语权的乡村精英，需要灵活的头脑、足够的阅历和一定的个人魅力。权力要想成为权威——要使自己合法化、合理化，主要看它对所辖集团的福利所作出的贡献。[1] 坤叔80年代在村里当广播员，也做些文书的工作，1992年当上了南村管理区的副主任，1999年南村第一次村民直选时被选为村委会主任，连续两届当选，一直到2005年卸任。1999年他当选为村主任时也成为了村党支部的委员，然后一直到2004年成为了南村党支部的书记，直到2009年卸任。他的执政时期正是南村进入快速发展的黄金时期，在这段时期内，南村集体经济大大增强，名声外播，村民们的分红也在逐年增加，这些都被视为是他的领导有方，因此他的权威地位在南村是不容置疑的。

　　村干部是农村社会中特殊的一个群体，他们居于村庄中权力结构的上层，是掌握各种资源最多的人群。萧凤霞的新会研究中把农村干部这个群体视为"国家的代理人"，是与传统社会的乡绅阶层既有联系又有区别的乡村变迁过程中的核心[2]。她认为农村干部虽然在农村社会中的调停者的角色地位颇类似于传统的乡绅，甚至在一些充当国家与地方联结纽带方面的做法也相近，但是由于整个社

---

[1] 〔美〕詹姆斯·C. 斯科特:《农民的道义经济学：东南亚的反叛与生存》，第232页。
[2] Helen F. Sui, *Agents and Victims in South China: Accomplices in Rural Revolution*, Yale University Press, 1989, p. 9.

会结构和文化内涵发生了变化,这个群体的内部构成与乡绅阶层已不同。大多数学者的研究或者是在这个框架内解释乡村权力的构成与博弈,或是用不同地方的田野资料印证或是修改这一框架,发展出一些新的权力范畴概念如"政权经营者"[1]、"谋利型政权经营者"[2]等。

根据 1999 年《茶山镇理顺农村基层管理体制工作领导小组》文件中规定的村委会成员条件,要成为村委会候选人:1. 思想作风好,办事公道,廉洁正派,热心为村民服务。2. 有较强的工作能力、组织能力和领导能力,及较好的工作实绩。3. 密切联系群众,有群众观点,为群众办好事,办实事。4. 有改革开拓精神,有能力带领村民共同致富。5. 有较好的文化素质,45 周岁以下的村委会成员原则上应具有高中及以上文化程度,45 周岁以上可适当放宽。6. 年富力强,精力充沛,45 周岁以下的要占村委会人数的约 50%,55 周岁以上的原则上不推荐为村委会成员候选人。这些条件反映了年轻化、知识化的趋势,更强调了对村庄领导者经济能人与政治能人复合型的要求。

南村的村党支部有支部书记 1 人、副书记 1 人、支部委员 4 人、村委会有村主任 1 人、副主任 1 人、村委会委员 3 人,这些属于体制内的,上级政府备案的职位。随着经济发展与外来人口增多,村里的社会综合治理内容也相应增加,村的行政架构也因此扩充了许多。除了沿袭一些生产大队时期的架构与功能以外,相应地增加了与外向型经济相关的企业管理、外经贸、出租屋管理等等。除了村

---

[1] 张静:《基层政权——乡村制度诸问题》,浙江人民出版社 2000 年版。
[2] 杨善华、苏红:《从"代理型政权经营者"到"谋利型政权经营者"》,《社会学研究》2002 年第 1 期。

两委班子之外，村行政架构中还包括一些体制外的干事、文员和临时性工作人员。同时，南村的非正式组织也在增加，如以血缘为联系的宗亲会，以年龄为准入标准的老人会，以业缘或趣缘为纽带的书画协会和各种朋友圈子等，这些非正式组织的成立和存续都是得到村党政组织的允许，或者直接就是由正式组织支持和代表的。村庄中的私人生活范围比以前更有保障，政治生活不再以强制性的形式进入村民的家庭，村民的个体性得到加强。在新集体主义成型之前，分散经营的农户专注于经济利益的获取，在追求致富的大氛围中，普通的村民政治意识降低了，参与政治的热情也在消退，村民内部也逐步分化，决定着他们的社会地位的不再仅仅是政治身份，经济上的成功更多地成为人们社区影响力的坐标。而在重新集体化的过程中，政治精英的领导作用与决策能力再次成为村民们最关注的因素。21世纪之交的时候，村委会直选制度为普通村民参与社区政治开辟了新的途径，村民们能够用手中的选票最直接地参与建构村庄权力格局的实践。

三、选举

现代意义上的选举制度发源于英国，迈克尔·曼主编的《国际社会学百科全书》的"选举"词条说，选举是较大的群体为自己提供一个较小的领导群体的一种方法。作为群众性自治组织的村民委员会，其成员由村民自主选择，这是农村政治体制改革中的一大步。广东省第九届人民代表大会常务委员会第六次会议于1998年11月27日讨论通过了《广东省实施〈中华人民共和国村民委员会组织法〉办法》和《广东省村民委员会选举办法》，广东省村民委员会选举工作从1999年正式开始，三年一届，到现在已经是第四届了。通过村民直选而产生的村干部成为新型的地方政治精英，他们具有国家权力代理人与地方社会利益代言人的双重角色，承担着联系国家与地方良性互动的责任。

现代意义上的选举是西方政治话语的象征之一，是现代性中民主的标志之一，也是政治全球化的重要组成部分。1999年开始的村委会直选制度又一次给乡村社会秩序带来了较大冲击。村委会直选被看做是村民自治的基础，以前由上级政府指定村落中的国家权力代理人的模式中加入了村民自主选择的模式，国家权力以革新的姿态又一次改变了地方社会运行的逻辑。理论上来讲，选举部分地平分了社区政治权力，使村民们能够更积极地发出自己的声音，拥有了参与社会政治的途径，是社会民主化进程的重要标志。但是，作为西方政治逻辑的选举与中国传统的村落家族文化到底还是需要磨合，在沿袭了上千年的差序格局的村落里，人们不那么容易走出自己原来的关系网络。

在珠三角的农村中，选举是个敏感的话题，不管是村干部还是普通村民都不太愿意谈论，因为它很多时候是跟诸如"宗派"、"贿选"、"买票"等负面的词汇联系在一起。有一种流传的说法：在选举时期前后，各村附近的饭店和沐足城等消费场所生意很旺，客似云来，大多是候选人们在请客。许多地方的例子也表明，在多家族的村落社会中，选举容易演变成村内不同家族力量之间的权力博弈过程，如果一个村庄中有几个不同姓氏的家族，那么选举结果很可能反映的就是不同家族力量的分配格局。

但是在南村，村民们大多数都认为，参加选举时，家族房支在他们选择的投票对象的考虑中是很次要的因素，被选举人拉票主要是靠其他的社会关系，也就是被称为"饮饮食食"的各种朋友圈子。比如，在2008年5月开始的东莞全市农村村委会直选中，许多村在选村主任时都往往要反复选举几次，因为竞争太过激烈，通常前一两次都没有候选人能得票过半数，有的村甚至到7月份才选完，主要就是几种姓氏之间的争斗，而南村的选举是一次就有候选人的票过了半。然而，这并非是因为南村能超越宗族房派的关系束缚，2008年选举出来的村委会和村支部成员都是谢氏的，在这以前的班子中有一个卫姓委员，那是在选举制开始实行之前就已经在班子里留下来的。2008年选举时到了退休年龄就退下来，现在的两委班子成员都为谢氏族人。对比一下20世纪五六十年代的村领导班子的姓氏成分，我们发现，没有了国家强制力的调控，乡村社会秩序的惯性依然保留着。至于房派的弱化，也并不表示南村人就比其他村的人更具有现代性，更能理解选举的意义，更有可能的原因是，南村社区内部基于其他非血缘因素而结成的利益群体发展出了更大的影响力。

南村的选举虽然相对来说比较顺利，但同样各种利益群体博弈的过程在村庄中造成了暗流。一位村干部说：

村里除屋产纠纷外，还有一些矛盾就是选举造成的，村民推举不同的候选人，相互不服气，没被选上的一群人对选上的不服气，不听指挥，工作难做，使村民不够和谐。等过一两年，关系缓和下来，工作好干一点了，三年后，又要开始选举，又能造成新的不和谐。选举第一届的时候还没有这些请吃喝、拉票的行为，后来就开始争了，形成几个小集团，跟房派倒没有什么关系，都是平时玩在一块的。选举时是农村各种矛盾爆发的高峰期，现在还有不少后遗症，村小组的工作也难做，有的好的规划，村民代表不同意就没法实施。[1]

南村从1999年选举产生了第一届村委会以来，到2008年第四届村委会产生，村民的投票率都达到了100%，以2002年选举第二届村委会的情况为例，当年村中共有选民2224人，发出选票2224张，收回选票2224张，其中有效票2192张，弃权票7张，无效票25张。1月8日选出了正副主任，1月16日差额选出3名村委会委员。投票率之所以如此之高，一方面是村民政治意识提高，认识到了自己手中权力的重要性，另一方面是这些分散到村民手中的权力自有其市场价值。选举时期各种流言飞语很多，大家都在传着某村一张票多少钱，某地某人一个月内砸了多少钱，等等。有的年轻人说，他甚至从来没有去过选举现场，选票都是家里人领回来替他填，自己也不关心这张票到底会投给谁。

在村庄选举中表露出来的这些功利主义和实用主义显然是违背了政策设计者的初衷，但瑕不掩瑜，与选举制度相关的一系列乡村制度建设例如村务公开、村民代表会议、集体资产管理等将乡村政治发展推进到了一个崭新的局面，使村庄权力格局趋向多样化。虽然是由政府主导推动的变革，但它与乡村社会内生的村民自治的需求正相吻合，是富有生命力的。虽然一段时期内问题与磨合在所难免，但选举仍然是能最大限度地保护村民利益、促进乡村平衡发展的制度之一。一个村民在被问到对选举的看法时说：

---

[1] 2008年7月23日访谈资料，地点：村委会大楼。

选举肯定是好制度，谁来管我们由我们自己说了算。……就算有人买票，选上村委的人，本身家里都比较有钱，不会贪小便宜，而且搞了村委选举以后，村干部不敢乱吃乱拿了，如果有人乱来，大家可以一起把他选下来。以前都是上面提拔的，我们没办法，现在三年一选，干部们也不能得罪一般的老百姓了，每个人都有一张票。[1]

第三节 性别与权力

作为女性研究者，有一种权力关系是我不得不关注的，这就是与性别相关的权力关系，一个村落中的性别状况与结构深嵌于其文化与社会网络中，这种两性权力关系可以理解为支配者与被支配者之间的不平衡状态，或者两性在私人和公共生活领域中所拥有的不平等的地位。早期的珠江三角洲乡村研究很少把妇女作为一个专门的研究视角，从社会性别的角度去分析这一地区的农村社会可能开始于20世纪80年代，与全球的女权主义运动浪潮相联系。有学者用"性别不平等的内衍和革命"来形容华南妇女地位在传统与现代两种情境中的状态。[2] 今天我们能看到性别的意识形态遍及社会关系的各个层面，因此珠三角乡村社会的性别也应放到当代的政治经济语境和全球化框架中去重新思考。

---

[1] 2008年7月28日访谈资料，地点：上巷小组。
[2] 乔健：《性别不平等的内衍和革命：中国的经验》，《华南婚姻制度与妇女地位》，第243页。

一、女性与婚姻

正如前文中讨论过的，传统的乡村社会中，村落家族是其基本的社会结构，而家族作为父系继嗣集团，其中几乎没有女性的位置。庄英章先生提到："传统中国汉人社会对男女角色的界定有很明显的区分，对女性的要求与限制主要源于中国汉人是个以男性为中心的父系社会，通常在父系社会中的女性多被视为男性的附属，不仅无权参与国家与地方等的公共事务，在家庭事务方面，往往也须听命于男性。因此，传统汉人妇女的刻板印象之一是：唯有等多年媳妇熬成婆之后，在家内才拥有较大的权威。"[1]

男性与女性的不平等在乡村社会的各个层面都可以看到，南村和其他的村庄一样，传统上女性不能入祠堂，不能参与祭祀礼仪，在族谱的世系图中从来没有女人的位置，仿佛女性在整个家族的传承过程中消失了一般。族谱作为家族的档案，妇女上谱有着严格的规定，家族的妇女的上谱资格取决于婚姻状况、生育状况、贞节状况等，只有为家族"添丁"，生育了继承人的女性才能获得族人的认可和后人的崇祀，并且通常附着于其丈夫之后，只有娘家的父姓而没有完整的名字。谢氏族谱中记载的享有贞节和烈女名号的若干位女性，对她们的记录是：黄氏（云峰妻）、黎氏（佳有妻）、谢氏（昌龄女）、谢氏（凤翔女）等等。华生在香港新界村落的研究表明，从乡村女性的命名习惯的角度来看，她们缺少完整的个性和形象，无论在世或者死后，这些妇女都停留在一种匿名的状态和被他人定

---

[1] 庄英章：《家族与婚姻：台湾北部两个闽客村落之研究》，中央研究院民族学研究所，1994年，第189页。

义的世界中。[1]

重男轻女的传统由来已久并且习以为常，茶山地区流传的一首旧时儿歌唱道：铰剪仔（小剪刀），剪相思，石榴花树赛蔷薇，阿爸敬（喜欢）男唔敬女，双手拖男揞女开，乜你爹娘厌贱女？手扶花树世唔来。[2] 家庭中的男孩和女孩的地位显然有很大差异，开灯节一类的家族节庆突出了男孩在家族中的重要性，而让女孩更加默默无闻。女孩一出生就是外家的人，她们的一生几乎没有什么自主权，只是父系社会中被故意掩盖的组成部分。新中国成立前的南村妇女大多数只做家务，带孩子，少有的家庭外活动是可以投墟或参加庙会等大型庆典活动。妇女几乎不参与社区公共生活，也很少能享受家族公共福利，如表 7-1 中所示，在谢氏家族奖励耆老的花红条例中只有 80 岁以上的妇女才有机会享有花红，且只有男性一半的数额。南村比较特别的地方是，村中有一座祀奉有女性的祠堂：百岁坊，这是明朝时为纪念四位百岁老人而建：一为彦庆建，一为实斯建，一为彦庆妻叶氏建，一为振候妻黄氏建。堂主人中有两位女性，这是罕见的现象。

新中国成立后，经过妇女解放思想的传播和促进男女平等的各种社会制度的影响，女性的地位有了明显提高。按照国家规定，村支部中必须配备一名妇女支委，女性不能入祠入祭的规定也随着破四旧等运动而消解。现在的南村在对待生男生女的态度上也发生了较大的变化，可以概括为重男不轻女，男孩依然很受重视，每家都会想方设法最少生育一个男孩，不过女孩儿不再像以前那样被轻视，

---

[1] James L. Watson, *Village Life in Hong Kong: Politics, Gender, and Ritual in the New Territories*, The Chinese University Press, 2004, p. 217.
[2] 《茶山镇志》（下册），茶山镇志编写组，1988 年，刻印稿，第 24 页。

她们一般也能得到较好的照顾和成长机会。我的房东夫妇生育了5个子女，4个女儿和最小的取名"盛灯"的儿子，大女儿大学毕业，二女儿高中毕业，三女儿正在上大学，四女儿上高中，小儿子在上初中，家庭负担很重，几个孩子的教育费用占去了家庭开支的大半，但他们认为"只要孩子们能读得下去都必须供他们读好书"，并不曾因为经济困难的原因而限制女儿的发展。

不过，习俗的力量不那么容易被遗忘，男女的社会差异仍然会以各种形式存在着。一些家中生了女孩的也摆满月酒，甚至也有为女孩结灯酒的，但女孩的灯酒不能像男孩的那样在祠堂摆，只能在家或在酒店里请酒。在祠堂摆灯酒时，只有各家的男人能去吃，女人没资格吃，她们通常打杂工，帮着把菜摘好洗好，然后就得离开。正月十五由全村60岁以上老人参加的合宴，男的在祠堂吃，女的在村饭堂吃。唯一专属妇女的公共福利是从2003年起，每年的三八妇女节，由村委会给18岁以上的妇女每人发50元，2007年开始涨到100元。

女性之所以不能跟男性享有平等的权利地位，可能与女人始终被看做外人有关，生下的女儿大多是嫁去外家的，娶进来的媳妇也大多是外姓外村的人。在宗族意识比较强烈的乡村，都奉行"同姓不婚"的原则，南村虽然是几千人口的单姓村庄，村内的有些房族关系早已超出五服，很多村民之间的亲属关系也已经模糊不清，难以追溯，是符合法律和医学上的通婚条件的，但是一般的看法还是不太支持族内婚，老人尤其反对。

南村的婚姻类型是以族外婚为主，少量族内婚和招赘婚。传统上南村的族外婚圈子是在周边的村镇，如附近的超朗村、塘角村和茶山地区的其他村庄，远一些的也是石排、石龙镇等地。旧时的婚姻都由父母包办，媒人介绍，充当媒人的经常是已有的姻亲关系中的人，这些姻亲关系的联结常常是链式的，嫁来一个媳妇后，与这个媳妇有关的娘家和夫家的女性亲属会逐渐结成更多的亲事，而女性就在这种婚姻圈中流动，形成"母系联姻集团"[1]。属于这些集团内的妇女有自己的社会圈子，相互之间更容易保持亲密关系，而一些没有纳入圈子的妇女明显社会交往少，社会关系简单得多。英姨约30年前从石排镇嫁到南村，尽管已经在村里生活了近30年，生育了2个儿子，但她还是觉得自己交往圈子不大，没有什么说得上话的人，平时也不太关心公共事务。她离娘家很近，坐摩托车10分钟就可以到，但是一年也只回几次，主要是年节时。

随着南村逐步融入经济全球化，工业进村后，村庄与外界联系加强，外来人口增多，村民的通婚圈也扩大了不少，从以前与周边村庄的"对村亲"，发展到与镇外、市外甚至省外婚姻也不鲜见。村中外来媳妇越来越多，村民所说的外来媳妇一般指白话地区以外嫁进来的妇女。对外来媳妇的接受程度一般是随着距离的远近而递减的：

东莞市内→广深一带讲白话地区（包括港澳）→广东省→省外

虽然家长大多不愿意接受一个外来媳妇，但在自由恋爱的年代，一旦孩子坚持，也很难改变。一个南村的女孩说：

> 娶外来媳妇家长一般都是反对态度，主要不是嫌钱少，而是担心生活习惯差别太大，有时候说话也相互讲不清楚。而且外地人在这边没有什么社会关系、家庭关系，对以后的生活也不好，比如有了小孩，娘家在这边的可以帮忙带小孩，外地人

---

[1] 折晓叶：《村庄的再造——一个"超级村庄"的社会变迁》，第221页。

南村妇女

却叫天不应叫地不灵，没有根基。我有两个叔伯大哥都娶了外省女子，一个是湖南的，一个四川的，家里人说：难道本地没有女孩了吗？为什么要娶外地的？其实外地的也有好的，这两个女子就相差很大，一个很懒，结婚后就不做事了，只在家带小孩，另一个很勤快，很能做事。我自己的哥哥娶的老婆是茶山镇的，现在大家都不喜欢人介绍，是自己认识的。大哥结婚花了15万建屋，摆酒花了6万元，送给女方的礼金是1万元，女方主要用来买嫁妆陪嫁的。现在结婚要花不少钱，存不够钱就结不成婚。[1]

---

[1] 2008年7月17日访谈资料，地点：古村。

而对于村庄的女孩外嫁的接受程度就要严峻得多，除了港澳地区，近年来没有南村的女孩嫁到省外的。在珠三角，"出嫁女"是一个特殊的女性群体，是全球化带来的村庄经济发展的产物。农村的女孩未嫁时可以享有一份村中集体经济的分红（富裕的村庄每人每年的分红达数万元），一旦嫁给外村的人，该份福利立刻中止，而娶入一个女性的村庄却并不会由于迁入一个新来的人而多分给新人一份，因此，集体经济所有制与地域观念和父系继嗣观念的紧密结合，使出嫁女成了现代化乡村经济格局与传统性别结构双重作用下的独特的边缘群体。富裕村庄中女性的婚姻成为一个令人焦虑的问题，爱情不得已在地域与利益圈定的范围里左冲右突，女孩们选择配偶的范围小了许多。

虽然广东省有一系列的措施和规定用于解决农村出嫁女权益问题，如省人大对《广东实施〈妇女权益保障法〉办法》进行了修订，把保障出嫁女权益问题作为修法的重点，结合广东实际明确作出了相关保护性规定。省委办公厅、省政府办公厅转发了《省委农办、省信访局、省妇联关于切实维护农村妇女土地承包和集体收益分配权益的意见》，强调农村集体经济组织成员中的妇女，在土地承包、集体收益、土地征收和征用补偿费使用等方面，享有与男子平等的权利，并重点对解决出嫁女及其子女、离婚丧偶妇女权益问题作出具体规定。东莞市政府下发了《关于解决我市农村出嫁女子女入户问题的意见》，《意见》明确规定，结婚后户口和居住地仍在原村（社区）的妇女所生子女，均可入户该村（社区），公安机关应给予办理入户登记手续。但现实情况中，许多村民仍然不理解：为什么嫁出去的女人反而能有股分红？简直太不合理。南村在东莞属于经济中等的村庄，近年来的集体分红也不少，虽然目前的操作都是按政府的有关政策办理，但是在传统的家族观念的影响下，无论是村干部还是村民，对这个问题都颇有腹诽。

村里也有少量的族内婚，即与同村同姓结婚的情况。南村出现这种婚姻状况始于20世纪60年代，那一时期人口流动被严格限制，人们的社会交往范围缩小，通婚圈比解放以前更小了，一些男女青年婚配困难，再加上那时候村落家族制度被冲击和控制，舆论环境放松，村中出现了少数以前被禁止的同姓婚。一直到现在，虽然通婚圈扩大了，族内婚的现象也还有少数，比如2007年一个北一小组的女孩和南方小组的男孩结婚，接新娘如果从男家到女家距离太短，没有接新娘的气氛，于是改为接到新娘后还绕着南村工业区转了两大圈才进夫家。

还有一种婚姻类型是招赘婚，村里的女孩都不太愿意离开本地（指东莞市内），那么与外地男孩恋爱的情况下，几乎不可能嫁到外地去，最通行的做法就是招赘，男方上门，这种例子不多。

一般南村的女孩的结婚年龄是24岁左右，工作以后就会有人介绍对象，如果超过26岁还没有结婚家里人就会着急。男孩的婚龄可以稍迟些，但也很少超过28岁。房东的大女儿大学三年级的时候，爸爸的表姐就介绍了一个男孩，是茶山横岗村的，见过一次面，平时通过电话和网络联系，不算拍拖，算是多认识了一个朋友。南村年轻人的婚恋观念比他们的父辈有着更多的自主性和个体特征。

二、家庭中的权力

家庭中的权力结构是社会权力结构在家庭空间的投射，与社会变迁密切相连。传统的父系社会中的男女权力不平衡的状态和系谱结构中的层级关系也主要体现在家庭之中,性别与辈分是界定家庭权力的主要标准,而在现代社会中,由于社会结构中的性别状况与权力分配模式都发生了变化,家庭权力结构也在变化之中。本书对南村普通家庭中的权力主要通过家庭分工、话语权的掌握和家庭资源分配等因素来进行分析。

1. 家庭分工

传统的南村家庭是男主外、女主内的分工模式,遵从着男耕女织的传统。妇女很少下田劳作,活动半径一般局限在家庭周边。东莞的农村妇女大多数吃苦耐劳,有一首传统的茶山竹枝词中就唱道:郎休嫌妾夜眠迟,布缕工夫恐废时,今晚月明应促织,明朝又是届圩期。[1]可见以前的茶山妇女除了勤于持家以外,还要织布趁圩售卖,以贴补家用,但家中的主要经济来源是男人的收入。女人只能接触家庭事务,代表家庭对外交往和参与社区公共事务是属于家中男人的专利。解放后的新政府号召妇女能顶半边天,男人能干的活女人也能干,妇女开始走出家庭,普遍参加农田耕作和修筑水利等工作,和男人一样靠拿工分获得收入,从此以后,基本上家中的女人和男人一起对家庭经济作着贡献。不过往往妇女的收入要少于男性,评工分的年代,即使做同样的工作,给妇女的工分通常比男的要少一两分。而现在,村里的女性通常从事的工作声望和报酬都普遍低于男性,比如中年妇女一般从事的是环卫、绿化,或是在一些制衣厂打散工,接些零活,年轻女孩从事的多是文员、杂工,一些经济条件好的家庭中的女孩甚至不用工作,或是结婚之后做专职家庭主妇。

---

[1] 《茶山镇志》(中册),茶山镇志编写组,1988年,刻印稿,第229页。

虽然大部分妇女走出了家庭参加工作，也和男人一样有了收入和各种社会权利，但男主外，女主内的传统分工模式并没有发生大的变化，在普通的家庭中，夫妻的日常活动范围与活动时间都有着明显的差别。

以房东家的两口子为例，婵姨是村里的绿化工，每天工作八小时，每周休一天，她每天的时间安排大致如下：

5：30—7：30　起床→洗衣→添香→买菜→早餐
7：30—11：30　上班下班
11：30—12：30　煮饭→吃饭
14：30—17：30　上班下班
17：30—19：30　打理龙眼→喂鸡→煮饭吃饭
19：30—22：30　冲凉、看电视、睡觉

加叔是南村工业区自家亲戚开的一间工厂的会计，工作时间八小时，双休日不固定，看工厂的加班情况。他每天的时间安排大致如下：

6：30—8：00　起床（早餐通常去村里的小店吃）
8：00—12：00　上班下班
12：00—12：30　吃饭
14：30—17：30　上班下班
17：30—18：30　出门处理些家庭事务、看报吃饭
18：30—23：00　看电视、外出聊天、打牌、睡觉

从这些时间表中可以看出，男人与女人内外有别，各有各的责任与权力。尽管与传统模式相比，妇女通过就业提高了自身在家庭

中的地位，但仍要承担较多的家务，从而限制了其社交圈子和社交能力，对外交往往往只在邻里与亲戚网络之内。相反，丈夫还是延续着男性在传统分工模式中的优势地位，是家庭空间向外扩展的主导者。男权社会中的性别不平等结构，家族制度中的男尊女卑观念，即使是在快速变迁的全球化时代也还保存着惯性，对当代的家庭分工发生着深刻影响。

2. 家庭的话语权

家庭中的话语权也就是决策家庭事务的权力归属，是家庭权力结构的最直接表现。传统的家庭中，父亲是绝对的家长，拥有最权威的话语权，辈分越大权力也越大。费孝通指出，传统乡土社会中，家的主轴是在父子之间，在婆媳之间，是纵的，不是横的。但是现在的家庭中，年纪大的老人几乎退出了家庭管理，他们接受儿子的奉养，身体好的也参与劳动有所收入，但从事的除了种菜、种番薯等少量农业生产外，就是摆小摊或当门卫等收入和声望都偏低的劳动，在整个家庭经济中微乎其微。南村常见的家庭结构有这样两种形式：第一种是核心家庭，第二种是父母辈丧偶的主干家庭，如果父母都健在，通常会和已婚子女分开居住，但如果父母一方丧偶之后，会跟年纪较大的儿子合住。在第二种家庭类型中，老人很少在家庭事务中发言，已婚的儿子是主要的管理者和决策者。在农村工业化的变迁中，传统的由辈分决定话语权大小的家庭制度已经式微。

传统家庭中的女性的权力来源于生育，生育了家族后代的母亲在家庭内部也能得到一定的话语权，在纵向的家庭关系中对子女拥有权威。在家庭随着社会一起变迁的今天，女性参与社会分工的机会增加了，她们的话语权也在增加。南村的亲属网络内，不论是血亲或是姻亲，属于家庭或家族范围的事务，多数是由妇女经营与运作，亲戚间的走动频率和金钱上的人情往来，通常是主妇做主，她们掌管着账本和礼簿。

家庭中的话语权还与公共领域的话语权有着互动关系。新中国成立以来，乡村中有少数的女性开始走出家庭，在社区生活中拥有了话语权。国家对妇女干部的强制性按比例配置的政策使得个别妇女可以走上前台，参与到乡村社区的公共生活中来，她们通常分配的工作都是计生、妇联等被认为是专属女性的领域。每个村民小组也有至少一两个妇女村民代表，她们在家庭之外的公共空间发出了女性的声音。这些妇女在家庭中的话语权也比一般的妇女更占据主动，有的甚至已经是实际上的户主。

与传统上子女"身体发肤受之父母"，未成家前完全听从"父母之命"的状况相比，现代乡村家庭中未婚子女的话语权也在上升，这是受教育程度的提高使他们比父母辈掌握了更多的生产和生活的现代知识，逐渐获得了对家庭事务的发言权。比如由于政府征地，南村在2006年年底的年终分红每人1万元，对于房东一家7口人来说，就一次分到了7万元之多，对于这笔钱如何使用，最后一家之主的加叔听了在广东商学院读金融专业的大女儿的建议，让她帮忙选购了几支基金用于保值增值。此外，子女对自己的婚姻的自主性也有了充分的话语权，比起以前父母包办的婚姻状况，新中国成立以后，在国家政策和法律的保护下，父母对子女婚姻选择的控制力慢慢消解，儿女们多数能在选择对象、操办婚事上体现自己的意志，村庄中越来越多的"外来媳妇本地郎"的婚姻就是例子。

在重要的家庭决策中，包括购买大件物品、建房、嫁娶等事情上，最后的决定权一般还是掌握在家中男人的手中，但其他家庭成员参与决策的程度也在不断提高。相比以往以家庭中的辈分与性别这些先赋性特征为标准的话语体系，现在的乡村家庭中话语权的分配、家庭事务的管理权与决策权的参与程度越来越多地受到不同家庭成员自致性的文化资本和社会资本的影响。

3. 家庭资源的分配

家庭拥有众多有形资源与无形资源、物质资源与非物质资源，各种资源在家庭成员间的分配与占有形式是权力在家庭场域内外的体现，对资源的控制过程也是权力分配的过程。

土地作为农村一种最重要的物质资源，在对它的分配、使用和决策中也反映着不同的利益关系。20世纪80年代家庭联产承包责任制的推行使土地基本上按人口进行平均分配，在国家政权的保护下，土地资源在家庭中的分配看似是平等的，不管男女老少都得到了相等的土地份额，但是南村和珠三角许多农村在随后的10年左右又回到了集体制度中，由村委会收回土地进行统一的经营与开发。我们可以看到，在土地资源的分配中经历了从公共资源到私人资源再到公共资源的一个过程，把分田到户后作为家庭资源的土地并入社会公共资源，应该说是村民的自主选择，是市场经济体制中，出于合理配置资源以最大限度地满足家庭需要，实现利益最大化的选择。不过，在出让土地使用权的同时，村民也失去了对土地控制的权力，只能更多地依赖于控制着土地资源的集体。

在家庭内部，物质资源的归属会表现出一些不平等的现象，比如村里分配的宅基地都是以户为单位，其占有和使用都以户主（通常是家中的成年男性）为归属。对于家庭来说，房子是重要的物质基础，而房屋的修建、设计和分配基本上都是以男性为中心的。在南村，一个家庭如果要建新房，一般都是为家中的儿子娶媳妇而建。现在的宅基地采用投标形式，一块120平方米左右的宅基地大约要投到十三四万元的标金，加上建楼、装修，一幢四五层的楼要花到四五十万。村里人一般都是这样的打算：家中有儿子的趁现在有点钱，儿子还小，把钱先用来建屋，建成屋后出租，租金可抵一部分建房费用，真正用途是等儿子大了要结婚时有一幢屋作保障。因为南村现在的家庭结构中核心家庭的比例一直在上升，也就是说，一般儿子结婚之后会和老人分家另过，现在结婚大多会要求男方有房子，新夫妇会跟公婆分开住，有条件做到的家庭通常都会按这个行情来办，在村民眼中，为儿子准备的房子也是一种象征资本，是父母有本事的表现。所以不少村民投地皮建屋是为儿子以后作打算，现在用来出租只是暂时，主要是等儿子结婚时给儿子用的。家中的女儿就没有这样的资源，因为女儿始终是嫁到别人家去的，除了前面提到的个别招赘婚的案例，女儿或者家中的女性几乎不可能在房屋这种重要的家庭物质资源的归属上有什么体现。

这种不平等的格局同样适用于其他家庭大件消费品，如交通工具等。南村差不多家家户户都有一辆以上的摩托车，部分家庭有小汽车，虽然东莞市政府有禁摩政策，但由于村内和村镇之间公共交通的不便，以车代步还是常见现象。因为男人承担更多谋生的任务，也有更多的社会交往的需要，家中的机动车基本上都是由男性使用，少数富裕家庭有女性使用，而一般的妇女是骑自行车或小型摩托车出行，活动范围限于村镇之内，交通条件受限反过来影响了她们外出交往的机会。在手机的使用上也是家中的男性有优先权，尽管现在手机已经普及，但家中第一部手机的使用者几乎都是男性。传统的家庭分工使得男性比女性与外界有更多的联系，他们需要优先享用了这些比较昂贵的家庭耐用消费品。[1] 另外如银行存款、资金借贷等金融资产方面,也是按传统做法归到户主名下。

不过,有一些家庭资源的分配也反映了村民现代意识的增强,比如家庭教育资源,传统上都是分配给男性的,南村谢氏以科举仕宦而强大,所以鼓励家中的男孩用功读书是一贯的传统,女孩由于被排斥在科举制度之外,几乎得不到什么教育机会。但是随着社会的变迁,现代性别意识对于村庄的传统性别观念也有所改造,现在,从村委会到村民,都给了女孩和男孩一样的教育机会。一般的家庭中,不管是男是女,只要孩子能读都会供,大多数女孩能读到高中毕业,少数考上大学的,村委会和工业区的大企业还会发给几千到上万元的奖学金[2],在家庭资源的基础上配置一部分社会资源,以帮助和鼓励孩子们读书上进。

家庭资源还包括亲属网络、社会关系、社会地位与声望等社会性的和象征性的资源,这些与家庭以外的社会空间相联系的资源,也有着分配和占有上的性别差异,通常也受男外女内模式的影响。总的来说,传统模式中男性垄断家族家庭重要资源的状况正在发生着变化。乡村家庭中男外女内、男强女弱的权力结构虽然还存在着,但随着教育资源的分配日趋平均,女性的社会地位在逐步提高,工业化的劳动分工使她们的经济价值得到一定程度的肯定,文化程度提高了的女性已经有了现代性别意识,这些都对传统家庭权力结构造成了冲击。在可见的未来,妇女会更多的参与对家庭资源的分配,在家庭中的权力比重会进一步增加,乡村社会的家庭权力结构会经历一个重构的过程。

---

[1] 李小云、董强等:《资产占有的性别不平等与贫困》,《妇女研究论丛》2006 年第 6 期。
[2] 重点、一本、二本,分别有不同的奖励金额,一个 2006 年考上中山大学的村民得到了村里和企业发放的共 12500 元奖学金。

第八章　古村落与旅游业

第一节　从无到有的古村旅游业

一、幸存下来的古村落

南村的祠堂与民居在村子里静默地存在了几百年，20世纪90年代以前，这些建筑和周边的村庄里类似的古建筑一样，是乡村社会的载体，是村民日常生活的一部分，还没有引起外界的注目，"养在深闺无人识"。经过20世纪60年代破四旧和80年代东莞农村过山车一般的乡村工业化发展，其他村庄中大大小小的祠堂与民居都被破坏、毁灭，南村幸存下来的古建筑却开始显得别具一格。

南村的村民们都说，新中国成立前，南村的祠堂并不是最多的，也不是最漂亮的，茶山村等地的祠堂建得更多更大，但留存下来的寥寥无几。1959年全国开展"破四旧、立四新"运动，许多古物包括祠堂、庙宇等被大量拆毁。据说当年也有一群人要来拆南村的祠堂，当时的南村书记挡住前来拆屋的红卫兵，说："这些古屋、祠堂都是纪念先人的地方，先人披荆斩棘，创造了良田沃土，这样战天斗地，不畏万难去争取胜利的创业精神不正是我们今天要学习光大的吗？"一席话说得那些革命积极分子哑口无言，这些古屋才逃过了一场大劫难。如果这个故事确实发生过，那么这个书记真是个有智慧的人，他用革命的话语给这些"封建遗存"的代表物盖上了流行的意识形态保护网，从而使它们逃过了第一难。

不过，庙宇这些典型的封建迷信建筑就难逃此劫，南村的关帝庙、文庙等六座大小庙宇都被毁坏，庙里的菩萨被扔出去，木制的菩萨用来劈柴。上巷生产队的文庙和大王庙就做了学校。关帝庙用来做东方生产队的饭堂，有400多人在此吃饭。当时将庙的格局也改了，打通了各个殿厅，在殿两边开了两扇大门，所有被看做是封建符号的雕塑、彩绘都被毁坏涂抹。

第二难则是来自于"文革"时期各地串联的红卫兵。村中的人和附近村庄的人能够用人情、舆论来影响，而这些外来的革命小将却不吃这一套。当时的村民和大队干部就想了办法，决定把祠堂分给村里人，在祠堂中养牛，因为当时牛是非常重要的生产资料，把祠堂用作牛栏，红卫兵来了不敢破坏这些用作牛栏的祠堂。同时村干部指挥村民用些石灰黄泥将祠堂的绘画雕塑等抹上掩盖，使祠堂的面貌得以保存。

村民们回忆说：

> "文革"的时候，村里把祠堂都分了，只有谢氏大祠堂改作了学校，公社时又做了大队部。其他祠堂都分给了贫苦村民，通常是将一个祠堂分给几家人，我家也分了四分之一个祠堂。有少数没有住房的人就住了进去，但大多数人不是用来住的，一般用来堆柴火和关牛。分祠堂的时候不是按房支来分的，可以说没有考虑这个因素，但是分到祠堂的村民要考虑一下，这是哪个房支的祠堂，虽然当时不让搞祭祖这些封建活动的了，但是

一般都会小心维护，不敢破坏，因为知道是其他房支的祠堂，大家都是邻居，用来圈牛也不敢弄得很脏，怕得罪那个房支的人。就因为是分给了私人所以保护下来了。而茶山等地，原来也有许多祠堂，但祠堂分给其他人后，因为不是一个宗族的，没有什么顾忌，很多将之拆掉或转作其他用途，都没有了，南村因为大家都是谢氏一族的，即使不是同一房支也是关系密切的邻居，所以不会做得过分，怕人家要自己赔。茶山村有很多不同姓氏，分到的祠堂又不是自己祖先的，拆掉就拆掉了。[1]

就这样，在改变这些宗祠的原有建筑功能的掩护下，这些华丽的"牛栏"和"柴房"得以保存下来了。

20世纪70年代末以来，为了抓住当时发展"三来一补"的机遇，当时的东莞县委动员全民招商引资，为了解决一无资金二无厂房的困难，从县里到村里，充分利用一切现有资源，各村的祠堂就往往被用于改造成厂房提供给港商办厂。1979年3月在虎门镇龙眼村成立了中国农村第一家"来料加工"的港资企业龙眼发具厂，厂房就是村里的张氏祠堂。当时村干部的说法是"祠堂也不是天天用，腾出来办厂搞收入有好处"[2]。经历了"文革"时期的祠堂已经失去了它原有的权威性与肃穆感，在穷则思变的村民眼中，当务之急是抓住发展的机会，改变穷困的生活，在当时村集体经济薄弱，只能利用现有资源的情况下，务实的村民选择了再一次改变祠堂的用途。

20世纪80年代后，农村工业化的发展使村民手头有些钱了，再

---

[1] 2007年10月23日座谈会资料，地点：古村管理办公室。
[2] 何建明、朱子峡：《东方光芒——东莞改革开放30年史记》，第29页。

加上与香港的沟通加强后，以前逃港的亲戚寄些钱回来，许多人开始建屋改善居住条件。因为当时农村人口增长也快，宅基地紧张，在农村集体经济的发展过程中，大家都知道了土地资源的经济价值，大量土地用于建厂房和工业区，为节约土地资源，居住区就在原来的地方拆旧建新。再加上那时正是全国基建热潮，建材买卖实行的也是双轨制，各地建筑材料奇缺，人们有钱也不容易买到材料，有些地方为了建新房就充分利用拆旧屋的材料。一些"文革"中也保存了祠堂的村，就在这个时候拆祠堂了。

南村当时也面临同样的问题，人口增长很快，旧村里越来越拥挤，几家人住在一套屋里。村民也要求改善居住条件，要宅基地建新房。正如前文中所述，南村由于这一时期经济发展上比其他村慢10年，企业进来的少，这个招商引资的"慢"速度使村里将土地用于置换经济财富的愿望没有增埗村、茶山村这些发展迅速的村庄那么迫切。而且，南村的一个优势是相对其他村而言土地较多，解决宅基地问题不难，村干部要求村民不能拆祠堂，要建新屋就在村外划些地。于是，南村管理区围绕着老村周边划出一圈宅基地，按照七个村民小组进行大致的区域划分，如图8-1所示。每户都分到一块新的宅基地，村民陆续地在新宅基地上盖起新屋，从老村的旧屋中搬了出来，新村逐渐热闹起来。由于新村基本上是围绕着老村而建，村民的新旧屋之间，和自己房支的祠堂间距离也很近，可以经常来往，方便打扫维护，从而对保护祠堂和古屋也有好处。

南村的古建筑群经历了几波磨难，今天能够完整地保存下来呈现在世人面前实属不易。研究者从客位角度的分析能够得出南村古村落幸存下来的原因与南村的农村城市化进程、新村的特殊规划等因素有关，而从南村村民们自己的角度来看，他们认为，南村的祠

```
         北一
    北二        东方

  上巷            西方

        上边
           南方
```

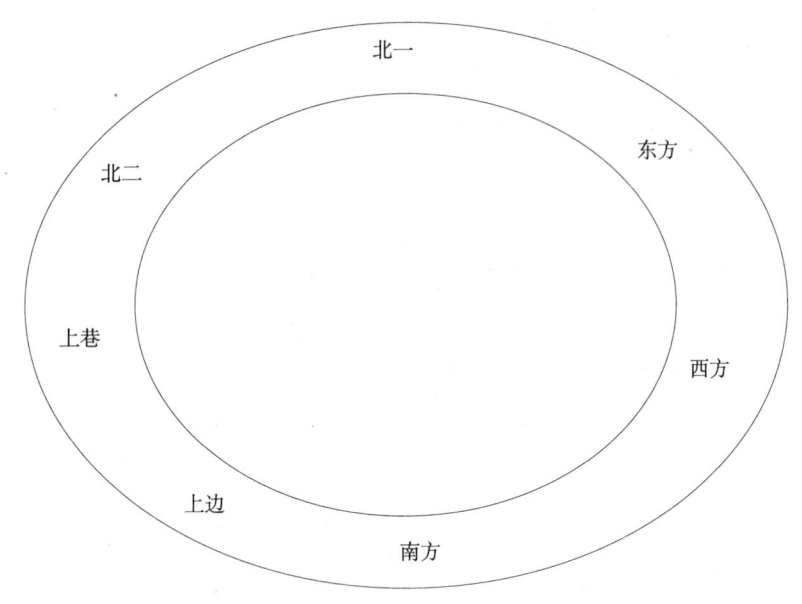

图 8-1 南村的老村和新村方位示意图

堂古屋之所以保存下来，是谢姓的子孙尊崇爱戴祖先的缘故。

> 这些古代建筑物是祖先留下来的，拆了就对不起祖先。村委、村支部很重视引导村民，村民自己的保护意识也很强。始祖一个人来到南村，如何在十几个姓中生存发展到现在，无非是读书之功，通过考功名出人头地，再回馈乡亲，这是南村谢氏血缘之中的基因。讲起来实际上南村的谢氏发展到现在近万人，这儿实际是个私人村落，血缘一代代传下来，中国其他村落祖先创造的东西子孙可以享受得到的极少，而南村谢氏一直居住在祖先起家的地方，发展壮大，子孙后代就要维护这种血

缘关系。[1]

在村民们心目中,古村被认为是谢氏子孙传承祖先精神、维系亲情的血缘纽带的象征,保护祠堂古屋也就成为保护谢氏宗族的凝聚力的当然行为。

经济全球化使东莞变成了世界工厂,外来的经济文化使东莞日益与全球同质化的时候,人们并不是毫不设防地沦陷在这些工业文化中,尽管我们不得不承认推动文化流动的全球化的巨大影响力正在促成地方文化的转型,但是,地方文化中特殊的体验与实践,与当地人日常生活的联结方式是不可取代的。古村的幸存,也许正是这些特殊性的生命力的表现。

二、"发现"古村落

在全球化带来的产业转移中,东莞农村为了迎接涌入的"三来一补"企业和大量的外来劳工,大拆旧屋祠堂,大建厂房出租屋,东莞成为了农村城市化的典型代表,农村面貌发生了翻天覆地的变化。大多数的村庄是这样的:"1994、1995 年我们又重访了大宁,第三工业区已经建成,一条宽 30 余米的大街把 3 个自然村和 3 个工业区联结起来,大街两旁是公寓,一楼是店铺,已成了真正的商业大街……更多新的、漂亮的楼房拔地而起。"[2] 在这些都市化的村庄的包围当中,南村的古民居群落反而物以稀为贵了。

---

[1] 2007 年 10 月 23 日座谈会资料,地点:古村管理办公室。
[2] 周大鸣、郭正林等:《中国乡村都市化》,第 114 页。

南村明清古村落走出茶山，走出东莞，被外界发现而到现在的广为人知，是一个逐步的过程。20世纪80年代的全国第二次文物普查，这里并没有引起文物部门的注意，也许当时这样的村子并不少见。直到1993年，村里的百岁坊和谢遇奇家庙才成为了东莞市市级文物保护单位。这两座建筑是南村古建筑群中的精品。百岁坊是一座坊与祠相连的建筑，前为坊后为祠，明万历二十年到二十六年（1592—1598），当时的东莞县令李文奎为南村的四位百岁老人建立了这座百岁坊祠。除了有华丽的牌坊以外，墙檐上的彩绘、梁坊上的木雕等都十分精美。谢遇奇家庙是清朝建威将军谢遇奇家祭祖先的祠庙，建于清光绪二十七年（1901），高敞开阔，保存较好。这时仅限于对两座单独建筑的保护，下拨了一些资金用于修缮，百岁坊就是1996年重修的。

1999年10月茶山镇成立了保护和利用南村古建筑群领导小组，由镇长担任组长，两名党委副书记、两名党委副镇长担任组员，下设六个工作小组，全面开展各项保护和利用工作，这时候古建筑群的保护作为一个整体得到了政府的认同。其后，东莞市文化局的文物部门负责人来到南村考察，以专业的眼光发现了南村古村落的价值，并真正地把南村古建筑群推到大众面前。2002年初，南村村委会聘请清华大学为南村古建筑群编制了《广东省东莞市茶山镇南社村古建筑群保护规划方案》，当年7月，南村古建筑群被列入广东省文物保护单位。

2002年底，中国历史文化名城专家委员会副主任、国家文物局古建专家组组长罗哲文、原国家文物局顾问谢辰生等一批权威文物专家实地考察了南村。随着国家文物局考察组的到来，古村终于露出了"真"容。专家们对南村的古建筑群作了详细的考察与测量，又发现保留完整的宗祠25间，书房多间，明清特色民宅100多间，南村的古建筑群落终于"现世"。专家认为南村的古建筑群与"客家围"、"潮汕大屋"有所不同，它代表的是珠三角地区水乡特色，很有保护价值。2004年，"南村遗韵"被评定为东莞文物八景之一，2005年9月被国家建设部、国家文物局公布为"中国历史文化名村"，并被批准为全国重点文物保护单位，2006年11月，被评为"广东最美乡村"。南村开始声名鹊起，逐渐被视为岭南广府农耕聚落文化的代表、古民居旅游的胜地。

古村被发现，其实并不偶然，我们追寻南村古村被外界知晓和发掘其价值的过程能看到政府文化部门在其中的重要作用。古村在2001年以后迅速被推出，以很快的速度戴上了许多桂冠，成为东莞历史文化的代名词，这与当时东莞市的文化发展战略有密切的关系。

往远一点看，20世纪90年代的世界金融危机引起人们对现代性的反思，出现了趋向新传统主义的统计性趋势。这应归功于在危机时期传统主义认同所提供的安全和拯救，它为生活提供了一套标准、价值和规则。[1] 这种思潮传递开来，使人们不再迷恋代表工业化成就的那些模式化的文化形制，麦当劳和高楼大厦不再被追捧，反而寻根文化，对失去的东西的渴望，怀旧与回归，是新的文化潮流。

广东在加入全球化的过程中，一度被工业文化横扫，传统文化被冲击得七零八落，尤其是珠三角一带乡村工业化发达地区，从土地景观、经济结构、生活方式到思想观念等都发生了巨大变化[2]。东

---

[1] 〔美〕乔纳森·弗里德曼：《文化认同与全球性过程》，第244页。
[2] 周大鸣：《泛都市区与珠江三角洲城市化未来发展方向》，《广西民族学院学报》2004年第2期。

莞在经历了八九十年代的快速经济发展后，社会财富骤增，人民生活水平提高显著，许多农民"洗脚上田"，城乡文化之间，经济快速发展与文化发展之间存在脱节，商业文化喧嚣尘上，"世界工厂"的形象深入人心，东莞在国人眼里被视为文化沙漠，被认为这是一座没有文化底蕴的沉积，只有林立的酒店、七彩的霓虹的快餐城市。显然这是东莞的决策层管理者不愿意看到的，经济发展到一定阶段后也必然对文化发展提出要求，这是生产力水平与上层建筑的对应规律。由于东莞经历的是经济的跳跃式发展，原有的文化结构、文化制度和文化设施等都难以适应社会中的新问题新要求，使社会经济发展出现一条腿长、一条腿短的现象，东莞"有钱没文化"的印象也备受诟病。

2001年，东莞市就已经提出建设"文化新城"的口号，在"拼经济"有了成果后进而开始"拼文化"。2002年，广东省委在全省九届二次全会上，第一次作出"建设文化大省"的战略决策。东莞也在当年正式铺开"实施新的文化发展战略，全力打造文化新城"的文化建设工作。当时的市委书记在2003年召开的全市文化新城建设工作会议上的讲话中提出："建设文化新城的目标是：用五到十年的时间，把东莞建设成为具有较强文化影响力、辐射力、竞争力，城市精神昂扬向上、群众素质极大提高、文化事业产业发达、文化市场繁荣有序、文化精品日益涌现、文化品位不断提升、文化生活丰富多彩、文化经济发展壮大的文化新城。"其中就提到要"增强城市的文化积淀。要发挥我市历史文化资源丰富的优势，把历史文化巧妙融入城市文化景观的塑造过程，培育城市个性，提升城市品位。……营造浓郁文化氛围，形成瞻仰前人风采、品味历史文化的旅游胜地。要认真保护戏曲、醒狮、龙舟、书画等非物质文化遗产，开展好传统文化活动,延续东莞文脉,染浓东莞特色"。

在这样的战略指引下,南村古民居的意义丰富起来,历史传承与文化新城在这里找到了交汇点。正如原东莞市文化局领导所说的:"研究南村古村的基本特征及其传递的历史信息和社会人文价值,对于东莞保护利用历史文化资源,打造文化新城具有重大的意义。……它不仅是南村村民的财富,而且也是东莞市民乃至广东全省人民的宝贵财富。保护好和利用好古村名村的品牌,各方面都有责任。"[1] 由此,南村的古民居终于从谢氏子孙日常栖居、尊崇祖先的场所,转化成了传承东莞历史文化,提升城市品位的重要载体。

古村的被"发现",离不开国家权力对地方性文化的消费,古村其实一直在那儿,并非一夜间突然而至,但它的历史韵味,它的文化内涵直到东莞市提出要建设文化新城的战略铺陈开来后,古村才得以被政府的文化部门再阐释。而且这种意图与想象与村干部们急于发展经济,村民们迫切需要提高经济收入的意图与想象正好相契合。"文化搭台,经济唱戏",这是中国人耳熟能详的说法,对于古村的出名,村干部比一般村民更能敏锐地感觉到其中蕴含的改变村庄经济的可能性;通过旅游使传统文化获得经济利益,可能会成为今后的一个重要经济增长点。因此,村两委和村民们积极地配合市镇打造南村明清古村落的工作,逐步开发成今天的形态。

与推出南村的明清古村落类似的是,近年来,大批的东莞旧时民俗被发掘,或者被重新包装以"传承历史文化",如木鱼歌、茶山公仔、东坑"卖身节"等等,这些被重新展示的物质遗产和非物质

---

[1] 刘炳元:《农耕聚落的立体史书——南村名村的人文价值》,《东莞社科论坛》2006年第1期。

文化遗产一起使东莞地方文化在资本驱动的文化全球化中显露着自己的文化个性。

三、古村旅游现状

在南村明清古村落的导游指南上，是这样介绍这个景观村落的：

> 南村的古村，始建于宋，迄今八百多载。古村环绕长形水塘而建，祠堂、民居、庙宇错落有序，谱写了优美的古典乐章。里巷、古井、围墙布局有道，见证了古村岁月的沧桑。南村人杰地灵、人才辈出，明清时期有十多人中举人、进士，展现了历史文化的辉煌。
>
> 现存古宅二百多间，类型之多，广东少有；现有明清祠堂三十座，数量之多，全国罕见。古村落集祠堂、民居、庙宇、里巷、门楼、谯楼、围墙、古井、古墓、古塘于一村；构筑物融吴越文化、岭南文化，特别是广府文化于一体，具有很高的历史、艺术和研究价值。
>
> 南村古村落的历史文化底蕴深厚，是了解明清时期以血缘为纽带的宗法文化、农耕文化、民俗文化的课堂，是研究广府建筑文化的典型实例，是珠江三角洲乃至岭南地区古村落中的奇葩。

从这个指南的介绍文字中可以看出，古村落对游客来说，其卖点主要在于物质景观资源及传统文化背景。这种引发现代城市人思古之幽情的古村景点确实能够吸引人们的目光，国内有名的苏州周庄、黟县西递村等古村落旅游的成功范例也鼓舞着南村干部对南村古村的旅游业有了信心。

经过几次大规模的修缮和一些基础设施的建设，南村准备好了开放自己迎来游客。经东莞市物价部门批准，从 2006 年 1 月 29 日（农历大年初一）起正式对南村古建筑群实施收取旅游门票，古村旅游全面启动。根据物价部门的核定，南村古建筑群的门票收费标准确定为每人次 30 元，参观的内容包括茶山民俗陈列馆、南村村史陈列馆、谢遇奇史迹陈列馆、书法馆、美术展馆、摄影展馆、茶园泥公仔展馆、文物保护群体和资政弟文进士书院、西门城楼、麻石巷道等文化景点。七类人群可以享受相应的优惠：对身高 1.1 米（含 1.1 米）以下的儿童，男性年满 60 周岁、女性年满 55 周岁的所有老年人，现役军人和荣誉军人，残疾人，五保对象，均实行免收门票；1.1 米以上至 1.4 米以下的儿童及学生个人半票；10 人以上团体门票按 8 折计收。

古村景区每天的开放时间是 8：30 到 17：00。城区有 74 路公交车直通古村村口。景区出口和入口都在西门，影剧院对面设置了一个小小的售票亭，从新修的西门城墙的拱形门进去，古村中央水塘周边都铺着平整的水泥路面，新砌的大理石栏杆，环立着各式各样的祠堂和民居，古村的几处墙上挂有的小木牌指示着最佳的游览路线。一般由导游带领的游客游览路线是：从西门城墙入口进村，沿水塘左岸依次游览任天公祠、简斋公祠（茶山风俗陈列馆）、百岁坊、照南公祠、谢氏大宗祠、东园公祠、晚节公祠（南村村史陈列馆）[1]，然后从水塘北面经过祖坟，到右岸游览谢

---

[1] 任天公祠、照南公祠、东园公祠和晚翠公祠等地经常设置有邮品展、美术展、书法展、摄影展等。

遇奇史料陈列馆、晚翠公祠、社田公祠，再从四通桥上回到左岸，从西门出村。

个案[1]：村中的导游，22岁，女，初中学历，南方小组村民。

我是刚开始做导游，之前在茶山做商场导购。在商场做工太累了，刚好村里招导游，就来考了。做导游前要面试，考普通话，我的普通话不是很好。

古村一共三个导游，活不多，一天也就三四单。村委会给我们发工资，每月不够一千块，一个月放假两天。如果有旅游团或散客选导游，需要付十元，这属于导游的小费，可以自己收下的。一般成团选导游的多些，旅游公司带团来的是之前与村里谈好了价钱的。节假日的游客多一点，广东省的来得多，最远的也有来自美国、日本、俄罗斯等地方的。

游客通常都认为古村保存得很好，年纪大的客人会对百岁坊感兴趣。一般我们介绍的重要景点有：百岁坊、谢氏大宗祠、家庙、古井。很少去关帝庙。

村委会有一个委员负责古民居管理事项，在村里有一个古民居旅游办公室负责古民居的相关事务，配备两名专门的管理人员，其他的服务人员还包括两个售票员，三个导游，人数不稳定的清洁工和治安员等，这些岗位全部由村里人担任。村里曾经打报告给市里请求为古民居设置一个事业编制的专门管理机构并配备一些财政编制，但没有获得批准。目前的管理者主要是南村村委会。

---

[1] 2008年7月17日田野笔记，地点：古村。

旅游景点的利润最主要和直接的是门票收入，而南村目前从门票上获得的收入十分有限，实际售票的状况是，能收取到的游客门票收入不到应收的十分之一。2006 年 1 月至 11 月共接待游客 84356人次，其中收取门票 5556 人次，免票 78800 人次。[1]2008 年南村古民居共吸引中外游客达 12.5 万人次，旅游收益达 12 万元。由于赠票和免票的多，门票收入远不足以支付包括售票员、导游、清洁工等工作人员的工资，更不用说支付古村的维修与保护费用。

这一方面是游客资源不够。以一个旅游景点年均 10 万左右的游客来说，不足以达到赢利的目标。村民认为形成这种情况的原因主要是目前古村修复得还不够，要让古村回复原来的风貌，要再投上千万元，而市镇两级财政给得太少了，南村依靠自己的财力无法实行，这样就造成南村景点比较单一。同时南村周围没有连成路线的其他景点，留不住客。而且，东莞本地人喜欢去外地旅游，不喜欢市内游。这样，南村虽然是广东最美乡村之一，也发挥不出最大的魅力。

另一方面，本身稀缺的游客资源中还有大量的是不用购买门票的。除了物价部门规定的免票范围之外，享受免票的人数非常广泛。古村和新村实际上是相通着的，虽然为了收取门票，在西门架设了一个门架，但这只对外来的游客才有效。村民们带来的亲戚朋友是不用买票的，和门口卖票的都是熟人，打个招呼就进去了。住在南村期间，笔者第一次是由房东女儿带着去的，售票员知道我是住在北二的之后，我经常一个人自由出入古村，没有买过门票。在南村

---

[1] 南村党支部、南村村委会：《坚持科学发展观，为全面建设和谐社会努力奋斗——南村 2006 年总结》。

工业区工作的外来工也是不用买票的，虽然村里规定是工业区外来工凭工作证半价，但我所访问到的外来工都说只要是穿上工作服来古村玩，都不用买门票。还有就是给各种机关机构的赠票，或者与村里认识有关系的，说上一声也就免了。真正能收得上门票的，是旅游团带来的游客和一些茶山镇以外来的散客。

对于本村村民来说，古村成了旅游景点也还是他们经常活动的场所，是生活的一部分。古村和新村在各个方向都是连通着的，游客只能从西门出入，而北一、北二、东方、南方等村小组都各有捷径去到古村。西门的门架旁边就是一个菜市场，村里还有几间小饮食店是村民每日吃早餐的地方，中药铺和谢氏大宗祠更是村里很多男人闲时聚会聊天的场所。景区的开放时间是 8：30 到 17：00，可不意味着他们与古村的联系就在这个时间段之内而已，古村景区只是在 17：00 之后停止售票，而不是在这之后关门，事实上也无法关门。

现代旅游业的出现和发展是与市场经济体制紧密相连的，我国从 20 世纪 80 年代以来的市场经济体制改革也使得国内的旅游业在短短的 30 年内从无到有，得到了迅速的发展。以市场经济为基础的旅游业要求重视客源市场，重视经济效益，而在南村，村民和村干部虽然也都期望古村的旅游开发能为村里带来经济效益，希望能把古村推向旅游市场，但是，市场观念遭遇了传统的熟人社会秩序。

最初开发古村的想法是引入旅游开发公司，与村委会分成，一起操作将古村包装推广，打造成岭南的西递村，这一前景很是诱人。但是旅游公司从市场运作的角度考虑的是，古村中现在还居住的村民都要搬出，古村和新村的连接要断开的，古村将是一个独立的古村落景点。这显然将大大地打乱南村的生活秩序，村民们心情复杂，既想古村能通过旅游业开发带来收入的提高，又不愿切断自己与古村的联系，而村委会因为与旅游公司分成谈不拢，在古村旅游运作上的主动权上存在分歧，最终也没有引入旅游公司，而是村委会自己开始开发古村旅游。自己开发的结果之一就是在这个熟人社会中市场规则退到了其次的地位，不仅村民和他们的亲戚朋友是不用门票的，在工业区的外来工，因为也是住在本村的，也享受了免费的福利，其他的游客只要能在本地打上招呼的也一律免费了。传统的生活秩序与强调市场的旅游业开发在南村妥协了，目前的经营状况就是这种妥协的结果。

另外一大制约因素是古村中房产所有权的模糊性与复杂性。古村中的祠堂除了谢氏大宗祠之外，其他众多祠堂是属于各个房支的，民居的所有权更是私人的。现在古村的旅游业收益微弱，村委会还可以统筹安排这些建筑的使用与开发，一旦旅游收益提高到诱人的程度，这些所有权人如果都来参与利益分成的话，这些人与没有古村物业所有权的村民之间的差距就将造成村庄秩序的失衡。所以，有相当一部分村民觉得开发古村是用村庄集体经济的公共资源给私人物业增值，不很赞成村委会在古村的保护和开发中投入过多的资金，这也限制了古村的进一步经营与开发。

第二节　古村的规划与保护

一、专业的规划和村干部的想法

我们目前所看到的南村古村的旅游业状况，与村干部和村民们想象的有一定的差距。在古村被"发现"之初，村里花重金请来专业的规划设计单位对古村保护和旅游发展作了规划，并由镇领导带队前往江苏同里、浙江乌镇、安徽西递等有名的古村落景点考察当地古民居的保护、开发和经营管理。规划和考察的结果是鼓舞人心的，上述景点每年的门票收入均达到了4000万—6000万元，经济效益显著。考察者们认为，南村古建筑群的吸引力不亚于这些古村落，旅游开发前景非常可观。

确实，南村古村的形态很有特点，村庄呈合掌形，村中央为一串水塘，祠堂和商铺布置在水塘两岸，这些建筑物的后面就是村里的住宅区，从水塘两岸的道路上各向后伸展出五六条南北竖向的巷道通向住宅区，住宅区内再延伸出更小的巷道与之交织成不规则的网格状的道路系统，巷道旁是排水的明沟，住房就排列在大大小小的巷道两边。这种规划格局何时开始已无据可考，估计至迟在16世纪中叶就已形成[1]，作为南村居民世代生活、耕读、祭祀的区域已经延续了400余年。但是这种格局在20世纪90年代的新村建设中发生了改变。80年代末以来，一部分当年逃港的南村人衣锦还乡，回到南村修建了新房，那时还没有古民居的观念，都是用流行的建筑样式和建筑材料。1996年以后，村民们陆续分到了新的宅基地，开始在古村周边建新屋，也没有统一的规划和要求，建起来的多数都是常见的三四层楼平顶方正的农民屋。

2002年清华大学的专家被邀请来对南村做保护规划时，专家们发现，由于缺乏统一的规划部署，南村周围的景观和自然环境已经遭到不同程度的破坏。主要表现在：古民居建筑虽然基本保持原生

---

[1] 楼庆西：《中国古村落——南社村》，第16页。

状态，但村落北部的民居建筑年代较早，土坯房较多，房屋拥挤，采光差；村落南部为清中后期所建，多为红石青砖房，檐下、墙头彩绘泥塑，建筑质量较好，但内部设施同样较差；村内基础设施老旧，部分道路状况不好，街巷狭窄，许多原碎石和石板铺砌的路面已损坏；公共卫生设施缺少、环境质量差；住宅院落内无人打扫，垃圾成堆，蚊蝇滋生；村落上空村民自行架设的电线如同蛛网，既破坏了村落的整体形象，也存在消防隐患；老村周围被新房团团围住，特别是地势偏高的南方和东方小组的新村，高大的新房成了古村的背景，在村外东、西、南、北各面都看不到老房子。

清华大学的专家们为南村设计了一份 15 年内的规划，以村落整体为保护对象，提出了真实性、多样性、整体性的保护原则。规划的总体目标是既保护物质文物也保护非物质性文物，一方面重点修复保护古建筑群，另一方面保护与古民居生活相联系的祭祀、节日、民俗精华等非物质遗产的传承。具体设立村史资料以及民俗文化陈列室，设立宗祠、民居、书院陈列室，展示明清文化面貌，研究、发掘、宣传优秀的文化遗产，从而发掘出南村谢氏家族发展史与南村建设史。规划方案将村落划分为重点保护区、控制建设区等区域，区别对待。重点保护区的范围分两片：一片除南侧外基本上沿原古村城墙内划定，另一片以关帝庙为中心划定，两片面积共计 10.9 公顷。此外便为控制建设区，面积约 8.4 公顷。在古村周边则拟开发面积达 35 万平方米的生态园。

在 15 年内，南村分三期保护、重修：近期 2002—2006 年重点保护和修葺村内现存的古建筑，改善道路、给排水、环境、卫生和消防设施，并停止在古村中建造新房。中期 2007—2011 年复建一些村中原有的、重要的各类型建筑，修缮和复建部分关键性古建筑，将穿插在老屋中的新房拆除，以恢复古村原状的完整性为主。远期2012—2016年以全面整顿古建筑群整体景观为主，开展对古村内古建筑的经常性修葺，扩大保护面，完成将部分古宗祠改为新的公共文化场所的工作。同时开发出旅游线路，展示古村落有代表性的方面，吸引当地居民从事旅游服务业，增加就业机会，使具有浓郁广府农耕文化特色的明清祠堂及其所在的古村落成为国内外游客了解历史文化、进行休闲游览等的地方。

除了清华大学所做的规划之外，市镇村三级在近年来为保护和发展古村还请各单位做了一系列的相关规划设计（见表8-1）。这些规划的对象与侧重各有不同，由清华大学城市规划设计研究院制定的《广东省东莞市茶山镇南村古村建筑群保护规划方案》基本上以古村保护为原则，注重古建筑的维修与复旧；而由中国科学院地理

表8-1 南村历年专业规划项目

序号	时间	规划单位	资金（万元）	出资单位	内容
1	2002	清华大学城市规划设计研究院	30	村委会	南村十五年整体发展规划
2	2002	清华大学乡土建筑研究所	20多	村委会	古民居整体规划
3	2003	清华大学建筑学院古建研究所	60	市文化局和镇政府	古建筑群保护规划
4	2005	中国科学院地理科学与资源研究所旅游研究与规划设计中心	80	镇政府	古村落旅游开发建设规划
5	2007	华南理工大学古建筑学院	58	村委会	古村内道路修复设计

说明：根据南村档案室提供的资料整理。

科学与资源研究所旅游研究与规划设计中心制定的《南村古村落旅游开发概念规划》和《南村古村落旅游开发建设计划》则偏重于古村商业利益的挖掘，规划目标是将其开发成为集旅游、购物、餐饮、住宿、娱乐、写意为一体的知名旅游景点。这种旅游规划可以说是我国当前众多古村落旅游景点的一致目标，单纯依靠古村景点的门票收入十分有限，只有通过旅游带动其他产业才能盘活村内更多的资源，从而得到更大的商业发展。

南村传统的农业基础较深厚，耕地面积比较大，1993年被划出了两块农田保护区，2004年以来由于东莞市的道路建设，又陆续被征了不少地，这对于原来规划中的旅游发展目标有不小的影响。2002年时制订的十五年规划中，有一个建设农民新村的内容，想划出一块土地专门建一批公寓式和别墅式的房地产，让村民集中居住，并且规划是将农田保护区的一块放水恢复成人工湖（这里原本就是人工湖，在20世纪50年代大修水利大造良田的时候被改造成了耕地），做成人工湖后在旁边搞些房地产，很有升值潜力，卖给一部分在香港的南村人和喜欢田园生活的有钱人。但是这个计划没有得到镇里的支持，据说是当时镇政府计划重点推广××豪园房地产项目，怕南村也搞房地产的话会影响××豪园的销售。后来情况缓和一点可又遭遇了国家政策的约束，从2004年起国家规定各地不准再规划建设单门独院的别墅项目。同时，这块地几乎全部被市政府征用，用于建设东部快速干线，于是农民新村就一直停留在规划的阶段。

东莞的整体旅游资源并不丰富，不容易吸引大批量的游客，古村要在这样的环境中求得突破，光守着古村是不行的，村干部们在这一点上早就有了深刻的认识。

> 光是看看古村,很多人会觉得没什么意思,配套搞一个农业生态旅游,干干农家活吃吃农家饭,可能会比较有意思。我们原来就想搞观光农业、生态农业,提升农业的效益,展示农业给后代人看。现在的年轻人都没有接触过农活,不知道农村的生活是什么样,能吸引他们的好奇心。如果能通过配套农业旅游的方式,至少想办法让游客来了之后能够待上一天,对于南村发展旅游商贸应该是一个很好的促进。[1]

在村支部书记的办公室墙上挂着一幅4平方米左右的南村大型规划图,书记一边在图上指点着一边讲解自己对村庄旅游发展的看法:

> 我的理念是为东莞在工厂里工作的上千万外来工人提供一个短途的休闲场所,搞一些企业文化,笼络员工安心生产,将这种理念推销给工厂,给员工搞搞活动,凝聚工人,从而吸引更多游客,更多投资者。搞起来的生态园是不打算收门票的,景点收门票赚钱不现实,要靠它带动饮食、住宿等,形成一条龙,为整个村庄谋利益。
>
> 现在征了大的农田区,村里还有小的农田保护区,过了铁路那边还有800多亩,想搞个生态园,有农作物和古代耕作技术展示区、烧烤区等。这些想法2002年就有了,但是搞起来要投资几千万,村委会不可能直接投资,村民会有意见。打算租给民营企业投资、开发二三十年,作为古民居配套,将古民居、生态园合在一起。村不具备开发旅游景点的能力,一定要给旅游公司,现

---

[1] 2008年7月23日访谈资料,地点:村委会大楼。

在也在与公司谈，但碰到资金紧张，现在银行收得较紧。村委不会直接投资，只能以地作价，引入外来资金。有了生态园又可以带动古村落旅游、来南村的各种消费等，但现在的难度很大，我这任可能做不成。现在的一大问题是，农田保护区不能有建筑物，只能搞观光旅游，不能建酒店等设施，游客来了之后住不下来，这样就限制了进一步发展。但是，我们可以利用保护古村落的机会，让上面拨款帮村里搞好一些基础设施建设，比方说修路、绿化等等。这也算是为村子谋福利了。[1]

二、古村的保护

新中国成立后社会运动的发展，使全国绝大多数的古建筑文物在破除封建迷信的行动中消损，再加上改革开放以来工业化的冲击，南村古村的幸存真不是容易的事，这是村民们出于朴素的敬祖目的自发保存的。

修祠堂是由每个房支自己投资维修，房支中的叔伯兄弟按照各自的经济实力分担费用，每个家户所提供的费用会题记在祠堂的墙上。维修的方式则不拘一格，通常请来建筑队或泥瓦师傅与族中管事的人讨论商定，考虑的因素是体面、实用和节约。改革开放以来，海外和港澳的南村人与村里的联系增加，纷纷寄钱回来修缮祠堂，这一时期南村的一些祠堂经历了重建和维修（见表8-2），最典型的就是谢氏大宗祠，于1997年由村委会主持重修，当时由各地的南村人共筹得港币64300元和人民币287820元。村民自己的修葺并不是

---

[1] 2008年7月23日访谈资料，地点：村委会大楼。

按照文物保护的思路去做的，那时谁也没有觉得这些祠堂是文物，房支修建祠堂基本上都是想体现自己这一支人对祖先的尊崇和带点显露财富的想法，于是在一些祠堂上就出现了琉璃瓦、水磨砖、瓷砖、铁枝等现代材料和现代的建筑方式。

表 8-2 1990 年代南村部分祠堂重修情况

祠堂名称	堂名	重修捐款情况（元）		重修时间
		港币	人民币	
谢氏大宗祠	崇恩堂	64300	287820	1997
晚翠公祠	仰徽堂	65800	71300	1998
谢氏宗祠	聚顺堂	74500	26020	1995
念庵公祠	敬修堂	38800	17540	1995
任天公祠	敬思堂	105600	75160	1996
少简公祠	褒德堂	31000	236500	1998

说明：根据《南村古建筑群村史》（手写稿）中相关资料整理而成。

直到 20 世纪 90 年代末，茶山镇政府才觉察到这些古建筑的价值，开始介入古村保护中。据当时的镇领导介绍：

> 我们意识到不能让这种随意性维修再发展下去了，否则，就会全部被破坏掉。镇政府一方面果断地禁止随意性维修；另一方面，请专家给他们讲文物及文物保护知识，反复地宣传《文物保护法》，充分肯定他们保护文物的热情，同时也指出没

有按照文物维修原则维修所造成的不良后果，而不是去简单地制止、呵斥，以保护这种积极性。为了将他们自发的积极性引向正轨，由过去随意维修到按照国家的文物法规维修，镇政府主张做一个文物保护的规划，而且决定，要么不做，做就要做最好的，于是请清华大学城市规划设计研究院为南村专门做了一个保护规划方案。保护规划方案出来后，在专家指导下，维修了两个示范建筑，市政府拨出150万元对濒危的古建筑进行抢修，专家考察后很满意。通过这两个示范性单体建筑的修复，镇政府鼓励老百姓以后修复按照这样的标准，在文物专家指导下维修；维修前要有维修设计方案，报省文物部门批准，批准后请有资质的施工队进行修复。我们现在已经做了11个单体建筑的维修方案，从明年开始，施工就铺开。设计和施工都是严格按照《文物保护法》，在专业的监理下进行，不会再有破坏性的维修。就是这样通过和专家一次一次的交流，我们地方政府和老百姓开始对文物保护的认识逐步深入，思路也更清晰了。[1]

政府行为的介入使古村的保护开始有了计划性和规范性，1996年第一次由政府拨款重修了百岁坊和谢遇奇家庙，其后，经过一系列的规划，南村古村走上了旅游开发的道路。村民出于强烈的宗族意识对古村落的自发保护，与作为文物单位的保护，和发展旅游商贸意义上的保护开发，远非一回事，后两者需要更大的投入和更强有力的推广。近年来，南村在古村的保护维护上也投入了巨额资

---

[1] 郭桂香：《积极参与正确引导——广东东莞市茶山镇文物保护访谈》，《中国文物报》2005年1月7日。

金，但与整个古村恢复原貌所需要投资的上千万资金相比，只是杯水车薪。

按照清华大学为南村所做的整体保护规划，2002年到2006年为保护近期，主要对一些濒危建筑进行抢修；2007年到2011年为保护中期，主要是拆除古村落里面的现代建筑，恢复古村原貌。古村被相继列为省级和国家级文物保护单位后，保护与整修的工作就不能随意调整了，而是要遵照相关的文物保护条例进行。目前国际上和我国对于古建筑物的保护和维修，已经有着比较成熟的原则和做法。

1977年在利马通过的《马丘比丘宪章》中，关于文物和历史遗产的保存和保护规定：不仅要保存和维护好城市的历史遗址和古迹，而且还要继承一般的文化传统。一切有价值的说明社会和民族特性的文物必须保护起来。保护、恢复和重新使用现有历史遗址和古建筑必须同城市建设过程结合起来，以保证这些文物具有经济意义并继续具有生命力。

我国于2008年开始施行的《历史文化名城名镇名村保护条例》中：第二十一条，历史文化名城、名镇、名村应当整体保护，保持传统格局、历史风貌和空间尺度，不得改变与其相互依存的自然景观和环境。第二十二条，历史文化名城、名镇、名村所在地县级以上地方人民政府应当根据当地经济社会发展水平，按照保护规划，控制历史文化名城、名镇、名村的人口数量，改善历史文化名城、名镇、名村的基础设施、公共服务设施和居住环境。第二十三条，在历史文化名城、名镇、名村保护范围内从事建设活动，应当符合保护规划的要求，不得损害历史文化遗产的真实性和完整性，不得对其传统格局和历史风貌构成破坏性影响。

古村的保护基本是按照"整旧如旧"的原则，力图恢复原貌，但是原来居住在古村的村民之所以大批外迁，除了人口增加的压力原因外，还有一个重要的原因是古村的基础设施简陋，与现代化的房屋居所相比，日常生活甚不方便，而成为文物单位的古村，要维修改建成适宜居住的地方又有诸多限制和花费，所以，村民多数选择其他的宅基地建楼，而不愿修葺原有的民居。

在古村成为文物单位前，祠堂和民居的修护都是由村民自发进行的，而在成为文物单位后，修护责任就逐渐转移到政府身上，产生了这种责任转移后，村民自发维护的意识与责任感都明显减弱了。原来的祠堂各房支自筹资金，自行打理的规矩松弛下来，大家认为古村都是国家财产，规划和保护已经是由国家说了算的，要修要整都有上面给钱，有专门的古村办公室的工作人员来干，私人没有什么责任了。再加上古民居的房子按照文物标准私人难以修葺，一是因为要修必须按规定用寿砖，3.4元一块，太贵，二是因为有些房子属于几家人共有，如果有人想修有人不想修也修不成。

仍然居住在古村内的村民感觉到生活受到了限制和影响，特别是古村范围内的建筑物被严格地保护，自己不能随意装饰房子外观与改变房屋用途。不过，村子毕竟并不完全是景点，它主要还是用来居住生活的，遇到某些特殊情况，也有一定的变通之法。如东方小组有一村民因为儿子结婚没有新房，需要在古村内的老房基础上进行改建，他写了这样一份保证书：

保证书

保证人：东方村民谢××

保证事由：本人现有旧楼房一间，位于南村古民居范围内，因儿子结婚需要将该楼房改建，为不影响整个古民居的风貌和规划，本人保证做到如下几点：

1. 楼房在原址上兴建，楼层分上下二层，房屋总高度不超过 7.5 米。

2. 顶做斜顶和铺设瓦面，瓦面的外观和做法参照围内古民居做法。

3. 墙装饰不能贴现代风格的装饰材料，只能仿照古民居的外观和风格，不会对周围景观造成不协调的影响。

4. 施工过程中欢迎村委会监督并接受改正意见。

特此保证

保证人：谢××（按红指印）

古村是作为有代表性的古建筑群而被保护，因此无论是清华大学的规划还是目前已实施的修复工程，主要集中在文物建筑和历史建筑群的定位上，而国内文物部门对古村落的保护理念在开始发生着变化。将村落列入历史文化名村（名镇）名单或全国文保单位因而受到保护，这对于村落保留原貌，免于被千篇一律的生活方式改造同化是有很大的作用的。但是，古村落并不仅仅只是一个文物建筑群，一个完整的村落不仅是村落的建筑，还应当包括村落赖以存在的田地、水泽、山林，包括活动在这个区域内的人及其行为传统模式。[1] 如果按照单纯的古建筑模式去保护，使建筑独立于村落生活之外，会将这些建筑与其中蕴含的地方生活和文化属性割裂开来，而这样的村落保护是低价值的，也是没有可持续发展的潜力的。

2008 年 10 月在贵阳召开的"村落文化景观保护和可持续利用"

---

[1] 董城：《古村保护应扩至文化景观》，《光明日报》2008 年 11 月 5 日。

国际学术研讨会通过了《关于"村落文化景观保护与发展"的建议》（《贵阳建议》）。建议中提到：村落文化景观是自然与人类长期相互作用的共同作品，是人类活动创造的并包括人类活动在内的文化景观的重要类型，体现了乡村社会及族群所拥有的多样的生存智慧。村落文化景观展现了人类与自然和谐相处的生活方式，记录着丰富的历史文化信息，保存着民间传统文化精髓，是人类社会文明进程中宝贵的文化遗产。村落文化景观所蕴含的自然和文化多样性是未来理想生活的活力源泉，具有重要的文化象征意义。

在这种理念的共识中去保护古村落就应当将它们定位为文化景观而不仅是文物建筑，因此，《贵阳建议》提出：

1. 鉴于村落文化景观的性质和特征，我们倡导保护村落文化景观，应当注重保护村落赖以生存的田地、山林、川泽及其生态环境，保护村落的居住环境，保护村落文化记忆，保持村落发展的基础和动力，实现自然和文化、物质和非物质、历史和现时的整体保护。

2. 鉴于村落文化景观是长期历史发展过程中形成的，并仍然在继续发展和不断变化，我们倡导尊重村落文化景观的演变特性，延续村落的文化脉络，维护现代社会文化多样性。

3. 鉴于村落文化景观保护和发展的复杂性，我们倡导政府在政策导向、法律体系构建、技术保障与资金筹措、资源整合等方面给予支持和引导。村民是村落文化景观的重要组成部分和保护的主要力量，重视村落发展诉求，维护村落文化景观发展途径的多样性。

这些建议最大限度地体现了可持续发展的理念，古村落的保护与发展应该与村民的生活结合在一起。南村的古村修护工程刚开始的时候，计划将当时还居住在古村里的几百人搬迁出来，并想赎买村民所有权的一些民房，然后将之一起修复改造，但一直因为资金的问题没有实行。现在看来，如果当时将古村变成一个空村，光有些古色古香的建筑而没有活生生的文化和传统，这种保护会留下遗憾的。虽然现在的南村大多数村民搬到了古村外围的新村，但他们与古村的联系仍然密切，他们的工作和消费多数在古村之外，可是祭祀、人情和家庭日常生活还离不开古村，这也是南村的古村能够作为岭南农耕文化代表的底蕴。

作为研究者，我有时候会想，南村的旅游业发展得不尽如人意，其实对古村和村民的长远来说，未必是坏事。虽然南村的古村规划中实行旅游开发是一大目标，也是村干部和村民想获得经济发展、提高收入的一大期望，但是在我国现在许多村落旅游开发的案例中，追求商业利益最大化的后果是造成了"旅游污染"，在旅游业发展的利益博弈过程中，为了迎合旅游者的喜好，有些自身的传统可能不得不被抛弃和更改。南村的古村落旅游发展现状与规划目标之间的距离实际上保护了地方传统文化脉络的完整与延续，也留给了全球化中的南村社会更多的契合空间。

第三节　古村·印象

古村对于南村人来说是生活中不可分割的部分，南村人生活于斯，成长于斯，这里寄托着他们对先祖的追思、对血缘的忠诚和对未来的期望。而对于外来的旅游者或是访客，古村又是什么样子呢？住在南村的几个月里，笔者经常待在古村，见识了古村的不同的访客，他们的年龄、职业、文化程度、来访的目的等各不相同，使得他们对古村的认知也不尽相同，这些各不相同的印象充满了主观性、模糊性和差异性。

印象是人们接触过的客观事物在其头脑中留下的迹象，其表达效果却是主观性的，体现着人们的不同认知系统在具体事物上的反映，这些认知系统里包含了兴趣爱好、个性特征、文化背景、社会阶层等内容。古村作为一个旅游景点，其中的景物、人、历史、环境等因素共同构成一个整体系统获得游客的认知，形成不同的印象。游客与本村村民最大的不同是，古村对于外来的访客来说只是生活中的一个小片段而已，访客通过与旅游景观的短暂接触而形成一些个体性的初步的印象和评价。另外，这些印象和评价还很容易受到景点的宣传形象和外界刻板印象的影响，一方面南村古村"广东最美乡村"的名声在外，另一方面全国各地涌现不少的古村落旅游景点也为游客的评价提供了比较的样板。这里通过对这些不同印象的描述来多方位地了解古村的形式与内容，以丰富仅作为研究者而看到的孤立视角。

对于一般的旅游团游客和自驾游的"合家欢"游客来说，影响他们对古村的印象与评价的主要是旅游前的期望值和实地游览的感受值。这些人在古村中一般是由村里的导游带领，按照导游图上和建筑物上的推荐路线游览一遍，由于古村中没有餐馆和酒店，游览完一些有代表性的祠堂之后他们通常就上车离开，一般在村里逗留一个小时左右。南村在宣传上是有些力度的，笼罩在一大堆美丽的头衔之下，这当然与当地政府的推广分不开。在被这些宣传吸引而来的游客期望着看到广东最美乡村,看到之后的评价则基本上是两极分化的:一种认为"古村没有什么好看的,半个小时就看完了,无非是多些旧房子,没有乡村的感觉,简直名不符实";另一种评价却认为,"南村古色古香,这样成片的祠堂很少见,在喧嚣的工业区中有这样一片古董建筑留下来确实不容易,通过参观这里增长了一些知识"。

还有一类人是为了发思古幽情而专门来探古访史的散客,或叫驴友,多数是有些小资情调的都市白领。最常见的是一个人或是三两个人骑着单车,背着背囊游走于民居古巷,对着残垣断墙、古井红砖不停拍照,他们有些已经来过古村几次,大多数人对古村赞不绝口,最集中的感觉就是"一进入古村,时光突然好像倒退了二三百年"。这类人一般在古村会待上半天,不按推荐路线游览,专找偏僻的小巷、冷落的门庭。对于这些人来说,逃离了习惯的城市现代化生活方式,古村静谧的氛围让人放松,他们的古村印象中寄托了对田园生活的向往。

除了这些慕名于古村的旅游特色来到访的游客之外,古村的外来访客中还有一些是有针对目标的任务性访客。他们从完成自身任务的角度出发,对古村产生的印象也与一般的游客很不相同。

社会实践的大学生

他们与笔者在南村的身份是最接近的。在南村居住期间,笔者接触过两拨做社会实践的大学生,一次是茶山镇政府组织的20名茶山籍大学生的社会实践,目的是让茶山大学生了解认识自己的家乡,其中作为茶山历史文化传统代表的南村古村是行程中当然要参观考察的地方,他们看的重点是茶山风俗陈列馆和南村村史陈列馆。一个住在南村隔壁塘角村的学生说：

> 我以前也来过古村好几次，不过不是看景点，是走亲戚。以前没觉得古村很特别，就是旧的东西保存得比较多，现在认真地看了这些民俗展览，才知道这些东西都是很珍贵的历史文化，原来对自己的家乡还有很多不知道的东西。我觉得学习一下这些很好，毕竟我是这里的人，以后毕业了还要回到家乡工作。[1]

还有一次是一个广州某高校城建专业大学生的社会实践，他们的目的是通过对南村古村的参观考察，了解古村落建筑的基本格局，初步认识古建筑群保护的工作。这11个学生都是第一次来古村，他们有一些建筑的专业知识，关注的也是各个祠堂和民居的建筑形制和细节。他们看到的是：

> 我很吃惊，这里的游客这么少，显得特别冷清，显然开发得并不成功。水塘周边的祠堂比较新，是重点保护对象，但是走进巷道，空气中弥漫着的是一股发霉的气味，巷内的民房没有得到保护，坍塌情况严重。有一些古旧大宅还看得出历史上的辉煌景象，但现在堆满了杂物，很破败，与我想象中的不一样。古村的资源是好的，应该得到更好的保护和开发。[2]

---

[1] 2008年7月15日访谈资料，地点：古村。
[2] 2008年8月4日访谈资料，地点：古村。

摄影爱好者

南村古建筑群的传统特色吸引了不少摄影爱好者,有本地的,也有珠三角其他地方的,他们专门为捕捉拍摄题材而来。一个来自佛山的摄影爱好者说:

> 我觉得南村这个地方对摄影者来讲,它的题材很多很多,不是一次两次可以挖掘尽的。一方面它的古建筑群很特别,村庄格局很有意思,容易找到理想的构图,另一方面这不仅是一个古村景点,它还有人生活在里面,可以捕捉到很多动态的、活化的素材。这里不管是建筑风格,还是民俗风情,都是长时间的历史积累起来的,有厚重感,有东西可以挖掘。
>
> 这里的村民也很友善,挺配合我们的。有时候有的祠堂门锁上了,但我们过来说是摄影的,是拍这个建筑物的,他们很热情地帮我们开门,有些还热情地讲这个建筑物的历史。有时想拍些人的场景,这里的人也很乐意。感觉建筑和人都比较大气,不是一般封闭的小村子。[1]

画画采风的师生[2]

有一天我见到东莞某中学的师生在水塘北面祖坟前的平台空地上写生,一个老师带着两个学生,学生过几天要去广州参加绘画比赛,今天特来南村练笔一日。他们每人选了个自己喜欢的角度开始作画,虽然都是面对的祠堂、丰收桥、水塘和榕树,但有

---

[1] 2008年8月11日访谈资料,地点:古村。
[2] 2008年7月17日田野笔记,地点:古村。

的重点画祠堂，其他寥寥几笔带过，有的侧重的是桥和水塘，其他则模糊处理，各不相同。老师介绍说："画画与摄影不同，后者是完全写实的，什么都会全拍下来。画画只要画自己眼中的印象就行了。""南村的房子还不算精致，也不够古老，以前去过韶关、梅州等地的客家围屋，那些房子更够味道。有味道的房子应该是从个体到整体都能吸引人的，南村的房子整体看效果不错，但是个别来看的话有不少的瑕疵，有些房子太现代化了。"

拍宣传片的电视台团队[1]

有一天清早，房东去买早餐回来跟我说，今天古村里很热闹，有拍电视的要来。原来是东莞市申报全国文明城市要拍一个宣传片，其中南村古村作为东莞历史文化的代表是重要的取景地，今天来的大队人马正是拍这一段的。古村中人很多，搭起了大型的拍摄机器和灯光，许多群众演员被组织好了拿着箩筐、草帽等物在旁等候。

据说摄影师是专门从北京请来的拍大片《投名状》的那位，他介绍说：

> 南村的瓦是红色的，在全国的古村落中没见过，从艺术角度看，南村的色彩很丰富，墙有各种颜色，灰的红的黄的。墙根是红砂石，拍起来色彩感强。这个片子为宣传文明城市而拍，选南村是用此地代表历史文化的积淀。明清古建是积淀的反映。南村这样的古村中代表老莞人的文化，城市中是新莞人的文化，合在一起是东莞文化和谐发展的表现。

---

[1] 2008年7月22日田野笔记，地点：古村。

拍摄从早上 9 点一直持续到下午 2 点，我记录了其中几个片段，从中看出在摄影师眼中，什么样的影像能够代表着东莞的历史文化。

10：20：安排一个村里的老人戴草帽从百岁坊前走向大榕树。

10：30：6 个穿校服戴红领巾的小学生被指挥回去换平常衣服，大榕树下清场，群众演员在念公祠前等候。找了一个穿裙的小女孩伸双手在榕树周围走，微笑，赤脚，来回走。

11：15：拍谢氏大宗祠与中药铺间的一条小巷，用水淋湿小巷的路，一个老人手提竹篮牵着一个六七岁的小女孩提灯笼从小巷走出，另一个老人手拿收音机坐在巷口微笑着听，旁边卧着一条土狗。

中药铺前被工作人员摆上了几盆鲜花，当时中药铺旁有一柱子上钉着一块宣传计划生育的铁皮牌，摄制组想取掉此牌，中药铺主

电视台在南村拍摄城市宣传片

人不同意，后来只好用中药铺的一块门板——上书"药有君臣"——挡住了此宣传板才开拍。

其他还有老人牵狗在巷子里走，在水塘中泊船，一队妇女担着箩筐过桥，在祠堂摆果品，民俗婚礼的场景等。村里的老人、小孩和妇女们喜笑颜开地按照电视台工作人员的要求，摆出各种造型和队列，东莞的历史文化就以这些影像为代表在镜头前逐一定格，经过剪辑后将在中央电视台几个频道播放，成为其他地方的人们认知东莞的符号之一。

文字工作者

这个群体包括记者、诗人、文学青年等，他们用文字表述和记录古村带给他们的感觉与意象。从2002年开始，《东莞日报》就开始登载一些宣传南村古村的报道与游记散文。在茶山镇本地的报纸《茶园》上，则经常有描写关于南村的风情风物的文章，而乡土诗人则毫不吝啬地用美丽的辞藻咏叹着南村古村的历史与景观：《东莞南村古屋小唱》[1]

> （朗诵："雀桥边野草花，乌衣巷口夕阳斜，旧时王谢堂前燕，飞入寻常百姓家。"）
> 甲：我家桥边开莲花，
> 乙：我家巷口迎朝霞，
> 丙：我家是旧时状元府，
> 齐：如今都是百姓家。

---

[1] 黎明南：《东莞南村古屋小唱》，《词刊》2006年第11期。

甲：我家屋脊蹲狮子，
乙：我家屋檐绘彩画，
丙：我家木窗雕鸳鸯，
齐：全是青砖铺彩瓦。
甲：我家院子明朝建，
乙：我家水井宋朝挖，
丙：我家门框石头做，
齐：石头铺路连家家。
齐：尊老爱幼睦邻里，
　　学文习武重教化，
　　欢迎你到茶山来，
　　南村古屋是我家。

居住在南村工业区的外来工

他们的日常活动范围一般在工业区内，也会偶尔"放假了出来散散步，有时就走到古村来了，来这儿也不用买票，古村比较安静，没有工业区那么吵闹。会看看祠堂，又到庙里看看。不过我不信神，也不是来上香，只是将这当做一个散心的地方"。

"一千个人眼中有一千个哈姆雷特。"在南村的短暂停留期间，访客们把他们各不相同的古村印象转化为了记忆、文字、照片、画作和影像片段。不同人群对古村的不同印象是来源于他们的认知角度和实际生活经验积累的结果，古村中的人、房屋、自然环境综合在一起作为一种视觉表达方式，向来到此地的访客们叙述着本地的历史与人文、传承与变迁，在这个过程中，古村的形象成为了全球化中的乡村的人类学镜像。

第四节　文化资本的流动与古村旅游的未来

在文物专家和古建专家的眼里,南村古村是不可多得的明清古代建筑群,有着较高的艺术价值和研究价值。在村民们的眼里,古村里的老祠堂老房子是祖先传下来造福子孙的东西,其中蕴含着当地乡土社会的价值与传统。人们在这片古老的空间中生活繁衍,这些价值与传统也代代相承,成为了我们能从中感受到的传统文化的具象符号。

今天,虽然人们不再居住在这片空间中了,但那留存下来的一栋栋古老的建筑却开始作为传统文化的载体被更多的人理解和认同,它们的符号性使之成为了具有可转换价值的文化产品,即文化资本。布迪厄把资本看做是积累的劳动,并将资本的表现形态分为三种:经济资本、文化资本和社会资本。后两种资本类型在一定条件下都可以转换成经济资本。[1] 澳大利亚学者戴维认为,"我们可以将具有文化资本的物品看成是有利于文化价值的财富。更准确地说,文化资本是以财富的形式具体表现出来的文化价值的积累"[2]。

南村的明清古村落就是这种被赋予了文化意义的物质形式,为它带来财富价值的即是其中有形的文化资本的积累。按照前述戴维的观点,这些祠堂与民居组成的村落建筑群,除了它们本身在建造过程中已经有的物质资源与人力资源的投入而具有经济价值,它们的文化价值也会转换为经济价值。人们会为了想要了解这些文化产品的内涵,将愿意支付比单独了解这些物质实体本身需要支付的价

---

[1] 〔法〕布迪厄:《文化资本与社会炼金术》,上海人民出版社1997年版,第192页。
[2] 〔澳〕戴维·思罗斯比:《文化资本》,薛晓源等编:《全球化与文化资本》,社会科学文献出版社2005年版,第554页。

格更高的价格。古村的祠堂和民居被视作传统文化符号，其中内含的象征意义除了已经存在于社区历史和记忆中的之外，还可以被加以更多的更深的挖掘和积累，这也是开发古村旅游业的基础所在。

追索古村旅游开发的过程，我们看到，南村古民居的文化价值除了它本身经过历史积淀而拥有的文化内涵之外，还有一部分附加的文化价值是它在开发古村旅游业的过程中通过宣传、广告、政府支持和当地村民对传统文化的再创造等增加的。比如南村这些年来获得的各种与历史、文化有关的称号：中国历史文化名村、全国重点文物保护单位、广东最美乡村、中国景观村落、广东省旅游特色村、东莞文物八景之一等，这些文化符号甚至有些本身就是为了增加文化产品的经济价值而设立的。在这样的行为支持和推动下，文化资本转换成经济资本的可能性进一步加大。

文化资本还可以转换为社会资本，借助于南村古村越来越大的名气，代表南村对外发言的乡村精英也获得了比其他村庄更多的机会，在不断得到镇、市、省和国家级的荣誉的过程中，南村干部的社会关系网络也在不断向外扩展。古村的规划和保护，从一开始就是请国内比较高端的科研院所的专业人员参与。在参评各种文化称号时，村干部尤其是村支书记经常跑广州和北京的相关机构，与各类人士打交道，村支书2005年当选为了省人大代表。南村也不时有见诸本地报纸的一些新闻，拥有不断扩大的知名度的同时，南村在镇—村关系中的主动性也有所增强，话语权的空间明显大于其他普通的村庄，能够为自己争取到更多和更有利的各种资源。

文化资本的积累有益于可持续发展，对于古村建筑群来说，这种维持或增加古村落的文化资本的投资是很必要的。在没有开发古村旅游之前，古村中的祠堂除了谢氏大宗祠外，其他房支的宗祠供祭和修缮费用都由各房支自理，人丁不旺的或是在外地工作生活较多的房支的祠堂已经很少打理，基本上形同废弃。有了政府和文物部门的扶持之后，古村旅游与文物保护捆绑在一起，维修古建筑群的牌子一打出，南村在争取各类资源时都能占据有利的形势，不仅能争取到资金，有利于古村建筑群的修葺、维持与发展，而且还能带动村庄其他的基础设施建设，修路和绿化等工程都能树以保护维修文物的名义，一定程度上对本村的福利与经济发展有着促进作用。

如果我们梳理一下南村古村如何成为今天这样一种旅游业形态，可以找出一条古村被认知的历史脉络（见图8-2），从中能够看到与时代变迁相承的不同转化特征。谢氏先祖们在家族壮大的时候规划建构了这样一座村落，也许花了上百年的时间，这是它作为承载具体生活的文化实体的阶段。而当20世纪70年代以来，村民们逐渐搬进新屋离开古村的时候，古村里的房屋与祠堂多数不再实用，而成为了寄托过去的文化遗产。到了市场经济观念开始普及，

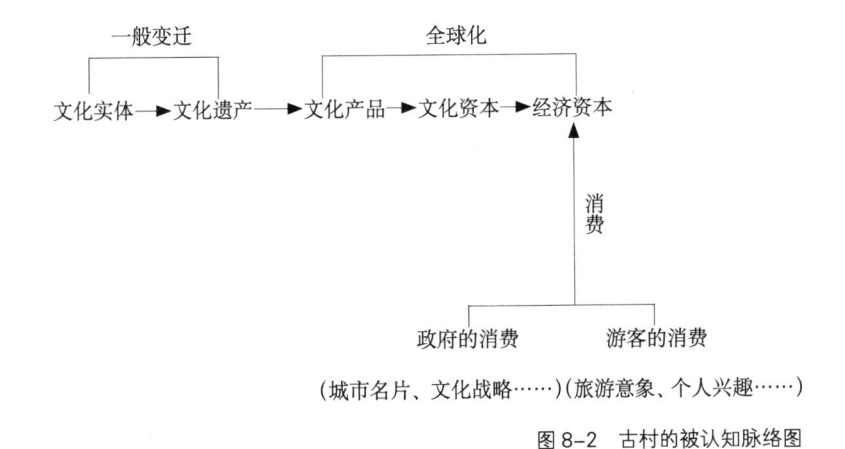

```
      一般变迁            全球化
    ┌────┴────┐   ┌──────┴──────┐
文化实体 → 文化遗产 → 文化产品 → 文化资本 → 经济资本
                                              ↑
                                              消
                                              费
                                        ┌─────┴─────┐
                                     政府的消费    游客的消费
                                  (城市名片、文化战略……)(旅游意象、个人兴趣……)
```

图8-2　古村的被认知脉络图

人们认识到许多东西都可以产品化商品化的时候，古村以其得以幸存的特殊性被作为文化产品挖掘出来，经过一系列的打造和宣传，经过现代旅游业的开发，南村古村的文化资本得以奠定和增值，并被消费：一方面是政府权力的消费，古村的文化资本被置换成为了文化战略的组成部分，成为了城市名片、传统文化的象征符号；另一方面是游客的消费，他们通过购买门票游览古村而获得各种各样的旅游意象。

这个过程十分快速，主流社会重新认知古村，让它服务于经济社会双转型的过程正是南村全面进入全球体系的这30来年。在许多社会学家与人类学家眼里，对产品的消费是与社会结构联系在一起的，对文化的消费需求与欲望来自于全球化带来的现代性认同。人们从感觉到自身越来越深地陷入现代性的时候，寻根的愿望越来越强烈，对文化与自然的回归也越来越强烈，与全球化方向相反的，地方化的潮流被贴上了新传统主义或后现代主义的标签（图8-3）。

古村的存在满足了城市中现代化发展过程中的文化寻根的需求，消费文化的行为似乎成了近年来的一种潮流，与文化相关的产品有了更多转变为文化资本的机会。消费显示了个人与文化和社会的关系，[1]对于现代化水平较高地区的居民来说，在全球化的参照框架中，通过对不同类型文化的消费从而得到不同的自我认同，许多人对传统文化重新燃起的热情也来源于此，去古村里凭吊古物也就成为近年旅游的热点之一。地方政府也热衷于消费文化，从早期过于直白的"文化搭台，经济唱戏"的口号可以看出，为了发展经济，更快地进入全球产业系统，将文化资本转换为经济资本是通行的做法，

---

[1] 王宁：《消费社会学》，社会科学文献出版社2001年版，第335—336页。

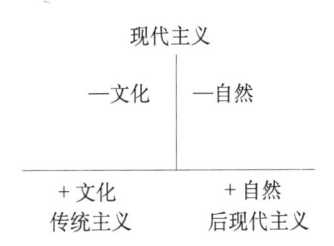

```
            现代主义
      —文化  │ —自然
             │
             │
      ＋文化   ＋自然
      传统主义  后现代主义
```

图 8-3　现代性结构的三极

说明：〔美〕乔纳森·弗里德曼：《文化认同与全球化过程》，第 136 页。

现在，政府还通过消费文化获得重新建构城市形象的机会。这样，就古村旅游业的开发与发展过程来说，生产的实践与消费的实践按照一般的既定路线结合在了一起，一个固态的社区及其建筑群一旦被视为文化资本，便在全球系统内拥有了流动性特征（各种类型的资本在转换成经济资本的过程中都会获得这种特征），进而成为当代消费文化的一部分。

事实上，将古村落的文物建筑作为文化资本转换成经济资本的过程，在南村来说并不算顺利，目前可见的经济利益十分有限。这一方面有国家政策、旅游环境等外部因素的影响，另一方面，作为古村文化资本所有权的模糊性和复杂性也影响了它的转换效率。但这些短时间内的困难并没有妨碍到政府对古村旅游前景的展望，古村的旅游业还将按照着规划的目标一步一步前进。

南村在开发旅游业之初是向徽州、苏州等地的古村旅游看齐的，与这些旅游景点相比，南村的古村旅游刚刚起步，在请中国科学院的有关机构作出的旅游规划中，除了目前打出的传统牌和民俗牌以外，还要同时打生态牌、农家乐牌等，力图将所有吸引游客的因素都开发出来。2005 年作出的这个规划，许多内容现在仍然停留在纸上。不过，在东莞，南村的古村已经是岭南农耕文化的代表，这一点对城市居民就有了不小的吸引力，同时，古村旅游也逐渐在注重生动化和可体验化，经常利用一些公众假期举办各种东莞民风民俗的观光体验活动，扩大了影响力。现在，横跨茶山、石排、石龙等几个镇的东莞生态园正在建设当中，生态园直接与南村接壤，这使得规划书当中一些未能启动的设计在将来有了可能，而东莞市在转型升级中对南村退二进三，发展古村旅游的定位也使村干部和村民们对南村依托于古村的发展有了更多的憧憬。

结论与思考

一、南村：全球化与地方化的注解

南村作为珠江三角洲平原中的一个普通村庄，并不十分引人注目，它的规模、面积不算很大，经济不算很强，但它是一个有魅力的村庄，悠久的社区历史和紧密的家族联结在全球化的大环境中尤其能让人体味到地方社会自身生生不息的活力，以及与时俱进的生命力。本书在前述的篇章中围绕着探寻南村的这种活力与生命力，从村庄历史、边界与分层、政治与经济、社会记忆、信仰与仪式、旅游业发展等几个方面进行了分析。

南村所在的区位是珠三角的黄金通道"穗—莞—深"的中部，是改革开放以来大陆地区最早迎接全球化的前沿，由于外来资本和人口的进入，这里的村庄已经不再是传统意义上的宗族聚落，而是一种新的非农社会经济结构，每个村庄成了全球联结的网络的一部分，南村也在这一过程中日益融入与其他村庄、与市镇、与珠三角其他城市和港澳地区的关系中，并进而与内地和全球其他市场发生着持续的联系。

全球化之中的南村，村民的生产方式与生活方式普遍发生了巨大的变化。在非农化过程中，农民失去土地后，生活资料不再自给而是依赖市场供给，个人与家庭的生活跟全球经济捆绑在一起。全球化带来的贫富分化也在村庄中日益漫延，乡村工业化给人们更多的职业选择，也促使原来同质的乡村社区发生分化，社区发展的过程也是社区中的分层不断扩大的过程，也是一个社区中各阶层利益的重组合与再分配过程。不过，即使是乡村社区内部已经发生了比较复杂的阶层分化，不平衡的社会状态已经出现，很多时候，经济理性仍然要遵从乡村社区中一些基本的文化规范和生活秩序，使这种基于经济的社会阶层分化维持在一个被社区接受的程度上。

回顾南村经济的发展历程，也是它逐渐加入全球体系由慢到快的过程。传统小农经济的南村社会在解放后接受的是全国一致的计划性集体经济制度，这一时期，全球其他地区进入了全球化的高速发展期，香港从20世纪50年代到80年代经历了三次经济转型，并且从70年代末以来，成为珠三角地区在改革开放后拥抱全球化的榜样。从1979年第一家工业企业进驻村里开始，南村的非农经济逐渐超越传统农业经济，成为村庄的主要经济力量，村庄也跃入了全球性变迁的潮流中。80年代的港人投资潮为南村经济奠定了非农经济的基础，尽管这些前店后厂的小企业现在几乎都已不见踪影。90年代以来"台湾接单、大陆生产、香港转口、海外销售"的模式，使南村成为了台资企业的制造基地之一。2000年以来，南村的工业与韩国、日本、英国等地的国际投资商开始直接接触，南村也更深一层次地嵌入全球网络中。

南村人在发展新经济的路子上有得有失，并在后来和其他珠三角农村一样，选择了新集体主义的组织与运转制度，走过了一条"传统小农经济—旧集体经济—新的小农经济—新集体经济"的道路。新集体经济主要是农民们在市场化过程中的个人与家庭利益最大化的选择，在意识形态的控制松弛下来后，制度设置与实行开始更多地考虑市场的需求和利益共享的体现。在经济上，南村人享受到了全球化带来的财富，同时，加入全球系统中的农村集体经济许多时候也要受到全球经济链中其他各方的挟制或控制，村民们共享利益的同时，也要共同承担风险。

家族是南村生活的重要支柱，尽管传统的农村生活已经面目全非，但基于农业社会的家族文化并没有退出现代化的社区生活，家族始终是南村社会的主题词之一。杜赞奇看到了20世纪以来在现代化意识形态影响之下，国家对村落中文化网络的破坏而导致的问题，这些做法在新中国成立后更加突出，然而，地方文化的生命力如此强大，一旦国家的高压政策放松，"宗族复兴"就成为潮流。图7-1构建了珠三角乡村普遍出现的"宗族复兴"现象的基本模型，此时的"宗族复兴"与地方经济发展密切相关，既离不开全球体系对乡村社会的渗透与压力，又来自于村民对集体主义传统的留恋与对自我认同的惯性。同样是在现代化的影响之中，新的宗族力量与国家认可的权力机构结合在一起，形成了村庄权力的新的社会文化网络，成为建立在适应社会变迁需要的组织之上的可行的新型权威，[1] 这是地方社会的利益在国家许可范围内的表达，也是地方智慧与国家意识形态博弈的产物。新的利益关系带来了新的权力格局，通过村民直选产生的新型乡村精英试图集经济能人与政治能人的角色于一身，他们作为国家权力代理人与地方社会利益代言人的双重角色，承担着联系国家与地方良性互动的责任。

南村这些实践过程的背后是这个社区历史与家族记忆的厚重基础。通过追索南村谢氏家族自立村以来由弱而强的历史和家族发展过

---

[1] 〔美〕杜赞奇：《文化、权力与国家》，第25页。

程中的种种苦难与荣耀的记忆,可以了解到村民们在血缘系统内自我认同的基础。本书用"表述的记忆"与"事实的记忆"的对应概念置入对南村家族历史的记忆考古,发掘从"事实的记忆"转换到"表述的记忆"之间的过程。记忆在家族世系的更替中传递,传递的又不仅仅是记忆,还有这些集体记忆中隐藏的地方文化的经验,是林顿所称的文化综合结构。而且记忆不仅是被历史、文化、政治等外部力量形塑的产物,也是记忆主体能动性建构的结果,以保存和延续他们认可的价值体系和文化规范。家族的集体记忆成为了形成集体人格的文化背景,村民们的社会实践受着他们的人格结构的指导,而这抽象的人格结构背后真正为我们所观察和掌握的就是记忆。在漫长变化的历史岁月里,谢氏家族形成和继承了对内团结、对外戒备、不认输、不服软的家族性格,他们有着作为一个历经磨难的家族的坚忍,也有对于朝代更替这样巨大的社会变迁作出迅速调整与适应的能力。

这种调整与适应的能力本身也是地方社会活力的一种表现,当村庄和村民无法脱离整个大环境的时候,选择一种共生之道可能是最能保全的方法。南村的信仰与仪式的变迁就可以看做是村民在国家甚或全球的环境中主动进行的行为模式的调整,以能符合时代与国家的要求,同时又能满足自己或社区的整合需求的选择。地方性的信仰与仪式操演结合国家的在场实现了这种变迁,又或者加以保护和改造,在全球化的语境中演化成了非物质文化遗产,这些也正是费孝通先生所指出的全球体系之中的地方或族群在文化上表现出的同质性与异质性的二元特点。本书梳理了一条南村的古村落从村庄到旅游景点的被认知脉络,看到了同样的建筑实体在时代变迁中不同的认知形象,这些认知形象是地方社会自身的利益需求结合全球化潮流的协作表达。正是在全球化的语境下,基于后现代性中的寻根思潮带来了对南村古村落的重新发现和解读，在全球化中现代性的极点之后是对传统和自然的向往与回归，这类消费需求促使南村古村从几百年创造的文化产品变为了文化遗产，在市场化的开发和运营中转变为文化资本并进而转换为村庄和村民们需要的经济资本（见图8-2），在游客和政府的消费中，成为了文化资本的南村古村在全球系统内拥有了流动性的特征。在此基础上，配合城市转型的"退二进三"的转型目标，也使南村未来的发展道路有了更多的可能。

全球化是全球范围的大变迁，当南村进入并嵌入这个体系之后，南村的变化也必然成为这个大变迁中的一部分。正如在本书中一直描述的，南村在全球化进程中发生了各个层面的巨大改变，但如果我们说全球化改变了南村，显然将这个改变的过程太过于简单化了，因为这种变化不是单向的、线性的、直接的，而是双向的、非线性的和多角度多方位的。南村的变迁是全球化与地方化的双向作用过程，它在进入全球体系的同时受到多种内外因素的影响，而且其本身的历史积淀就一直带有动态和灵活的特征。因此，即使在近30年来的快速全球化中表现出来的，也不是单线型的乡村—都市连续统的发展类型。除了经济的作用之外，村庄的历史资源和文化资源增加了变迁的情境和层次，乡村社会中村民与家庭的主体性拓展了变迁的经验和意义。

当下的一些评论认为，全球化作为当代世界发展的大趋势及其主要规律性，与在前全球化时代业已形成的民族传统文化的惯性之间存在着难以弥合的对立。[1]吉登斯对于"现代性的后果"的预言也让人们相信，在这种变迁中，作为高度现代性标志的全球化逐渐吞

---

[1] 苏国勋、张旅平、夏光：《全球化：文化冲突与共生》，社会科学文献出版社2006年版，第28页。

噬着多样性的地方文化，人类今天必须与一种世界性生活方式相协调一致。[1] 传统失去了它所存在的基础，变成了完全的反思性，并与专家系统一同渗入到日常生活的核心中去。[2] 但是这种理论基础也频频被质疑和批判，时空统一的全球化理论已经制造了深层次的知识混乱，这阻碍了对现代世界的清晰理解。[3] 实际上，全球化在表现出"去地方化"的特征的同时，以悖论的形式促进着地方化或再地方化的发展，在全球的视界内，人们感受到的是全球化与地方化的两极张力共存与互动的双重特征。全球化不仅没有消解地方文化，而且后现代性的认同需求还带来了对地方文化的重视和保护。

每个人都可以自己来定义全球化，但每个定义都无法完整地涵盖它。当代文化具有流动性、不确定性、差异性、偶然性、复合性的种种动态现象，正是全球化与地方化结合的产物，正如学界所公认的，全球化充满了悖论，人类学所关注的悖论就在全球化与地方化的互动过程。学者们试图在这种宏观与微观的不同层面之间架起桥梁，罗兰·罗伯逊提出用 Glocalization（全球地方化）的概念来解决传统全球化框架无法解释的许多矛盾：全球的与地方的、同质性与多样性等。[4] 世界上的许多地方联结在一个统一的时空系统中并不必然地形成板结，地方社会没有失去它们的创造性。当我们寻找着分析着南村在全球化中是如何融入、如何发展的时候，也能看到这

---

[1] 〔德〕汉斯－彼得·马丁、哈拉尔特·舒曼：《全球化陷阱》，中央编译出版社 2001 年版，第 18 页。
[2] 〔英〕安东尼·吉登斯：《现代性与自我认同：现代晚期的自我与社会》，生活·读书·新知三联书店 1998 年，第 242 页。
[3] 〔英〕贾斯廷·罗森伯格：《质疑全球化理论》，江苏人民出版社 2002 年。
[4] Robertson Roland, "Glocalization: Time-Space and Homogeneity-Heterogeneity", in *Global Modernities*, London: Sage Publications, 1995.

种融入与发展并不是被动的,地方文化自有它的张力与弹性,而不是仅仅被席卷和被同化。当南村这个小小的珠三角村庄在时代潮流中登上全球舞台,进入全球性的联结之中时,呈现的就是"全球中的地方,地方中的全球"的复杂与奇特的状况。

全球化与地方化的同构过程有一定的矛盾和冲突,但也表现着更多的互动与发展,透过南村古旅游业的规划与开发,全球化一定程度上促进了地方文化的复兴和人们对传统的寻根。南村的历史还让我们看到,地方文化的生命力如此强大,国家意识形态的强力压制都无法消除它们的潜在影响,全球化也无法使之同质,很多时候,地方文化总会适时地适应时代的需要作出一些改变来获得生存空间,这来源于乡民们的生活策略。

文化实践的互动性和可逆性在南村的历史轨迹与现代发展中处处可见,关联着观念与行动。本书用实践的概念来定义南村的变迁,用意更在于突出村民们在被动大环境中的主动性,他们在这样的社区空间里生活了几百年,有自己的根基与思维模式,对于外来的思想与文化也能接受和适应,并且创造性地根据自身的特点生产着地方习性,以尽量获得在大而化之的全球系统中流动的各种利益。村民们的选择策略和日常实践构成了这种变化的基本方向和主要内容,这些都与他们生活其中的地方社会的惯习相关。"习性是历史的产物,按照历史产生的图式,产生个人的和集体的、因而是历史的实践活动,它确保既往经验的有效存在,这种既往经验以感知、思维和行为图式的形式储存于每个人身上。"[1] 在这些村民们的日常生活

---

[1] 〔法〕皮埃尔·布迪厄著、蒋梓骅译:《实践感》,译林出版社 2003 年版,第 82—83 页。其中的"习性"一词应该是平常用的"惯习"的另一翻译用语。

中，我们能够看到历史性与现代性交织在一起的知与行。

本书通过南村的例子想要说明的是，在全球化和地方化的过程中，地方社会在它独特的文化脉络中拥有足够保护自身存在与延续的活力，这种活力在任何一个历史时期都曾经使社区和居民们得以适应时代而作出改变，在全球化的变迁中也是一样。地方的乡民们一方面承续着传统的社区价值观和集体人格，另一方面也发挥着足够的智慧在继承中变革，在传统中创新，使地方社会基本能保持着一种平衡的状态。用南村的实践来解释全球化与地方化的相互交汇和杂糅的过程与状态时，它也许无法作为一个完美的标本呈现，因为它还有着自己不少独特的个性，但是，哪一村庄没有个性呢，正如罗素所言："参差多态乃幸福本原。"在全球化的大环境中那些延续着自身特性和闪耀着自身活力的形形色色的村庄们，和生活于其中的村民们，是人类文化多样性的基本细胞，南村即是其中的一个组成部分。因此，就让它作为珠江三角洲地区众多村庄中的一个样本来注解人们无可避免的全球化与地方化的生活。

二、变迁中的社会结构与文化结构

如导论中所述，本书在方法论上借鉴的是吉尔兹谓之"更有活力的功能主义方法"分析社会变迁的方法。起源于英国的功能主义通常被认为擅长于研究静态的、共时态的社会状态，而由于缺乏对历史的关注难以对社会变迁作出有力的解释。吉尔兹认为，功能不仅是社会的维持结构，更是有关宗教信仰、实践以及世俗社会生活之间关系的更为复杂的观念，这种观念可以包容历史资料，因而可以更贴切地解释变迁过程。[1]吉尔兹创新性地应用功能主义范式，分析了爪哇一个男孩的葬礼没有成功举行的事件，并将之归咎于在社会结构（因果—功能）方面的整合形式和文化（逻辑—意义）方面的整合形式之间出现的断裂，这种断裂并不是导致社会和文化的瓦解，而是导致社会和文化的冲突。[2]在吉尔兹令人信服的分析中，我们看到一个处在既非平衡的也非分化的状态中的当地社会，小区里的人们生活在一个非常城市化的世界里，而在文化层面上仍然留存在乡村传统中。

方法论上的选择与应用对本书的研究和写作过程来说意义重大，将吉尔兹对20世纪东南亚乡村的分析方式与当代珠三角乡村的具体实践相结合，使本书在接触变迁这样一个人类学的老课题的时候有了许多新鲜的经历和思考。对南村的分析也是从社会结构与文化结构两个方面分开分析的，在现代化的路径上，20世纪80年代以来的南村和60年代的Modjokuto相差不大，因此，南村有许多与Modjokuto相似的社会因素：分化的职业结构取代了乡村几乎完全属于农业的职业结构，现代意义上的社会组织形式取代了传统的地方组织，社会的阶层化复杂，资本主义和全球性经济模式影响日趋增大，等等。而在文化层面，南村的村民们还基本上保留着那些在传统社会指导他们及祖辈的信仰、仪式、价值观和集体人格等。这些相似的状态也许存在于众多经历着全球化变迁的地方社会中，在资本挟带着强势文化及其经济体系的冲击中，个人、家庭和社会的各种组织形态都将融入这种时代变化之内。全球化虽然为世界各地带

---

[1] 〔美〕克利福德·吉尔兹：《文化的解释》，第169页。
[2] 同上书，第188页。

来了相同的经济模式，但具体的地区经济体系的运作，却还是与各自成长的文化传统和整体的社会系统之间有着密切联系，经济模式其实深深嵌入地方的文化脉络当中。

在本书立论之初，笔者一心想找出近30年来南村社会中的变与不变，将传统与现代作为全球化冲击之下的二元对立模式，并一度按照这样的模式去收集与整理资料，然而随着调查的深入，却发现这样的研究不免陷入老生常谈的窠臼。诚然，社会结构与文化结构有着变与不变的相对状态，但是这种相对状态却并不是以传统与现代的二分法则为主题的。正如前文中提到的，传统与现代本身就是全球化过程中西方式话语体系的产物，将地方社会日常生活标签化、模式化，从而获得一种类似于进化论意义上的效果。这种效果的受众是政府和主流社会意识形态，而与当地民众的日常生活并无太多关系，社区生活并不因为这种划分而截然地被分为两段。变迁中的社会结构与文化结构之间不一致的相对状态更多是由乡村社会平衡发展和运转的秩序所决定的，社会结构会随着时代发展而产生变动，文化结构则没有边际，它指导着变动中社会生活的情绪、认知、态度和评价，以维系乡村社会变迁过程中的基本秩序。研究者也就能从探寻这些秩序的组成部分出发，达到功能分析的诉求。

吉尔兹在他的研究中没有明确回答为什么在现代化的变迁之中，社会结构和文化结构之间会出现这些不一致？这一点也许可以用文化堕距的理论来回答，同时也证明，变迁的社会中，社会文化的不一致并不是一种非常态。社会系统与文化系统的区分只是一种理想类型的研究方法，当观察具体的事务和历史片段的时候，我们很难将社会与文化两个层面完全分开，实际上也不需要如此，因为即使是最具有象征性的仪式中也离不开社会互动的功能作用。传统的功能主义专注于因果—功能层面，具体的人们失去了自身意义，现在，我们用意义架构行动的方法来分析社会，则是将人始终置于一种变化的过程中。比如本书关注村庄的集体记忆，将之看做是赋予行动意义的重要媒介，它同时也是一种社会关系的体现，除了能在地方社会中赋予许多物质形态以多元意义的象征，更是社区居民从历史到当代的漫长时期中获得的行动习惯的基础。本书采用此种分析框架对变迁中的社会结构与文化结构的分析不是满足于得到某种文化堕距的新鲜案例，而是结合珠江三角洲乡村的具体发展，在理解与解释这种堕距的过程中对地方社会变迁中共时态与历时态的整体性模式作出构建的尝试。

图9-1所表示出来的南村加入全球体系的过程中的层化现象，应该是处于变迁中的社会的普遍现象，也是这种将社会结构与文化

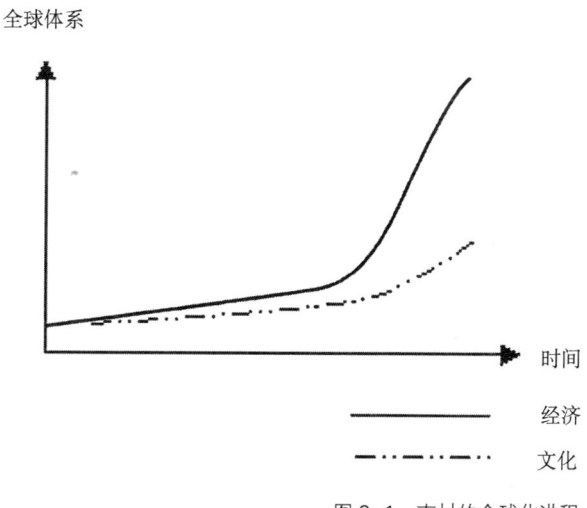

图9-1 南村的全球化进程

结构分开来分析的"功能主义"方法论得以建立的基础。在与全球体系联结过程中因为速度与向度的差异而使地方社会在经济发展与文化传承上不相一致，也使得当地人的行为实践与他们的自我认同和对外界的认知的范畴并不重合，比如从社会制度、文化心理和利益归属等不同角度认识村庄的各种不同边界。有各种各样的因素参与在地方社会的运行逻辑中，意义和行动两方面独立变化又彼此依赖。本书参照吉尔兹区分文化与社会系统的方法建构了适应于南村社会的分析框架（见图1-1），将南村的历史与生活实践分别进行了梳理与分析。这种分析框架的好处在于，将那些不重合的范畴分开来看的时候反而能够厘清每类范畴的界限与定义，使笔者跳出熟悉的情境，更真实地看到村落社会的社会秩序与文化格局。

在本书中，对社会结构、边界、社会分层和宗族、信仰、仪式、社会记忆等的分析基本上从功能分析的角度出发，结合历史资料，分析在不同历史时期，这些社会系统中的不同方面发生的变化，其变化的动力是以维持地方社会基本运转和平衡状态为目标。地方社会因为其在历史大环境中的被动性，无法与强大的外来力量抗衡的时候，当社会结构因为强制的朝代更替，或是渐进的全球性进程发生改变的时候，文化结构的变化显然不一定能马上跟随作出改变，但文化的微调却无时无刻不在发生着，这种微调的妙处在于，在基本的地方社会价值观和世界观的大框架内，人们出于生存策略和安全经济学等的考虑，会在许多具体的变化中作出因应的调整，以求在变化中主动地获得利益和先机，这颇类似于吉登斯所谓的"生活政治"[1]，但它并非来自于全球化，而是地方社会本身的弹性与乡民

---

[1] 〔英〕安东尼·吉登斯：《现代性与自我认同：现代晚期的自我与社会》，第274页。

的生活智慧。比如，20世纪80年代以来，为招商引资，南村的谢氏大宗祠允许了外姓的进入，后来为发展古村落旅游业，又允许了女性的进入，尽管这是对传统宗族文化的不小改变，但今天的南村，仍然被视为是岭南宗族文化的代表。

这些微调的存在并没有完全改变社区中社会结构与文化结构之间的不一致，但是已经能够使地方社会在外界变化与内部社会之间维持基本的动态平衡。因此，吉尔兹的爪哇个案所揭示的社会结构与文化结构变化的不一致而造成的断裂，导致人们在生活实践中的冲突与困惑并不必然存在其他处于类似进程中的地区。南村以及其他珠三角的乡村，也确乎如Modjokuto一样，在社会上是城市的、现代的，在文化上则还是乡村的、传统的，但是，这些不一致仍能合理地存在于村庄当中，很少造成过分的困惑。吉尔兹在这个个案研究中虽然看到了变迁中文化与社会的不一致在社会生活中的巨大影响，但还缺少一点对处于变迁中的人们适应变迁的主观能动性的信心和对于地方社会中人们生活智慧的重视。从南村的发展过程中，我们可以看到，当传统文化难以为人们生活中的新变化赋予合适的意义的时候，人们会有选择地在与外来力量的互动中重组和创造一些新的符号、情境和解释，并将这些新的意义整合到原有的地方文化体系中。不管是面对国家意识形态和社会制度的变化，还是面对全球资本主义的联结，选择的策略是南村人面对不能为自己左右的社会变迁时的主动适应。

"已经接受某种价值体系，并赖以生活的人是不可能对周围纷繁嘈杂的世界不问不闻，一心为自己设置一个长久与世隔绝的领域，并在这个领域中遵循一套相反的价值观来思考和行动的。他们总是试图尽可能去适应环境，他们为自己的行动提供某些共同的依据和共同的动机。"[1]南村的实践表明,一方面,村庄的社会制度,人们的经历是镶嵌在国家的或是国际的局势变动的框架之内而被牵动着的,另一方面,地方社会的变化根植于地方性的文化脉络和机制,它们稍加转化以应对与适应来自外界的冲击。对于珠三角的乡村来说,全球化带来的各种变化是常态,然而他们仍保留着传统乡村文化的要素,在全球化的快速变迁过程中创造一些在全球经济体系中既能追求财富,又能使社会稳定和乡民满意的策略。

三、全球化与文化自觉

当代的珠江三角洲地区有着复杂的时空位置:在全球化格局中,中国处于边陲地位(第三世界),华南在中国的传统区位模式中居于周边,珠江三角洲则在华南地区成为中心部分,但同时,它又是直接被整合入全球的经济秩序之中。因此,在某种程度上可以说对珠三角乡村社会变迁的研究即是中国当代社会进入全球体系过程的窗口式的研究。通过南村,我们体会了地方社会在变迁中的主动性与适应性,这也提出了更多值得进一步思考的问题。

在全球化的时代,人类学是大有可为的学科,人类学善于把握全球与地方的关联性,从南村和许许多多与它类似的村庄的实践中,我们观察到了全球化与地方化共存的复杂过程。全球化除了经济的竞争与联结之外,也包括文化间的接触、交流与互动,对于许多逐渐进入全球体系的地方来说,随着资本流动而来的还有西方的意识

---

[1] 〔美〕鲁思·本尼迪克特著、孙志民译:《菊花与刀——日本文化的诸模式》,九州出版社2005年版,第10页。

形态和生活方式，与地方原有的社会生活和文化逻辑形成碰撞，但同时，"在现实中，全球化也带来了一种边缘性，边缘层还会不断地从自己的角度进一步强化自身的认同和地方性，这一地方性甚至是族群性的认同，常常和文化的生产和再造联系在一起"[1]。文化的全球化内置了全球范围内不同地方文化特色的竞争与交流，唯有凸显地域文化特色才能在全球化网络中具有不可取代性。地方文化是社区历史和居民们生活经验的延续，地方化的过程与全球过程同构在一起，形成了被协商的文化[2]，如此来看，这种反应中的地方化或者再地方化基本上不完全是一个自觉的过程，它仍然属于全球化的逻辑系统。

南村的实践中表现出来的地方文化的活力与弹性，社区与居民将自身文化与外来力量融合创造的智慧昭示了一种根植于地方文化主体的能动性，是超越了变迁的刺激—反应模式之外的地方文化逻辑。吉尔兹提到在大多数社会中，社会与文化间的断裂中有着推动变迁的主要动力，[3]这种动力也许就是指地方文化中蕴含的这些活力与创造力，对这些活力与创造力的感知与认识是文化自觉的实践。费孝通先生很早就开始关注全球化与地方社会的相关性，他提出文化自觉的概念，来讨论地方社会如何应对全球化的变迁。费孝通先生提出的文化自觉是指生活在一定文化中的人对其文化有"自知之明"，明白它的来历、形成过程、所具有的特色和它发展的趋向，不带任何"文化回归"的意思，不是要"复旧"，同时也不主张"全盘西化"或"全盘他化"。自知之明是为了加强对文化转型的自主能

---

[1] 麻国庆：《费孝通先生的第三篇文章：全球化与地方社会》，《开放时代》2005年第4期。
[2] 乔纳森·弗里德曼提出在全球化过程中"文化是能被协商的"，《文化认同与全球化过程》，第216页。
[3] 〔美〕克利福德·吉尔兹：《文化的解释》，第167页。

力，取得决定适应新环境、新时代的文化选择的自主地位。[1]

在全球化语境中的文化自觉有着双重特性，一方面，文化自觉意识的产生与本土文化处在世界体系外围的焦虑感密切相关。在几百年前[2]中国处于世界体系中心的时候，没有也不需要产生文化自觉，而在当前以西方文化、全球文化为中心的世界体系中，中国文化、地方文化出于对自身文化承继的焦虑而发展出自觉的过程。另一方面，文化主体性的觉醒又离不开社会整体发展成果，只有达到了一定的社会经济发展程度，人们才会更加重视文化上的差异，追求对自我认同的塑造。当中国日益进入全球体系，伴随着中国经济的发展，对中国文化自觉的意识也越来越强烈并逐渐成为实践。

在田野中，笔者常常能感受到那种快速的变化带给乡村的影响。从地貌特征到生活方式，新的社会体制和社会规则在生成，但同时给我强大感受的还有传统的乡村伦理和乡村价值的润物无声的作用，它们参与在社会的各种变化当中，参与在这些体制与规则的形成当中。"原来中国社会是以乡村为基础，并以乡村为主体的，所有文化，多半是从乡村而来，又为乡村而设——法制、礼俗、工商业等莫不如是。"[3]因此，中国文化的自觉根植于像南村这样的乡土社会中，传统并不代表着僵化与落后，这里蕴含了中国传统文化最重要的部分，也是最有生命力的部分，它们能够在不断变化的环境中相应地构建起自身生活的意义，构建起相对平衡的社会空间和运行体制。"在乡下的时间越长，越感到中国传统乡村的文化传统，与建立在科学理性和民主

---

[1] 费孝通：《反思·对话·文化自觉》，《北京大学学报》(哲学社会科学版)1997年第3期。
[2] 按〔德〕贡德·弗兰克在《白银资本》中的分析，16世纪前的世界体系是以中国为中心。
[3] 梁漱溟：《乡村建设理论》，《梁漱溟全集》(第二卷)，山东人民出版社2005年版，第150页。

制度基础上的近代社会理想,是可以和谐相处,相得益彰的。"[1] 许多村庄的实践已经表明,乡土文化内部潜在的创造力是值得相信和令人惊奇的。

那么,我们在这种认识的基础上更应该思考的是如何去践行文化自觉。真正的文化自觉不仅仅是本土知识分子的呼吁呐喊,也不仅仅是满足人们对特定文化标志的渴望,而应该是进入地方社会,了解地方文化的内在与态度,了解地方文化的精神与气质,这有赖于地方文化与主流文化的充分互动,也有赖于现行的体制和政策中开拓和认可更多的互动的空间与渠道。

我们的社会中经常能观察到一些不太令人愉快的现象,比如对西方文化的盲目推崇和对经济现代化的一味追求。在南村和其他的一些村庄,笔者也看到经济发展在村干部和村民心目中的重要性有时候影响了他们对自身文化价值的判断。因此,提升文化自觉还应该提升人民对当地文化的认同,确认地方文化在全球化发展趋势下的价值所在。笔者在田野工作中感受到,地方文化延续的动力与活力是紧紧地与人们的这种价值感联系在一起的,因为文化自觉的主体是生活于其中的当地人,人们与自己的社会保持着许多生活的默契,并通过地方文化中集体生活记忆的延续,通过重建仪式和再造象征符号来传承这种默契。因此如何提高当地居民对自身文化的价值感受,加强他们在地方文化保存工作中的参与,进而达到在社会中自然环境、社会环境与人文环境的共生共荣是值得研究者和地方政府都深入思索的课题。

---

[1] 陈春声:《乡村的文化传统与礼仪重建》,黄平主编:《乡土中国与文化自觉》,生活·读书·新知三联书店2007年版,第189页。

中国传统文化思想的一大特征，是讲平衡和谐，讲人际关系，提倡天人合一。"和而不同"这一古老的观念仍然具有强大的活力，仍然可以成为现代社会发展的一项准则和一个目标。[1]我们不难推断，全球化与都市化的进程还将在珠江三角洲继续快速推进，南村的面貌和生活也将在未来发生更大的变化，但是，乡土文化的强大生命力不会因此消解，地方社会的生活实践会有更多元化的呈现。珠江三角洲的乡村地区在"外表的"都市化后面，是特殊国情和特殊社会实际情况下的泛都市区（Extensive-Metropolitian Region）趋向，[2]大大小小的村庄也会从全球、全国、珠三角等区位关系中找到自己未来发展的定位，城市与乡村、全球与地方融合在这些小小的社区中，会在跨文化的交流和本文化的自觉过程中创造出一个和谐的地方社会。

---

[1] 费孝通：《经济全球化和中国"三级两跳"中的文化思考》，《中国文化研究》2001年第1期。
[2] 周大鸣：《泛都市区与珠江三角洲城市化未来发展方向》，《广西民族学院学报》（哲学社会科学版）2004年第2期。

主要参考文献

一、中文类文献

〔英〕安东尼·吉登斯著、田禾译：《现代性的后果》，译林出版社2000年版。

〔英〕安东尼·吉登斯著、周红云译：《失控的世界》，江西人民出版社2001年版。

〔英〕安东尼·吉登斯著，赵旭东、方文译：《现代性与自我认同：现代晚期的自我与社会》，生活·读书·新知三联书店1998年版。

陈伯陶：《东莞县志》（清·宣统），广东省东莞县养和印书局印。

〔美〕杜赞奇著、王福译：《文化、权力与国家》，江苏人民出版社1994年版。

〔英〕E.霍布斯鲍姆、T.兰格著，顾杭等译：《传统的发明》，译林出版社2004年版。

费孝通：《江村经济》，商务印书馆2001年版。

费孝通：《乡土中国 生育制度》，北京大学出版社1998年版。

范可：《旧有的关怀，新的课题：全球化时代里的宗族组织》，《开放时代》2006年第2期。

范可：《全球化语境下的文化认同与文化自觉》，《世界民族》2008年第2期。

葛学溥、周大鸣：《华南乡村社会》，社会科学文献出版社2006年版。

郭文炳：《东莞县志》（清·康熙），东莞市人民政府印，1994年。

〔德〕哈贝马斯著、洪佩郁等译：《交往行为理论》，重庆出版社1994年版。

〔法〕哈布瓦赫著，毕然、郭金华译：《论集体记忆》，上海人民出版社2002年版。

华南研究会：《学步与超越：华南研究会论文集》，文化创造出版社2004年版。

胡玉坤：《政治、身份认同与知识生产——嵌入权力之中的乡村田野研究》，《清华大学学报》（哲学社会科学版）2007年第3期。

何高潮：《地主、农民、共产党：社会博弈论分析》，牛津大学出版社1997年版。

黄宗智：《长江三角洲小农家庭与乡村发展》，中华书局2000年版。

黄宗智主编：《中国乡村研究》（一至四辑），商务印书馆/社会科学文献出版社2002—2006年版。

黄宗智主编：《中国研究的范式问题讨论》，社会科学文献出版社2003年版。

黄平主编：《乡土中国与文化自觉》，生活·读书·新知三联书店2007年版。

黄志繁：《二十世纪华南农村社会史研究述评》，《中国农史》2005年第1期。

〔英〕贾斯廷·罗森伯格著，洪霞、赵勇译：《质疑全球化理论》，江苏人民出版社2002年版。

靳晓芳：《全球化进程中人的个性化》，民族出版社2006年版。

〔美〕克利福德·吉尔兹著、韩莉译：《文化的解释》，上海人民出版社1999年版。

〔美〕克利福德·吉尔兹著、王海龙等译：《地方性知识》，中央编译出版社2004年版。

〔美〕康纳顿著、纳日碧力戈译：《社会如何记忆》，上海人民出版社2000年版。

李培林：《村落的终结——羊城村的故事》，商务印书馆2004年版。

林耀华：《金翼》，生活·读书·新知三联书店2000年版。

林耀华：《义序的宗族研究》，生活·读书·新知三联书店2000年版。

李亦园、杨国枢编：《中国人的性格》，江苏教育出版社2006年版。

刘朝晖：《村落社会研究与民族志方法》，《民族研究》2005年第3期。

刘晓春：《仪式与象征的秩序——一个客家村落的历史、权力与记忆》，商务印书馆 2003 年版。

李庆志、马艳丽:《农民市民化的实现模式探析》,《特区经济》2006 年 9 月。

卢福营、刘成斌等:《非农化与农村社会分层:十个村庄的实证研究》,中国经济出版社 2005 年版。

兰林友:《村落研究:解说模式与社会事实》,《社会学研究》2004 年第 1 期。

麻国庆:《走进他者的世界》,学苑出版社 2001 年版。

麻国庆:《家与中国社会结构》,文物出版社 1999 年版。

麻国庆:《作为方法的华南:中心和周边的时空转换》,《思想战线》2006 年第 4 期。

〔英〕莫里斯·弗里德曼著、刘晓春译:《中国东南的宗族组织》,上海人民出版社 2000 年版。

〔法〕 H.孟德拉斯著、李培林译:《农民的终结》,中国社会科学出版社 2005 年版。

毛赞猷编辑:《东莞历代地图集·东莞》,中国人民政治协商会议东莞市政协文史资料委员会 2002 年版。

〔法〕皮埃尔·布迪厄著、蒋梓骅译:《实践感》,译林出版社 2003 年版。

〔法〕皮埃尔·布迪厄、华康德著,李猛、李康译:《实践与反思:反思社会学导引》,中央编译出版社 2004 年版。

彭兆荣:《旅游人类学视野下的"乡村旅游"》,《广西民族学院学报》2005 年第 4 期。

〔美〕乔纳森·弗里德曼著、郭健如译:《文化认同与全球性过程》,商务印书馆 2004 年版。

乔健:《性别不平等的内衍和革命:中国的经验》,《华南婚姻制度与妇女地位》,广西民族出版社 1994 年版。

〔法〕让·卢·昂塞勒:《全球化与人类学的未来》,《世界民族》2004 年第 2 期。

〔美〕施坚雅著、史建云等译：《中国农村的市场和社会结构》，中国社会科学出版社 1998 年版。

折晓叶、陈婴婴：《社区的实践："超级村庄"的发展历程》，浙江人民出版社 2000 年版。

〔美〕泰勒·考恩著、王志毅译：《创造性破坏——全球化与文化多样性》，上海人民出版社 2007 年版。

谭必友：《古村社会变迁：一个话语群的分析实验》，民族出版社 2005 年版。

王明珂：《历史事实、历史记忆与历史心性》，《历史研究》2001 年第 5 期。

吴理财：《中国农村研究：主位意识与具体进路》，《开放时代》2005 年第 2 期。

许斌、胡鸿保：《追寻村落——对两种不同的人类学田野研究的省思》，《思想战线》2005 年第 3 期。

薛晓源等主编：《全球化与文化资本》，社会科学文献出版社 2005 年版。

袁雨亭：《茶山乡志》，石龙印务局 1927 年版。

杨念群：《空间·记忆·社会转型》，上海人民出版社 2001 年版。

阎云翔：《私人生活的变革：一个中国村庄里的爱情、家庭与亲密关系 1949—1999》，上海书店出版社 2006 年版。

杨善华、苏红：《从"代理型政权经营者"到"谋利型政权经营者"》，《社会学研究》2002 年第 1 期。

杨建华：《日常生活：中国村落研究的一个新视角》，《浙江学刊》2002 年第 4 期。

叶显恩：《徽州和珠江三角洲的宗法制比较研究》，《中国经济史研究》1996 年第 4 期。

叶显恩：《珠江三角洲社会经济史研究》，台湾稻乡出版社 2001 年版。

周大鸣：《凤凰村的变迁》，社会科学文献出版社2006年版。

周大鸣：《乡村都市化：中国乡村未来的发展方向》，国际人类学与民族学联合中期会议论文，2000年。

周大鸣、郭正林等：《中国乡村都市化》，广东人民出版社1996年版。

周大鸣：《人类学导论》，云南大学出版社2007年版。

周大鸣：《泛都市区与珠江三角洲城市化未来发展方向》，《广西民族学院学报》（哲学社会科学版）2004年第2期。

张静：《基层政权——乡村制度诸问题》，浙江人民出版社2000年版。

张静：《现代公共规则与乡村社会》，上海书店出版社2006年版。

贺雪峰：《新乡土中国》，广西师范大学出版社2003年版。

〔美〕詹姆斯·斯科特著、王晓毅译：《国家的视角：那些试图改善人类状况的项目是如何失败的》，社会科学文献出版社2004年版。

〔美〕詹姆斯·斯科特著、程立显等译：《农民的道义经济学：东南亚的反叛与生存》，译林出版社2001年版。

〔美〕詹姆斯·克利福德、乔治·E.马库斯编，高丙中等译：《写文化——民族志的诗学与政治学》，商务印书馆2006年版。

庄英章：《家庭与婚姻——台湾北部两个闽客村落之研究》，中央研究院民族学研究所，1994年。

郑孟煊：《城市化中的石牌村》，社会科学文献出版社2006年版。

庄孔韶：《银翅——中国的地方社会与文化变迁》，生活·读书·新知三联书店2000年版。

赵世瑜：《小历史与大历史：区域社会史的理念、方法与实践》，生活·读书·新知三联书店2006年版。

赵旭东：《文化认同的危机与身份界定的政治学——乡村文化复兴的二律背反》，《社会科学》2007年第1期。

张二果:《东莞志》(明·崇祯),东莞市人民政府印,1994年。

邹琼:《全球化的人类学:珠江三角洲乡村研究的新视野》,《学术研究》2007年第3期。

邹琼:《反思与建构:民族志的中层理论探索》,《中南民族大学学报》2007年第5期。

二、英文类文献

Alfred H. Y. Lin: *The Rural Economy of Guangdong, 1870-1937: A Study of the Agrarian Crisis and its Origins in sin Southernmost China,* ST. Martin's Press, Inc., 1997.

Chalmers A. Johnson: *Peasant Nationalism and Communist Power,* Stanford University Press, 1962.

Clifford Geertz: *Review of Historical Metaphors and Mythical Realities* by Marshall Sahlins, American Ethnologists, 9, 3: 583-584.

David Faure and Helen F. Sue*: Down to Earth: The Territorial Bond in South China*, Stanford University Press, 1995.

Dennis Woodward: *Rural Campaigns: Continuity and Chang in the Chinese Countryside—The Early Post-Cultural Revolution Experience (1969-1972)*, The Australian Journal of Chinese Affairs, No. 6. (Jul.1981).

Ernest Gellner: *Culture, Identity, and Politics,* Cambridge University Press, 1987.

G. William Skinner (ed.): *The Study of Chinese Society: Essays by Maurice Freedman,* SMC Publishing Inc. 1994.

Helen F. Sui: *Agents and Victims in South China*: *Accomplices in Rural Revolution*, Yale University Press, 1989.

James L. Watson: *Village Life in Hong Kong: Politics, Gender, and Ritual in the New Territories*, The Chinese University Press, 2004.

James H. Mittelman: *The Globalization Syndrome,* Princeton University Press, 2000.

Jean C Oi: *Rural China Takes Off*, University of California Press, 1999.

Jenks, Mike: *Compact Cities: Sustainable Urban Forms for Developing Countries,* London, UK: Spon Press, 2000.

Jonathon Xavier Inda and Renato Rosaldo (ed.): *The Anthropology of Globalization*, Blackwell Publishers Ltd, 2002.

John B. Henderson: *The Development and Decline of Chinese Cosmology*, Columbia University Press, 1984.

Jun Jing: *The Temple of Memories*, Stanford University Press, 1996.

Martin Bunzl: *Real History-Reflections on Historical Practice*, Routledge Press, 1997.

Maurice Bloch: *The Past and the Present in the Present*, Man, New Series, 12, 2: 278-292.

Mayfair Mei-Hui Yang: *Spaces of Their Own,* The University of Minnesota Press, 1999.

Mobo C. F. Gao: *Gao Village: A Portrait of Rural Life in Modern China,* Crawford House Publishing, Pty Ltd., 1999.

Myron Cohen: *Cultural and Political Inventions in Modern China: The Case of the Chinese 'Peasant'*, Daedalus, 122(2).

Pierre Bourdieu: *The Outline of a Theory of Practice,* translated by Richard Nice, Cambridge University Press, 1977.

Redfield, Robert: *Tepoztlan: A Mexican Village*, Chicago University Press, 1930.

Robertson, Roland: *Glocalization: Time-Space and Homogeneity-Heterogeneity*, in *Global Modernities*, London: Sage Publications, 1995.

Rubie Watson: *Palaces, Museums, and Squares: Chinese National Spaces*, Museum Anthropology 19(2).

Rubie Watson (ed.): *Memory History and Opposition under State Socialism.* Santa Fe: School of American Research Press, 1994.

Selina Ching Chan: *Selling the Ancestor's Land: A Hong Kong Lineage Adapts*, Modern China, 27, 2: 262-284.

Sidney C H. Cheung: *On the South China Track*, The Chinese University of Hong Kong, 1998.

Simon During: *Popular Culture on a Global Scale: a Challenge for Cultural Studies?* Critical Inquiry, Vol. 23, No. 4.(Summer, 1997), 808-833.

Sulamith Heins Potter, Jack M. Potter: *China's Peasants: the Anthropology of a Revolution*, Cambridge University Press, 1990.

Takami Kuwayama: *Native Anthropology*, Trans Pacific Press, 2004.

Willian Hinton: *Shenfan*, Random House, Inc., 1983.

附录一

南村民用建设管理规定

为加强我村民房民宅建设及其他民用建设的管理，保证我村规划建设的完善和实施，改变村容村貌和生活环境，根据国家和省、市、镇有关土地管理、规划建设的法律、法规和我村第一届村民委员会所制定的《南村民用建设管理规定》，经党支部和村委会研究决定，并经村民代表会议通过实施我村民用建设管理规定如下：

一、凡在我村内或工业区内的本村规划发展区范围内进行各项民用建设的，必须遵守本规定。

二、村民在新建、改建、扩建、拆建、加建等民用建设的，必须持有《集体土地使用证》或《建设用地许可证》、《临时建筑许可证》及其他有效证明文件，到村民小组申请，并到村城建办报批后才能进行，不履行上述手续，擅自进行建设的，视为违章建设。

三、未经村民小组同意并到村城建设办报批的，民房民宅不得随意改变建筑物的使用性质，不得擅自开（堵）外墙门窗，封闭阳台或构筑影响他人的串建物。

四、在村内（含外）的公路边、学校、公园或其他公共场所，房屋间相邻的横、竖巷，一律不准串建或搭建任何建筑物及棚架、化粪池、挖井，凡属原围墙现又要拆除改建其他建筑物的，要经村民小组及村城建办报批，凡运身渠流水走向不能随意或影响他人。

五、村民进行民用建筑时，对周围邻居或村民、集体正当权益构成严重影响的，在接到停建通知书后仍继续进行施工的，村城建办有权采取强制措施，限期拆除或视其影响程度给予行为当事人处以罚款。

六、任何人在实施违章建筑而危及（害）他人人身财物安全，造成重大损害的，由司法机关依法追究行为当事人的法律责任和经济责任。

七、村民在村民小组或村规划的商住小区新建房屋时，必须出示有关证件及建设用地红线图、建筑平面图、施工图，才能实施建设。

八、村民在进行新建、扩建、改建、拆建或加建的民用建设时，其拆建物、建筑材料的运输、堆放、使用，不准影响车辆行驶及行人行走，造成影响的，视其影响程度作出限期清除或给予当事人罚款处理。

九、对承包违章建筑的施工单位、包工头，在接到停止施工通知书后还继续进行施工的，按其工程总造价给予5%的罚款。

十、村民在进行民用建设时，凡涉及电源线、水管、电话线或其他公用设施需迁移、截断或拆除的，一律要先申报，后动工，造成上述设施部门经济损失的，由当事人负经济责任。

十一、村民在进行民用建设时，其清拆物、基础余泥或其他杂物一律要清运到村城建办指定的地点倒放，乱倒乱放造成影响的，每次处200元以上罚款。

十二、凡属村及村民小组集体所有的一切空地、闲置地、边远地、山地、荒地、水沟边、公路边，未经批准，任何人一律不准进行临时建筑、建坟或种植果树、农作物，凡有上述现象要立即拆除或经济处罚。

十三、村城建办公室、村城监小组、村民小组正副组长为我村城建规划及村内（外）民用建设监督联合小组，负责监督、制止、处理违法建设行为，对违法建设进行调查、取证和作出处理意见，重大违法建设行为的，报请上级主管部门现场处理。

本规定自公布之日起在本村内（外）实施执行。

南村村民委员会
2002 年 3 月 27 日

附录二

南村关于保护古民居古建筑及征集有关文件的通知

各位村民：

最近，国家、省、市、镇各级领导及文件局权威专家联合到我村对古民居古建筑进行实地考察和论证，一致认为我村的古民居古建筑能保持得这样完整和这样规模宏大，非常难得，这在整个珠江三角洲乃至广东省都非常少见，有非常高的开发利用价值。2002年2月，广东省人民政府批准南村古民居为省级文件保护单位。

领导和专家都建议并指示我镇、我村要对现存的古村落建筑群迅速实行保护、抢救和管理好，以利于今后东莞市作为一个东莞人了解东莞先民勤劳奋斗创业和生活、文化、习俗的一个旅游新景点。

为了更好地保护和管理好我村的古民居和古建筑，镇委根据市委要求，成立了以镇长袁维新为组长的"南村古民居保护管理开发利用"领导小组，并聘请清华大学城市规划设计研究院的教授到我村进行"南村古民居保护规划方案"现场规划。

因此，为了更进一步让全体村民知道南村历史的辉煌，了解先辈如何辛勤创业，保护好现存古民居古建筑的重要意义，村党支部和村委会现作出如下通知：

凡在祠堂内及古书房、古老大屋内堆放柴草、杂物的请在短期内主动搬出，并到村委会进行登记，核实面积。

凡在旧村内要对建筑物进行拆建、改建、扩建、维修的，应到村委会申报并核实后方能进行。

旧村内的所有旧建筑一律实行登记造册分类保护，有关村民应主动配合。

旧村内一律不准在古老屋养猪、养鸡或作牛间使用。

所有垃圾、杂物一律不准抛弃在围面池塘内或乱丢乱堆放街道、人行巷内。

凡古碑石、古红石、麻石、古建筑材料，不能用来做墙脚或建筑利用，应堆放好并保护好。

不准砍伐村内所有古树或其他植物。

对村史、村古典故、先贤事迹有知情况的村民，可到村委会提供以利收集。

不准外地人到本村收集各种文物。

凡到村委会捐献文物的，村委会将给予作价补偿。为保护利用好古文物，村委会对如下耕作农具、生活用具、文化用具、古建筑物实行捐献征集或有偿征集：

古耕作农具：犁、耙、耙仔、禾桶、斩镰、麦梯、禾围、禾筛、禾打、大车、细车、独木轮车、泥砖架、风柜等。

古生活用具：搅蔗、搅墩、搅盘、搅墩仔、搅盘仔、大青缸、织布机、煮糖锅、古钵、古茶壶、枱、凳、大床、柜、簕筴、箩、箕、米椿、磨、大秤、秤砣、防卫铁器等。

古文化用具：砚、笔、书柗、凳、书柜、古画、古字条、古账本、书、信封、田契、地册、人名录、族谱、支族记载、先人墨宝、碑帖、字帖、先人遗像、乐器、曲谱、牌匾、泥塑、雕塑等。

古建筑材料：石、瓦、梁、基石、青砖、门架、碑、功名碑、基门碑、石狮、石制用品、雕刻石、石牌匾等。

其他的古文物。

南村村民委员会
2002 年 8 月 28 日

附录三

南村祠堂楹联节选

谢氏大宗祠
大门：乌衣世胄，玉树家风
中堂中：创始费经营在昔三度开山卜筑殷殷惟期保世以滋大，
　　　　诒谋缘积累于今千余子姓衣冠济济应念厚德而流光
中堂侧：承嗣逾八千祀典钦崇展拜堂前共话陈留望族，
　　　　蕃枝传卅八伦常笃念仰瞻宇内齐振崇恩家声

百岁坊
大门：祖功垂福泽，宗德衍家声
止步右：试问前人能创业，方知今日要勤功
止步左：读书可作传家宝，勤俭如耕足水田
堂中柱：立业维艰虽一粟一丝无忘先泽，
　　　　守成非易遵六德六行不坠家声
堂后柱：赖社稷维康今日祠宇重光长留胜迹，
　　　　竭股肱孝悌此后旧坊新塑永树丰碑

谢遇奇家庙
大门：荣膺一品，祀享千秋

大堂：教子孙以忠孝传家祖述叠山大节争辉文宰相，
　　　承堂构有奇常纪积威加淝水其勋犹忆谢将军

社田公祠

大门：三房系本，十世源流
右廊：堂著绎思存祖德，茔安松园妥先灵
左廊：旧宅家风绵柳巷，新猷气象接樟岗
中堂前：袪智巧招宽忠一生行谊传邦伯，
　　　　筵宾延笼冠箔百岁尊荣肇邑侯
后堂：寿延三万六千日，福荫一堂数百人

后记

当本书成稿即将付梓之际，回想种种调查与写作过程中的往事，我感觉既有完成任务之后的如释重负，又有一丝留恋与不舍，那些在田野中与书案前的日日夜夜如今终于通过这本小书呈现在世人面前。

本书是在博士论文的基础上完成的，我的导师周大鸣教授做过许多精辟的研究，他深厚的学术素养使我多年来获益匪浅。在博士论文的调查和写作过程中，周老师花费了不少时间和精力给予我指导，给我信心和鼓励，使论文得以顺利完成，真正是师恩深重。我还要衷心地感谢答辩委员会的沈关宝老师、麻国庆老师、王宁老师、何国强老师和李江涛老师，几位老师严谨的治学态度、敏锐的学术洞察力让我受益良多。感谢亦师亦友的刘志扬老师、程瑜老师、金志伟老师，他们从很多方面都给予了我帮助和指导。

感谢我的同窗、同门、朋友们，一想起他们就感觉很温暖。马成俊、袁晓文、朱志刚、牛加明、刘丽敏、于鹏杰、王正宇、高朋、王媖娴、杨正军、张峻、廖建新等同班同学，他们踏实的学习态度和勤奋的学习精神永远鼓舞着我。

在茶山南村调查期间，茶山镇团委的邓见超书记、陈晓炜副书记，现已退休的南村党支部谢全坤书记，给了我非常多的支持，特此表示感谢。还要感谢村里所有我记得或不记得名字但却经常在祠堂里和榕树下聊天的村民们，很难想象，没有他们的帮助，我的调查会如此顺利。尤其要感谢的是我的房东谢邓加和谢丽婵一家人，他们心地善良，待我如家人，让我度过了一段愉快的田野时光。我还要感谢东莞理工学院出版著作资助基金的支持，感谢学院领导和同事的关心。在此书的出版过程中，商务印书馆编辑们的认真与负责也使我心生敬意。在此向所有关心和帮助我的人们表示由衷的感谢。

最后，我将深深的爱和诚挚的谢送给我的父母、丈夫和女儿。父母亲从来不对我要求什么，只是默默地给予我无私的爱；我的丈夫不断地鼓励、宽容和付出，让我得以安心完成工作；我亲爱的小女儿叶心一，会在我腰酸背痛的时候帮我捶背，并且总是问我"写完了吗"，她天真可爱的笑脸是我坚持下去的动力。

虽然在调查与写作中也十分努力，但仍恐有错漏之处，我期待大家的批评与交流。

2011 年 8 月 10 日于松山湖